रज़ा पुस्तक माला

मेरे प्रिय

सैयद हैदर रज़ा एवं कृष्ण खन्ना के बीच पत्र-व्यवहार

रज़ा फ़ाउण्डेशन | THE RAZA FOUNDATION

मेरे प्रिय

सैयद हैदर रज़ा एवं कृष्ण खन्ना के बीच पत्र-व्यवहार

सैयद हैदर रज़ा
कृष्ण खन्ना

सम्पादक
अशोक वाजपेयी

अँग्रेज़ी से अनुवाद
प्रभात रंजन

राजकमल प्रकाशन

रज़ा पुस्तक माला : पत्र | अनुवाद
प्रधान सम्पादक : अशोक वाजपेयी | सम्पादक : पीयूष दईया
राजकमल प्रकाशन प्रा.लि. और रज़ा फ़ाउण्डेशन का सह-प्रकाशन

ISBN-978-93-88933-35-3

मूल्य : ₹795

पहला संस्करण : 2019

प्रकाशक : राजकमल प्रकाशन प्रा. लि.
1-बी, नेताजी सुभाष मार्ग, दरियागंज
नई दिल्ली-110 002

शाखाएँ : अशोक राजपथ, साइंस कॉलेज के सामने, पटना-800 006
पहली मंजिल, दरबारी बिल्डिंग, महात्मा गाँधी मार्ग, इलाहाबाद-211 001
36 ए, शेक्सपियर सरणी, कोलकाता-700 017

वेबसाइट : www.rajkamalprakashan.com
ई-मेल : info@rajkamalprakashan.com

मुद्रक : यश प्रिंटोग्राफिक्स
नोएडा-201 301 (उत्तर प्रदेश)

MERE PRIYA (*Letters*)
Edited by Ashok Vajpeyi
Translated by Prabhat Ranjan

आमुख

कलाओं में भारतीय आधुनिकता के एक मूर्धन्य सैयद हैदर रज़ा एक अथक और अनोखे चित्रकार तो थे ही उनकी अन्य कलाओं में भी गहरी दिलचस्पी थी। विशेषतः कविता और विचार में। वे हिन्दी को अपनी मातृभाषा मानते थे और हालाँकि उनका फ्रेंच और अँग्रेज़ी का ज्ञान और उन पर अधिकार गहरा था, वे, फ्रांस में साठ वर्ष बिताने के बाद भी, हिन्दी में रगे रहे। यह आकस्मिक नहीं है कि अपने कला-जीवन के उत्तरार्द्ध में उनके सभी चित्रों के शीर्षक हिन्दी में होते थे। वे संसार के श्रेष्ठ चित्रकारों में, २०-२१वीं सदियों में, शायद अकेले हैं जिन्होंने अपने सौ से अधिक चित्रों में देवनागरी में संस्कृत, हिन्दी और उर्दू कविता में पंक्तियाँ अंकित कीं। बरसों तक मैं जब उनके साथ कुछ समय पेरिस में बिताने जाता था तो उनके इसरार पर अपने साथ नवप्रकाशित हिन्दी कविता की पुस्तकें ले जाता था : उनके पुस्तक-संग्रह में, जो अब दिल्ली स्थित रज़ा अभिलेखागार का एक हिस्सा है, हिन्दी कविता का एक बड़ा संग्रह शामिल था।

रज़ा की एक चिन्ता यह भी थी कि हिन्दी में कई विषयों में अच्छी पुस्तकों की कमी है। विशेषतः कलाओं और विचार आदि को लेकर। वे चाहते थे कि हमें कुछ पहल करनी चाहिये। २०१६ में साढ़े चौरानवे वर्ष की आयु में उनकी मृत्यु के बाद रज़ा फ़ाउण्डेशन ने उनकी इच्छा का सम्मान करते हुए हिन्दी में कुछ नयी क़िस्म की पुस्तकें प्रकाशित करने की पहल *रज़ा पुस्तक माला* के रूप में की है, जिनमें कुछ अप्राप्य पूर्व प्रकाशित पुस्तकों का पुनर्प्रकाशन भी शामिल है। उनमें गाँधी, संस्कृति-

चिन्तन, संवाद, भारतीय भाषाओं से विशेषत: कला-चिन्तन के हिन्दी अनुवाद, कविता आदि की पुस्तकें शामिल की जा रही हैं। सभी पुस्तकों पर रज़ा साहब और उनके समकालीन मित्र चित्रकारों आदि की प्रतिकृतियाँ आवरणों पर होंगी।

रज़ा साहब जब २०१० के अन्त में अपने जीवन का आख़िरी चरण बिताने दिल्ली आ गये तो अपने साथ पुस्तकों, कैटलॉगों व अन्य काग़ज़ात का एक बड़ा संग्रह भी लाये। इस सारी सामग्री को एकत्र और व्यवस्थित कर रज़ा अभिलेखागार बनाया जा रहा है। जो काग़ज़ात हमें मिले उनमें रज़ा के कलाकार-मित्रों के कई पत्र भी मिले हैं। इनमें मक़बूल फ़िदा हुसेन, फ्रांसिस न्यूटन सूज़ा, के.एच.आरा, रामकुमार, कृष्ण खन्ना और तैयब मेहता शामिल हैं। उनके पत्राचार में निजी, कलात्मक, सामाजिक आदि कई विषयों पर लिखा गया है और उन्हें पढ़ने से एक मूर्धन्य कलाकार की संघर्ष-गाथा के कई पहलू समझ में आते हैं। उस परिवेश, उन मित्रों और उनके सम्बन्धों पर भी रोशनी पड़ती है जिन्होंने रज़ा को एक व्यक्ति और कलाकार के रूप में विकसित होने में भूमिका निभायी। यह एक तरह का अनौपचारिक रिकार्ड भी है जो हमें बताता है कि हमारे कुछ कला-मूर्धन्य अपने समय कैसे देख-समझ रहे थे, उनकी उत्सुकताएँ और बेचैनियाँ क्या थीं और एक विकासशील सौन्दर्य-बोध कैसे आकार ले रहा था।

इस पत्राचार को क्रमशः कुछ पुस्तकों में प्रकाशित करने का इरादा है। इस सीरीज़ में पहली पुस्तक रज़ा और कृष्ण खन्ना के पत्राचार की है। सौभाग्य से इन दोनों ने एक-दूसरे के पत्र सँभाल कर रखे। दो मूर्धन्य कलाकारों के बीच यह पत्र-संवाद बिरला है और इसे हिन्दी अनुवाद में प्रकाशित करते हमें प्रसन्नता है।

अशोक वाजपेयी

जून २०१९, नयी दिल्ली

क्रम

My dear Krishen,

as always

Papa

My dear Raza,

As always,

Krishen

PAR AVION
PARIS 30
REPUBLIQUE FRANÇAISE
*080
POSTES
PR 117
Mr. Krishen Khanna.
3B. Mathra Road,
Jangpura Extension
NEW DELHI 14
INDIA - INDE
LE MUSEE DE POCHE - G. FALL, PARIS - PRINTED IN FRANCE
Droits de reproduction

२७ अगस्त, १९५६
पेरिस

मेरे प्रिय खन्ना,

मैं कोशिश करूँगा कि आज रात मैं यह छोटी-सी चिट्ठी लिखकर बिना किसी देरी के तुमको भेज दूँ, हालाँकि मैं तुमको बहुत विस्तार से लिखना चाहता था। परियोजना में एक साल से अधिक समय लग गया। क़रीब एक पखवाड़े पहले जब तुम्हारा पत्र मिला तो मुझे बहुत ख़ुशी हुई। उम्मीद करता हूँ कि अपनी चुप्पी के लिए शायद कुछ कम ग्लानि भाव से लिख पाऊँ।

हाँ, अब हालात बेहतर हो गये हैं। मैं संकल्प के साथ डटा रहा और कुछ तो हालात ने भी मेरी मदद की। अब सब ठीक है। मेरी कलाकृतियाँ बिक रही हैं। बिक्री के अलावा, उनमें वृद्धि हो रही है। कलाकृति में तनाव है, उस तरह का रुग्ण तनाव नहीं जो अल्प सामग्री या भावनात्मक स्थितियों के कारण बना हो, हालाँकि अब मैं उनकी भी अवहेलना नहीं करता; लेकिन मेरी कलाकृतियों को हर कहीं नकार दिया गया। क्यों? वे चीज़ों को समझने में मदद करती हैं, हालाँकि उनकी वजह से सामान्य रूप से असहायता का भाव भी आया।

याद है मैं जो क्रिसमस कार्ड्स बना रहा था? कुछ भी काम नहीं आया। क़रीब दो साल से भी अधिक समय तक मेरी पेंटिंग्स को हर जगह नकारा गया। क्यों? मुझे अभी नहीं पता, ख़ासकर तब जब १९५२ और ५३ में शुरुआत इतनी अच्छी हुई थी। मुझे जीने के लिए दूसरे साधन अपनाने पड़े। मैंने कई तरह के काम करने की कोशिश की। आख़िरकार, ऐसा लगा कि किताबों के लिए चित्रांकन बनाने का काम चल पड़ा। वह बहुत मेहनत का काम था और महीने में उससे सिर्फ़ १५ पाउंड की ही आय होती थी। यह क़रीब एक साल तक चला। मैंने कम पेंटिंग बनायीं लेकिन मैं ख़ुद को सम्मानित आदमी के रूप में महसूस करता था। धीरे-धीरे मैंने सब चीज़ों का प्रबन्ध इस तरीक़े से कर लिया कि मैं पेंटिंग को अधिक

समय देने लगा। पहली समूह प्रदर्शनी अक्टूबर ५५ में *रुइ डे सेन* की एक नयी कला वीथिका लारा विंसी में प्रदर्शित हुई। उसकी काफ़ी सराहना हुई। उसके बाद एक के बाद एक होती ही गयीं। मैं बिना थके पेंटिंग करता रहा, मैंने बाक़ी सभी तरह के असंगत काम छोड़ दिये। यहाँ कई समूह प्रदर्शनियों का आयोजन किया गया, और उसके बाद बायनेल द वेनिस में, और आख़िर में चयन हुआ और उसके बाद प्रि द ल ला क्रीटीक पुरस्कार मिला।

मुझे तुम्हें कुछ विस्तार से बताना चाहिए। यह सबसे प्रतिष्ठित पुरस्कारों में से एक है और क़रीब दस साल पहले पेरिस के चौदह कला समीक्षकों के एक निर्णायक मण्डल ने इसकी शुरुआत की थी और इसकी प्रतिष्ठा बहुत अधिक बढ़ चुकी है। बफ़े, लोर यू, मायन्यो उन कुछ लोगों में हैं जिनको यह पहले मिल चुका था। पहली बार यह किसी विदेशी कलाकार को दिया गया है और जिसके कारण पक्ष-विपक्ष में म़ेरी कलाकृतियों की ख़ूब आलोचना हुई है। जुलाई में उन सभी दस कलाकारों की सामूहिक प्रदर्शनी का आयोजन किया गया था जिनका चयन साल भर के दौरान निर्णायक मण्डल द्वारा किया गया था। साल के आख़िर में यह समस्त प्रदर्शनी जापान जाने वाली है। मुझे गैलेरी सेंट प्लासाईड द्वारा यह प्रस्ताव दिया गया है कि प्रदर्शनी से पूर्व मैं १५ से २८ सितम्बर के दौरान वहाँ प्रदर्शनी कर सकता हूँ। यह मेरे लिए कुछ जल्दी है, लेकिन तिथियों में बदलाव नहीं किया जा सकता। चूँकि यह पेरिस में मेरी पहली एकल प्रदर्शनी है इसलिए मैं यह चाहता था कि मैं अपनी सर्वश्रेष्ठ कृतियों का प्रदर्शन करूँ, लेकिन वे या तो वेनिस में हैं या बिक चुकी हैं। इसके अलावा, अब मेरे कई कटु शत्रु हैं जो लगातार मेरे ख़िलाफ़ लिख रहे हैं और मेरे कुछ अन्य हैं जो मेरे बारे में विस्तार और प्रमुखता से लिख रहे हैं। मैं काम कर रहा हूँ। *ममर्ट* में मेरे पास एक बड़ा सा कमरा है और जिसे मैंने दो महीने के लिए किराये पर लिया है। मेरे ख़याल से यह उतना बुरा नहीं है, लेकिन मुझे और समय मिला होता तो बेहतर होता। पिछले साल जिस तरह से सब कुछ हुआ था, उसे देखते हुए यह अविश्वसनीय सा लगता है, मुझे यह लगता है कि अब उससे पूरी तरह उदासीन हो चुका हूँ और अब उनके ऊपर मुस्कुरा सकता हूँ। लेकिन मैं यह स्वीकार करता हूँ कि मैं उपहासपूर्ण ढंग से मुस्कुराता हूँ और थोड़ी कड़वाहट के साथ भी।

मैं लिखता चला जा सकता हूँ और तुमको ऐसी बहुत सी बातें बता सकता हूँ जिससे तुम हैरान रह जाओगे, लेकिन मुझे काफ़ी कुछ करना है। हम जब बाद में मिलेंगे तो इसके बारे में बात करेंगे, और जब भी मौक़ा मिला मैं तुमको पत्र लिखूँगा। तुम्हारे चार पत्रों के लिए शुक्रिया—वे मुझे एक के बाद एक मिले—और ख़ासकर आख़िरी चिट्ठी में जिस तरह की भावना थी। तुम जब यहाँ आये थे तो जो जल रंग लेकर आये थे उसके लिए भी मैं दिल से शुक्रिया अदा करता हूँ। उससे मदद मिली।

जब लिखना तो मुझे बताना और मैं उम्मीद करता हूँ कि वह जल्दी ही यहाँ होगा; अगर श्री मदनजीत सिंह ने तुम से *बायनेल द वेनिस* के लिए अपनी कलाकृतियों को भेजने के लिए कहा। मैंने भरसक कोशिश की कि तुम्हारा प्रतिनिधित्व भी हो। *प्रिज़्मे दे आर्ट्स,* जो कि एक महत्त्वपूर्ण कला पत्रिका है, समकालीन भारतीय चित्रकारों के ऊपर एक लेख छापने जा रहा है। मैंने रूडी को लेख लिखने के लिए कहा। उसने मुझे एक बड़ा प्यारा सा पत्र भेजा, लेकिन उसने अफ़सोस जताते हुए कहा कि उसके पास लिखने के लिए समय नहीं है। फिर हमने शामलाल 'अदीब' से बात की, जो टाइम्स ऑफ़ इण्डिया में उप-सम्पादक हैं। वह मान गये और अब वह इस लेखक को लिखेंगे। मैं इस आदमी का बहुत सम्मान करता हूँ जबकि मैं उसको महज़ उसके लेखन के माध्यम से ही जानता हूँ। उम्मीद करता हूँ कि वह अच्छा काम करें। मेरे दिमाग़ में यह भी था कि तुमको लिखने के लिए कहूँ, लेकिन तुम स्वयं कलाकार हो (तुमको मैं बैंकर के रूप में गम्भीरता से नहीं लेता)। अच्छा, यह लेख पहले प्रिज़्मे में प्रकाशित होगा और उसके बाद अन्तरराष्ट्रीय कला पर एक किताब में।

अब मुद्दे की बात यह है कि अगर शामलाल ने तुमसे अब तक सम्पर्क नहीं किया हो तो कृपया उनको अपनी तरफ़ से लिखो। उनको बस इतना लिखना कि मैंने तुमसे अपने चित्रों की कुछ तस्वीरें भेजने के लिए कहा है और तुम वही कर रहे हो। मैं सम्पादक मिस्टर वाल्देमर जॉर्ज को अच्छी तरह से जानता हूँ। वे यहाँ के बहुत महत्त्वपूर्ण कला समीक्षक हैं, लगभग सभी जानते हैं, और वे क्लाइव बेल, रोज़र फ्राई तथा अन्य कलाकारों के भी दोस्त थे।

शेष अगले पत्र में। जितनी जल्दी हो सके उतनी जल्दी शामलाल को तस्वीरें भेज देना। मैं सच में यही कामना करता हूँ कि जो सर्वश्रेष्ठ है

उसको प्रस्तुत किया जाय। तुम जानते हो कि भारतीय चित्रकला में दिन ब दिन रुचि बढ़ती जा रही है। और मुझे लगता है कि भारतीय चित्रकला जिसका प्रतिनिधित्व करती है—अगर उसका सर्वश्रेष्ठ प्रस्तुत किया गया—वह बहुत प्रासंगिक होगा। अब मैं समाप्त करता हूँ। काश मेरे भीतर तुम्हारी ऊर्जा होती, वही ऊर्जा जो तुमको इसमें समर्थ बनाती है कि तुम ख़ुद को एक सुन्दर पत्नी, दो अविवाहित बेटियों, दोस्तों के साथ तमाम शामों और चित्रकला के प्रति समर्पित कर पाते हो। मैं विस्तार से फिर लिखूँगा। तुम्हारी कृतियों को देखने की प्रतीक्षा है।

ज़ानीन और मेरी तरफ़ से तुमको और रेणु को प्यार,

रज़ा

मेरा पता हमेशा रहेगा :

१८, द चैपल, पेरिस-९इ।

---

१. प्री द ल क्रीटीक, १९५६

OO

२९ अगस्त, १९५९
पेरिस

मेरे प्रिय के. के.,

मुझे यह जानकर ख़ुशी हुई कि तुमको इंग्लैण्ड में रहने में मज़ा आ रहा है। मैं यह सोच रहा था कि ब्रिटिश महारानी तुमको कैसी लगी...तुम्हारी पिछली यात्रा से क्या यह एक महत्त्वपूर्ण बदलाव नहीं है?

यहाँ आजकल ख़ूब धूप खिली रहती है। मैं काम कर रहा हूँ, लेकिन कभी मैं उतना काम नहीं कर पाता हूँ जितना कि मैं कर सकता हूँ। बहुत सारे दुःख के कारण हैं—मुझे अभी तक कमरा नहीं मिला है, मुझे २४ अक्टूबर से पहले यह 'साइट' (Cite) हर हाल में छोड़ना है, मई से ही मेरा किराया बाक़ी है, वग़ैरह, वग़ैरह। अगर तुम मैनचेस्टर में अपने दोस्त के पास चित्रों को जल्दी से भेज दो तो मैं तुम्हारा बहुत आभारी रहूँगा। अगर उसको कोई अच्छा लगा तो वह ८ पाउंड में किसी का चुनाव कर सकता है। शेष के लिए मैं १५ पाउंड प्रत्येक रख रहा हूँ। लेकिन यह (क़ीमत) कोई महत्वपूर्ण बात नहीं है। जो बात मायने रखती है वह यह है कि अगर वे नहीं बिकीं तो जब तुम आना तो उनको लेते आना। या जितनी जल्दी हो सके तुम उनको यहाँ भेजने का इन्तज़ाम करो। शायद हम उनको यहाँ बेच पायें।

मैं तुम्हारे लिए 'साइट' में कमरा ले लूँगा। यह बहुत आसान है। आज मैंने उनकी दरों और नियमों के बारे में पता किया। प्रोविंस द फ्रांस में, जहाँ मैं रहता हूँ, अमूमन एक कमरे का किराया ९ हज़ार फ्रैंक प्रति माह है, यह उसी तरह का कमरा है जिस तरह का कमरा मेरे पास है। अगर उसी कमरे को रोज़ाना के हिसाब से लिया जाय तो वह प्रति दिन ५०० फ्रैंक का पड़ेगा। अगर तुम तीन सप्ताह के लिए भी लोगे तो दर यही रहेगी; ५०० फ्रैंक प्रति दिन। इसलिए, अगर इस बात को लेकर तुम निश्चित हो कि तुम पेरिस में कम से कम तीन सप्ताह तक रहने वाले हो तो यह सस्ता पड़ेगा कि एक महीने के लिए कमरा लिया जाय। इसके ऊपर सोचना।

आने से कम से कम एक सप्ताह पहले मुझे बताना। मैं जिस घर में रहता हूँ उसी घर में या पास के ही किसी घर में तुम्हारे लिए कमरा ले लूँगा। लिखने में झिझकना नहीं। मुझे तुम्हारे लिए यह इन्तज़ाम करने में ख़ुशी होगी।

अफ़सोस की बात यह है कि रेणु जा रही है। उसको मेरी शुभकामनाएँ देना। उसको यहाँ देखकर बहुत अच्छा लगा था और मुझे तो अच्छा यही लगता कि तुम दोनों ही यहाँ आते। अब तक मैं भजिया तलना सीख चुका हूँ और दही के साथ असली मराठा करी बना सकता हूँ। बहरहाल, मुझे नहीं लगता कि उसके जाने से पहले तुमको यह चिट्ठी मिलेगी भी। अगर तुमको मिल जाय, तो मुझे उससे एक मदद चाहिए। मैं यह चाहता हूँ कि वह मुझे एक साड़ी दे, उन साड़ियों में से एक जो फ़िलहाल उसके पास हों। उसकी पसन्द बहुत अच्छी है, और अगर वह एक साधारण साड़ी छाँट सके जो बहुत महँगी न हो—५० रुपये से अधिक की न हो— क्या तुम दोनों एक साड़ी छाँट लोगे और जब यहाँ आना तो अपने साथ लेते आना। मैं भारत में उसकी क़ीमत अदा कर दूँगा। मुझे उम्मीद है कि यह हो जायेगा और वह मुझे अनुगृहीत करेगी।

इतना परेशान करने के लिए माफ़ी। मैं जल्दी से जाकर यह चिट्ठी डाक में डालता हूँ और मुझे उम्मीद है कि रेणु के भारत जाने से पहले तुमको यह पत्र मिल जाय।

तुम दोनों को ढेर सारी शुभकामनाओं के साथ,

रज़ा

OO

२९ जून १९५९
फ़्लैट डी
९७, फिलबीच गार्डन्स
लन्दन एस डब्ल्यू ५

मेरे प्रिय रज़ा

हम बहुत अजीब तरह से विदा हुए, नहीं? वह मुझे टैक्सी में खींच रही थी कि अचानक उसको यह बात समझ में आयी कि मैं तुम से बात करना चाहता था। उसके बाद हम ने तुमको फिर से खोजने की कोशिश की, लेकिन तब तक बहुत देर हो चुकी थी और तुम जा चुके थे। हम ने तुम्हारी गैलरी[१] में फ़ोन करने की कोशिश की, और तुम्हारे लिए एक संदेश भी छोड़ा था जो मेरे ख़याल से तुमको बहुत देर से मिला होगा। मैं उन अमेरिकी लोगों के घर डिनर पार्टी (जो कि मुल्क[२] ने दी थी) में भी इस उम्मीद के साथ गया कि वहाँ तुम से मुलाक़ात हो जायेगी, लेकिन हाय! वैसे, मुझे उम्मीद यह है कि जब मैं दोबारा आऊँगा तो हम अधिक मिल पायेंगे, और शायद तुमको दिखाने के लिए मेरे पास कुछ और चित्र हों—निश्चित रूप से कुछ और रेखांकन। क्या मैं तुम्हारे साथ रह सकता हूँ? क्या यह सम्भव है?

मैं न्यूटन और उनकी कलाकृतियों को देखने के लिए गया था, और ईमानदारी से कहूँ तो मुझे बहुत निराशा हुई। मैंने बहुत अधिक की उम्मीद की थी—कुछ धाँसू और ऐसा चित्र जिसे बनाना अनिवार्य लगे, लेकिन पाया कि बहुत दुहराव था और सुरक्षित नुस्खा जैसा था। यहाँ तक कि उनके रेखांकनों में भी बहुत कुछ घिसा-पिटा था और उनकी क़लम शोध का उपकरण नहीं बन पायी है बल्कि वह महज़ आभूषण की तरह है। बहुत निराशाजनक काम। मेरे ख़याल से सफलता का यह गुण होता है कि वह साधारण इन्सान को विकृत कर देता है। उम्मीद करता हूँ कि जब मेरा

समय आये तो मैं उसका शिकार न बन जाऊँ।

टवेयो के साथ मेरी बहुत लम्बी बातचीत हुई। उसने क़रीब ३५ मिनट मेरे रेखांकनों के बारे में बात की और फिर क़रीब सवा घण्टे मेरी पेंटिंग के बारे में बात की। ऐसा लगता है कि उनका रुख़ सकारात्मक है और वे मेरे बारे में अच्छा सोचते हैं। लेकिन जो बात सच में मज़ेदार है वह उसके बाद हुई चर्चा और उन्होंने जो सुझाव दिये। जब हम मिलेंगे तब मैं तुमको उनके बारे में बताऊँगा।

अभी मैंने कोई पेंटिंग नहीं बनायी है लेकिन मैंने बहुत सारे रेखांकन किये हैं। मैंने पेंट वग़ैरह ख़रीद लिया है और मैं पेंटिंग शुरू ही करने वाला हूँ। देखते हैं कि सभी देशों में सबसे रूढ़िवादी देश में क्या होता है।

मेरी मुलाकात जॉर्ज बुचर से हुई और ऑक्सफ़ोर्ड में उनके कॉटेज में मैंने उनके और उनके परिवार के साथ दो सुखद दिन बिताये। हमारे बीच कई बार लम्बी-लम्बी चर्चाएँ हुईं। अजीब बात यह है कि न्यूटन को लेकर मेरे विचारों से वे भी सहमत दिखे। इस अव्यवस्थित पत्र और मेरी टेढ़ी-मेढ़ी लिखावट के लिए माफ़ करना। लेकिन बहुत देर हो चुकी है और मैं बहुत थका हुआ हूँ और मैं सोना चाहता हूँ। जल्दी ही लिखता हूँ।

प्यार सहित,

कृष्ण

---

१. गैलरी लारा विंसी, पेरिस
२. मुल्क राज आनन्द। सम्पादक : मार्ग

○○

३० नवम्बर, १९५९
कानपुर

मेरे प्रिय रज़ा,

मैं नौ घण्टे बैंक में काम करने, बच्चों के साथ खेलने और एक बेहतरीन पेंटिंग बनाने के बाद तुमसे मुखातिब हूँ। मेरे दिमाग़ में बहुत सारे विचार भरे हुए हैं—अलग-अलग तरह के, विशृंखल—बहुत सारे दायित्वों का निर्वहन न कर पाने के कारण मेरी अन्तरात्मा पापबोध से भारी है। उनके लिए यही कह सकता हूँ कि वे सब भाड़ में जायँ! जो समझना चाहते हैं वे समझ लेंगे और जो नहीं समझना चाहते उनकी बातों से वैसे भी कोई फ़र्क़ नहीं पड़ता। लेकिन इस तरह के उपदेश अपने आप में इतने बेतुके होते हैं, और वह कायर बुर्जुआ होता है जो पत्रों के जवाब देने की ज़हमत नहीं उठाता और दोस्ती के बदले में दोस्ती का प्रतिदान नहीं करता। ये सभी एक के ऊपर एक जमा होते जाते हैं और मुझे अकर्मण्य बना देते हैं। मुझे समझ में नहीं आता कि शुरू कहाँ से किया जाय, और इसलिए मैं बैठकर अपने सिगरेट से उठते हुए धुएँ को देखता रहता हूँ। मेरे ख़याल से, मुझे तुमको लिखने के बजाय अपने बहुत सारे शुभचिन्तकों को लिखना चाहिए, जिनसे मुझे शायद ही किसी जवाब की उम्मीद रहती है। बस यही है; यह तब होता है जब हम यह सोचना छोड़ देते हैं कि वास्तविक और सबसे सुन्दर रिश्ते का क्या परिणाम होगा। चूँकि मैं चिट्ठी नहीं लिख रहा प्रलाप कर रहा हूँ इसलिए मैं हाल का एक वाक़या सुनाना चाहता हूँ जो मुझे और हम दोनों के दोस्त हुसेन को लेकर है।

हाल में मैं क़रीब दर्जन भर पेंटिंग्स के साथ दिल्ली गया था, जिसको लेकर मैं कह सकता हूँ कि हमारे दोस्त अचम्भित रह गये। इस हद तक कि उसने एक ख़रीद (अदला-बदली के आधार पर) भी लिया, उसने पहले ही एक रेखांकन ख़रीद लिया था जो मैंने पेरिस में बनाया था।

हालाँकि यह मेरी कहानी का आधार नहीं है। हुसेन ने कहा कि वह शाम में दस बजे एयरपोर्ट पर मुझसे मिलेगा, जहाँ हम टॉम कीकू से मिलने के लिए जुटने वाले थे। रेखा और मैं कार से वहाँ पहुँचे, और जाहिर है, वहाँ हुसेन का कोई निशान भी नहीं था। वह तो टॉम के साथ चली गयी और मैं वहाँ डेढ़ घण्टे तक रौशनी में भटकता रहा, इतना थक और ऊब गया कि मेरा वह पोर्ट्रेट बनाने का मन ही नहीं हुआ जिसके लिए मैं उससे मिलने वाला था। वह आया ही नहीं, मैं घर के रास्ते में भटक गया, और जब आख़िरकार मैंने तकिये से सर टिकाया तो मेरे सर में दर्द था और आँखें बुरी तरह दुख रही थीं। लेकिन मेरी बात का यक़ीन करो, मैंने एक पल के लिए भी हुसेन को न तो इस बात के लिए बद्दुआ दी न ही उसके ऊपर किसी तरह का आरोप लगाया कि उसने मुझे धोखा दिया था। मुझे पता था कि एक नौजवान स्त्री दोस्त के साथ उसकी मुलाकात पहले से नियत थी और मुझे यह पता होना चाहिये था कि क्या उम्मीद की जानी चाहिए। यह मेरी ग़लती थी कि मैंने पुराने मक़बूल को उसके वर्तमान हालात में ग़लत समझ लिया था। मज़ेदार बात यह है कि उसकी अन्तरात्मा को जरा भी मलाल महसूस नहीं हुआ। अगर मैंने ऐसा किया होता तो मैं ग्लानि से मर जाता; काश मैं भी अपनी ज़िम्मेदारियों को इतने हल्के तरीक़े से ले पाता।

मैं तुमको लन्दन से लिखने वाला था और जिस दिन तुम्हारी शादी थी उस दिन मैंने तुम्हारे बारे में सोचा था, लेकिन किसी वजह से लिख नहीं पाया। मुझे अब याद है कि मैं लन्दन में बहुत व्यस्त था, पेंटिंग कर रहा था और लीसेस्टर की कला वीथिकाओं में एकल प्रदर्शनी के लिए मोल-भाव में लगा हुआ था। मैं तुमको यह कह सकता हूँ कि यह बिलकुल आसान नहीं था, कुछ चिकनी-चुपड़ी बातें करने वाले अँग्रेज़ों से मोल-भाव कर पाना। वे मुझे अपनी सालाना प्रदर्शनी 'प्रसिद्धि और उम्मीद के कलाकार' में आज़माना चाहते थे—मेरे ख़याल से मैं बाद वाले वर्ग में आता। मैंने कुछ छोटी-छोटी पेंटिंग रखी, जिनमें एक छोटे कैनवास पर बनायी गयी लैण्डस्केप पेंटिंग भी थी जो हम रु द सिन भी लेकर आये थे, और एक पेंटिंग थी २० × ३० इंच की 'लड़की का सर'। मैंने उनकी क़ीमत क्रमशः ३५ गिनी और ४५ गिनी रखी। मुझे बहुत हैरानी हुई जब 'सर' वाली पेंटिंग पहले ही दिन आधे दर्जन अन्य पेंटिंगों के साथ बिक गयी, उसके बाद

लैण्डस्केप वाली भी बिक गयी। इस बीच, मैंने तीन-चार अन्य पेंटिंग भी बेचीं, जिनमें बड़ी वाली पेंटिंग्स भी थी। आख़िरकार, लीसेस्टर की कला वीथिकाएँ मुझे एकल प्रदर्शनी का मौक़ा देने के लिए तैयार हो गयीं, लेकिन अगले साल अक्टूबर, नवम्बर या दिसम्बर में। इसलिए मैं एक बार फिर ढेर सारी पेंटिंग्स के साथ आऊँगा। इस बार तुमको उद्घाटन के लिए लन्दन आना होगा –  उम्मीद करता हूँ कि तुम अभी भी कुछ उर्दू पढ़ सकते हो।

तो मैं यहाँ एक अभिशप्त शहर में हूँ, दोस्तों और सभी नागरिक गतिविधियों से कटा हुआ और मेरा जीवन बैंक और स्टूडियो के बीच भटकता रहता है। मैं काफ़ी मेहनत से काम कर रहा हूँ और अगले दस महीनों में मेरी नज़र तीन प्रदर्शनियों पर है। इनमें पहली प्रदर्शनी कुमार गैलरी, दिल्ली[१] में है। मैंने कुमार से कहा है कि मेरी दिलचस्पी बेचने में नहीं है, लेकिन हो सकता है कि मेरी तीन या चार कलाकृतियाँ बेचने के लिए उपलब्ध हों। फ़रवरी में मेरी एकल प्रदर्शनी गैलरी '५९ में है, और उसके बाद एक लन्दन में है।

आज सुबह मेरी बाल से फ़ोन पर बात हुई और उसने कहा, 'क्या मैं तुमको एक अच्छी ख़बर सुनाऊँ? मैंने तुम्हारी एक पेंटिंग २००० में बेची है!' वह एक सीधी-सादी पेंटिंग थी, बल्कि एक सुन्दर न्यूड पेंटिंग थी जो मैंने हाल में ही बनायी थी। आजकल मैं अपनी कृतियों में एक अजीब तरह की बात देख रहा हूँ—मैं सुरक्षित, सुन्दर और पूरी तरह से समझ में आने वाली, और अमूर्त एवं मुश्किल पेंटिंग के बीच में झूलता रहता हूँ। सच्चाई यह है कि हुसेन ने मेरी जो पेंटिंग ख़रीदी थी वह अमूर्त थी। यह काम करने का अजीब ढर्रा है—एक तरह से दो धाराओं को एक में मिलाने जैसा, लेकिन ऐसा ही है—वह मेरी है। वैसे ही जैसा जीवन मैं जी रहा हूँ।

घर लौटने पर मुझे टी.ए. रमण का बहुत ही दोस्ताना पत्र मिला, उसने अपना परिचय तुम्हारे दोस्त के रूप में दिया और उस आदमी के रूप में जिसने अमेरिका में मेरी पेंटिंग ख़रीदी थी। उसने कहा कि वह दो-एक और ख़रीदना चाहता है। मैंने उसको उन कृतियों के कुछ स्लाइड्स भेज दिये जो मैंने लन्दन में बनाये थे और हाल में उसने फिर लिखा। उसने कहा कि मैं उसको ऐसी पेंटिंग के बारे में बताऊँ जिसको मैं बहुत महत्त्व देता

हूँ और वह उसको ख़रीद लेगा। बहुत प्यारा इन्सान लगता है और जब वह अगली बार भारत आयेगा तो उससे मिलना है।

रूडी[2] ने तुम्हारे ऊपर लिखे गये मोनोग्राफ़ की लिखित प्रति भेजी। वह बहुत अच्छा बन पड़ा है और रूडी का लेखन हमेशा की तरह तारीफ़ के क़ाबिल है। मेरे पास लिखने का बहुत सारा काम है लेकिन मैं उनको लेकर बहुत परेशान नहीं हूँ। जैसा कि मैंने मुल्क से कहा था कि मेरे लिए पेंटिंग करना अधिक मायने रखता है बजाय इसके कि मैं दूसरे लोगों की पेंटिंग पर लिखूँ।

पेरिस में अब ठण्ड हो गयी होगी। यहाँ बहुत ठण्ड है और आज शाम मैंने पहली बार ऊँट के बालों वाला कोट पहना। इससे मुझे उस शाम की याद आयी जब तुम्हारे स्टूडियो में पहली बार इसकी निन्दा हुई थी, और उस समय जब तुम इसको क्या कहते हैं...टुअपैक या ऐसी ही किसी चीज़ से धोने के लिए ले गये थे। इससे मुझे उसी शाम कुछ समय पहले की याद आयी जब हम ज्यां और फ्रेवर के यहाँ थे। अब वे कैसे हैं? उनको मेरा विनम्र सलाम कहना। और सतीश की क्या ख़बर है? जाहिर है, मैंने लन्दन में उसको काफ़ी क़रीब से देखा था क्योंकि हम एक ही घर में रह रहे थे, लेकिन मेरे ख़याल से वह उसके बाद कैम्ब्रिज गया था। अभी तक उसकी कोई ख़बर सुनी है तुमने? हमारे बीच कुछ बहसें हुई थीं और तब मुझे यह समझ में आया कि तब तक उसको दुनिया का अधिक अनुभव नहीं हुआ था, और वह कक्षा में ही बहुत अधिक मुब्तिला रहा था। मैंने तुम्हारी वह न्यूड पेंटिंग देखी थी जो उसके पास थी। मेरे ख़याल से यह ज़रूर तुम्हारी दूसरी न्यूड पेंटिंग है, पहली वह थी जो मैंने १९५४ में छीन ली थी, और जो फ़िलहाल प्राण तलवार के पास है।

प्राण तलवार की बात करें तो उसने अपनी सगाई तोड़ ली है। मुझे लगता है कि वह डर गया। मैं २५ तारीख़ को दिल्ली जा रहा हूँ और वहाँ उससे मिलूँगा। पेरिस से आने के बाद से ज्यां और कृष्णा की मुझे कोई ख़बर नहीं है और मैं सोच रहा हूँ कि वे पेरिस में हैं भी या नहीं। अगर तुमको पता हो तो मुझे बताना। जहाँ तक मैं तुमको समझता हूँ मुझे ऐसा लगता है कि जिस दिन तुम मुझे छोड़ने आये थे उस दिन के बाद तुमने उनको फिर नहीं देखा।

इतना लिखने के बाद मुझे यह ध्यान आया कि मैंने शादी के लिए तुमको

और ज़ानीन को बधाई नहीं दी। खोखले शब्दों में दी गयी बधाई का कोई मतलब नहीं होता; तब तक प्रतीक्षा करो जब तक कि मैं उनमें कुछ अर्थ भर पाऊँ। जाहिर बात है, रेणु और मैं इस बात से बहुत, बहुत ख़ुश हैं कि आख़िरकार तुमने वह शादी सम्पन्न कर ली जिसकी तुमको बेहद तमन्ना थी, वैसे उसकी बाधाओं को पार कर पाना उतना आसान नहीं था। हम दुआ करते हैं कि तुमको हर सम्भव ख़ुशियाँ हासिल हों, अभी और भविष्य में भी।

मैं तुमको यह चिट्ठी बिस्तर में पड़े-पड़े लिख रहा हूँ, इसलिए लिखावट घसीटी हुई है। अब बहुत देर हो चुकी है और मेरे माथे और आँखों में नींद भरी हुई है। इसलिए शुभ रात्रि बुज़ुर्ग इन्सान, कभी एक पंक्ति लिख देना।

हमेशा की तरह,

कृष्ण

---

१. कुमार गैलरी, दिल्ली में एक प्रदर्शनी, १९५९

२. रूडोल्फ़ वान रूडी

OO

९ अगस्त, १९६०
द्वारा नेशनल एंड ग्रिंडलेज बैंक लिमिटेड
कानपुर

प्रिय रज़ा,

तुम्हारे पास मेरे रूप में कितना अच्छा दोस्त है जो तुमको लिखता रहता है बावजूद इसके कि कोई जवाब नहीं आता। लेकिन मुझे यह नहीं लगता है कि मैं ऐसे पत्रों की परवाह करता हूँ जो विनम्रतापूर्वक जवाब में लिखे जाते हैं और ऐसे रिश्ते से तौबा जो इसके आधार पर बने होते हैं! तुमको यह बताना है कि लन्दन में मेरी प्रदर्शनी के बारे में यह तय हो गया है कि २९ सितम्बर को लीसेस्टर की गैलरियॉ में उसका उद्घाटन होगा, और मैं तुमको उस वादे की याद दिलाना चाहता हूँ कि तुम प्रदर्शनी के उद्घाटन के अवसर पर वहाँ रहना चाहते हो। असल में, मैं प्रदर्शनी के उद्घाटन को लेकर परेशान नहीं हूँ बल्कि मैं यह चाहता हूँ कि तुम चयन में मेरी मदद करो। मैंने २८ पेंटिंग जहाज से भेज दिये हैं, कुछ मैं अपने साथ लेकर आऊँगा और कुछ पहले से ही लन्दन में होंगे। क्या तुम्हारे और ज़ानीन के लिए यह सम्भव होगा कि तुम लोग, उद्घाटन से कुछ समय पहले, आ जाओ ? लिखना और मुझे बता देना। मैंने पहले ही अकबर को लिखा है और उससे कहा है, लेकिन मुझे नहीं लगता कि वह आ पायेगा। इसलिए दोस्त, एक पुराने दोस्त को नैतिक समर्थन देने के लिए तैयार रहना।

मेरा नया काम बहुत अलग है, कम से कम उससे बहुत अलग है जो तुमने देखे हैं। हालाँकि मैंने छवि का त्याग नहीं किया है, धीरे-धीरे उसमें मेरी रुचि कम होती गयी है और उस पेंट में बढ़ती गयी है जिसमें वह रूपाकार लेता है। अकबर का सोच था कि मैं बहुत अधिक स्वतःस्फूर्त हूँ और मुझे बुद्धि के आधार पर रूप को तरजीह देनी चाहिये न कि भावना के आधार पर। मैं इस तरह से योजनाबद्ध तरीक़े से विशिष्टता नहीं ला सकता। मेरे

ख़याल से, मैं शुरू तो बहुत सहज तरीक़े से करता हूँ, मगर पेंटिंग वहीं ख़त्म नहीं हो जाती, वह वहाँ से पनपती है, और मैं अपने चित्रों के सामने बहुत समय बिताता हूँ, वहाँ से प्रारम्भ होता है और मुझे यह पता हो जाता है कि वह क्या रूप लेने वाली हैं। बहरहाल, ये शब्द हैं और मैं तुम्हारी प्रतिक्रिया जानने के लिए बेचैन हूँ।

मैं पेरिस में कुछ समय बिताने की योजना बना रहा था—क़रीब दस दिन, ८ या ९ अक्टूबर से १७ या १८ अक्टूबर तक—लौटने से पहले मैंने रायबंड्स के साथ रहने की योजना बनायी थी। मुझे, हालाँकि, कृष्णा की एक चिट्ठी मिली है जिसमें उसने घर की मरम्मत (या जीर्णावस्था) के बारे में लिखा है इसलिए मुझे नहीं लगता है कि मैं यह कर पाऊँगा। मैंने इस बारे में तुमको इसलिए नहीं लिखा क्योंकि मुझे इस बात का डर था कि इससे तुमको कुछ परेशानी हो सकती है। क्या तुमको ऐसा लगता है कि तुम मुझे कहीं टिका सकते हो? तुम्हारे आसपास ही, अगर तुम्हारे साथ नहीं? मुझे इस बारे में कुछ अन्दाज़ा नहीं है कि तुम जहाँ रहते हो वह किस तरह की जगह है, और मुझे इस बात से नफ़रत है कि मैं तुमको और ज़ानीन को असुविधाजनक स्थिति में डालूँ। शायद तुम मेरे लिए एक छोटे कमरे का इन्तज़ाम कर सको, लेकिन दिमाग़ में यह बात रखना कि हमारी सरकार ने बहुत थोड़ी सी राशि भत्ते के रूप में दी है। आश्चर्य इस बात का है कि उन्होंने मुझे कुछ दिया भी। बेचारा बुज़ुर्ग बाल बहुत कोशिश कर रहा है कि वह आदान-प्रदान का कोई इन्तज़ाम कर सके लेकिन अभी तक भाग्य ने उनका साथ नहीं दिया है। मुझे बताना कि क्या तुम्हारे लिए यह सम्भव हो सकेगा कि कुछ दिनों के लिए मेरे रहने के लिए कोई इन्तज़ाम कर सको।

एक बात और कि मैं तुम्हारे और ज़ानीन के विवाह के उपलक्ष्य में देने के लिए क्या उपहार लेकर आऊँ। इस बात का कोई मतलब नहीं है कि कोई ऐसी चीज़ लेकर आऊँ जो अनुपयोगी हो और जिसका कोई उपयोग ही न हो। सब कुछ कैसा चल रहा है, नॉम ऑमी (दोस्त)(बस इतना ही फ्रेंच आता है जो कि एक समझने वाले दोस्त के साथ प्रयोग कर रहा हूँ)? तुम जानते हो कि मेरी रुचि यह जानने में रहती है कि तुम्हारे और ज़ानीन के जीवन में क्या कुछ चल रहा है। पुराने दिनों की खातिर कुछ पंक्तियाँ लिखना। पेरिस में अलग-अलग भारतीय चित्रकारों के चित्रों की प्रदर्शनी

के विचार को लेकर कुछ हुआ? वीकली में तुम्हारा लेख पढ़ा और पसन्द भी आया। मैंने न्यूटन का लेख भी पढ़ा लेकिन पसन्द नहीं आया। वह बचाव की मुद्रा में है, या बल्कि, अपने आप को सही ठहराने का एक खुला प्रयास। मुझे ऐसा लगता है कि उसका सारा जीवन दूसरों को प्रभावित करने को लेकर ही समर्पित है।

ढेर सारा प्यार, हमेशा की तरह,

कृष्ण

OO

१६ अगस्त, १९६०
पेरिस

प्रिय कृष्ण,

इतने दिनों से तुमको नहीं लिखने के लिए क्या मैं माफ़ी माँगने को नज़रअन्दाज़ कर सकता हूँ? किसी शैतान की तरह तुम मेरे ख़यालों में रहे हो, और मेरा विश्वास करो; हम तुम्हारे बारे में अक्सर बातें करते हैं। ९ अगस्त का लिखा हुआ तुम्हारा पत्र आज ही आया। मुझे तुम्हारे बारे में जानकर ख़ुशी हुई, यह जानकर कि तुम आ रहे हो। मैं तुरन्त जवाब दे रहा हूँ जो इस बात का सबूत होना चाहिए, साथ ही सच्ची माफ़ी भी।

तो तुम्हारी प्रदर्शनी[१] लन्दन में २९ सितम्बर से शुरू हो रही है। अच्छा होना चाहिए—कम से कम पेरिस में। यहाँ का मौसम अभी शुरू हुआ है, छुट्टियों के बाद लोग लौट आये हैं। इससे भी अच्छी बात यह है कि अख़बारों के पास कला को देने के लिए अधिक स्थान होता है, नवम्बर या अप्रैल या मई के महीनों से अधिक। यह सब व्यावहारिक बातें हैं। लेकिन मैं इसके बारे में सिर्फ़ इसलिए सोचता रहा क्योंकि मुझे ऐसा लगता था कि तुम्हारी प्रदर्शनी सितम्बर की शुरुआत के लिए नियत की गयी है, जो कि बहुत उपयुक्त समय नहीं होता है। बहरहाल, अक्टूबर के पहले दो सप्ताह बहुत सही रहेंगे।

तुमने यह नहीं लिखा कि तुम ठीक-ठीक लन्दन कब पहुँचोगे। वैसे मैं पक्के तौर पर तो नहीं कह सकता लेकिन आने की पूरी कोशिश करूँगा। हम २४ सितम्बर के आसपास एक सप्ताह के लिए आने की योजना बनायेंगे। हमें ३० को ज़रूर लौटना है। यहाँ दो प्रदर्शनियाँ हैं जिनमें मुझे हिस्सा लेना है, जिनका सम्भवत: १ अक्टूबर को उद्घाटन है। उनमें से एक महत्त्वपूर्ण है। इस साल, पहली बार, मुझे इकॉल द पेरिस में अपनी कलाकृतियों को प्रदर्शित करने के लिए आमन्त्रित किया गया है और एक

वार्षिक प्रदर्शनी का आयोजन गैलेरी शारपेंटयर द्वारा किया जा रहा है। मैं उद्घाटन में रहना चाहता हूँ। मेरी अपनी प्रदर्शनी पहले जिसको अक्टूबर में आयोजित की जाने की योजना थी, अब वह टल गयी है। मुझे सच में और समय चाहिये और मुझे इन चीज़ों में जल्दबाजी से नफ़रत है। इसलिए, फ़िलहाल उसके लिए अप्रैल १९६१ का समय नियत किया गया है।

तुम्हारे सारे चित्रों को देखना अच्छा रहेगा, ख़ासकर नये चित्रों को। दस साल बाद लन्दन को देखना भी अच्छा रहेगा, अपने भाइयों से मिलना जो वहाँ रहते हैं। ज़ानीन को भी अच्छा लगेगा, मुझे पक्के तौर पर लगता है। मैं सच में उम्मीद करता हूँ कि वहाँ आ सकूँ।

जहाँ तक तुम्हारे पेरिस आने की बात है—तुम एक सप्ताह या दस दिन के लिए ज़रूर आओ। रहने की चिन्ता मत करो। अगर तुम हमारे साथ रहोगे तो हमें बहुत ख़ुशी होगी, लेकिन अगर तुमको बहुत अधिक काम होगा तो मैं अपने घर के पास एक होटल में तुम्हारे लिए एक कमरे का इन्तज़ाम कर दूँगा। ख़र्चे के बारे में बिलकुल चिन्ता मत करना। तुमको पेरिस ज़रूर आना चाहिए। केवल, अब कृपया हमारा नया पता लिख लो—१५, रु, पौल्बर्ट, पेरिस एलेलि। हमारे पास अब फ़ोन है—वोल्तेयर ३९-७७। हम तुमको सेंट फर्ग्यु भी ले चलेंगे जहाँ हमारा अपना छोटा-सा बँगला है जो हमें बहुत प्यारा है। और अक्टूबर में तुम्हारे देखने के लिए काफ़ी कुछ होगा और बात करने के लिए भी।

यह अफ़सोस की बात है कि बाल अभी तक आ नहीं पाया है। एक तरह से उसके लिए अच्छा ही है क्योंकि अगस्त और सितम्बर में यहाँ देखने के लिए कुछ ख़ास नहीं होता। गतिविधियों की शुरुआत अक्टूबर में होती है। नवम्बर सबसे अच्छा महीना होता है। मैंने उसको कुछ महीने पहले लिखा था और उम्मीद करता हूँ कि फिर लिखूँगा।

ज़ानीन और मैं बहुत मेहनत से काम कर रहे हैं। मेरे लिए यह दौर वैसा है जिसमें हर चित्र बहुत अधिक समय ले रहा है। बता नहीं सकता कि क्यों। इसके अलावा, मैंने कुछ बड़े कैनवास लिए हैं, लेकिन हुसेन और अकबर के ८ और १० यार्ड के कैनवास को देखते हैं तो असल में उतने बड़े भी नहीं जिसको वे बड़ी सुविधा के साथ भर देते हैं। बहरहाल, आकार मायने नहीं रखता। मेरी सतत समस्या 'छवि' को लेकर रही है, जो लगता है कि रूप के प्रति बढ़ती आसक्ति के साथ ग़ायब होती जा रही है।

हाँ, मुझे वीकली के लिए लिखकर मज़ा आया। जब से मैं यहाँ आया हूँ तब से कई सम्पादकों ने मुझसे मेरे विचार जानने चाहे। जब रमण ने मुझसे कहा और मुझे एक महीने का समय दिया, मैं लिखने के लिए बैठ गया। मैंने युवा पाठकों एवं दूर-दराज के शहरों में चित्र बना रहे चित्रकारों को ध्यान में रखते हुए लिखा, और लिखते समय मेरे ज़ेहन में वही लोग थे। मुम्बई और दिल्ली के बुद्धिजीवी इसके बारे में जानते हैं; कम से कम वे पिकासो और कुछ अजीब कहानियों को जानते हैं। बहरहाल, क्या तुम मुझे वीकली की एक प्रति भेज सकते हो? मेरे किसी दोस्त ने मुझे नहीं भेजी; मैंने पदमसी के पास सरसरी तौर पर पढ़ी थी, उसके पास इसकी एक प्रति थी।

हम साल भर के दौरान उपहार ग्रहण करते रहे हैं। तुम्हारे उपहार का भी स्वागत है, ख़ासकर इसलिए कि अगर वह भारत से आये। मैंने ज़ानीन से इसके बारे में पूछा और सबसे अच्छा समाधान 'बेड कवर' के रूप में समझ में आया। तुमको पता है कि मुझे भारतीय कपड़े पसन्द हैं और पिछली बार मैंने जो कुछ चीज़ें ख़रीदी थीं उनको लेकर मैं बहुत आनन्दित रहता हूँ। हमें डबल बेड के आकार का पाकर अच्छा लगेगा, १४० × १८० सीएम के आकार का। जिसका मतलब यह हुआ कि कवर हर तरफ़ से ३० सेंटीमीटर बड़े आकार का होना चाहिए। जहाँ तक पसन्द की बात है तो मैं तुम्हारे ऊपर छोड़ता हूँ और जिसको लेकर मैं आश्वस्त हूँ। चूँकि तुम हवाई जहाज से आ रहे हो इसलिए अच्छा यह होगा कि तुम उसको भेज दो। लेकिन वही करो जिसमें तुमको सुविधा हो। ज़रूर लिखना। अपने आने की तिथि और लन्दन का पता हमें भेजना।

श्री सोलंगे ठीक हैं। फर्नांडीज यहीं है, वह हमारे ही साथ रह रहा है। तुमको और रेणु को ज़ानीन और मेरी तरफ़ से प्यार।

रज़ा

---

१. लिसेस्टर गैलरिया, लन्दन में एकल प्रदर्शनी, १९६०

OO

१७ अगस्त, १९६०
पेरिस

प्रिय कृष्ण,

क्या मैं माफ़ी माँगने को दरकिनार करूँ? ९ अगस्त को लिखी गयी तुम्हारी चिट्ठी का तत्काल जवाब दे रहा हूँ, जो फ़ॉसेस सेंट जॉक के माध्यम से होती हुई मुझे आज ही मिली, जो अपने आप में इस बात का स्पष्ट प्रमाण है कि तुम हर वक़्त हमारे ख़यालों में रहते हो। हम हमेशा तुम्हारे बारे में बातें करते हैं, जाहिर है, एक बढ़िया दोस्त के रूप में जो तुम जताने की कोशिश करते हो। हम बहस करते हैं; बल्कि हम तुम्हारे बारे में वैसे ही सोचते हैं जैसे कोई शैतान के बारे में सोचता है, यथा, एक ऐसे आदमी के रूप में जिसमें भरपूर ऊर्जा है। मुझे अपनी इस बात को साबित नहीं करना है। हर कहीं तुम्हारी मौजूदगी से यह बात जगजाहिर है। शैतान तुमको काम करने के लिए समय कैसे मिल जाता है, आठ घण्टे दफ़्तर में काम, चार घण्टे सामाजिक मेलजोल में, दो घण्टे अपने बच्चों के साथ, और एक घण्टा अपनी सुन्दर पत्नी के साथ? रेणु ज़रूर उस शैतान से प्यार करती है—कम से कम तुमको—जिससे वह यह सब झेल जाती है।

अच्छा, सुनो मेरे प्यारे बुजुर्ग कृष्ण, हम ख़ुश हैं कि तुम आ रहे हो। हमें ९ अक्टूबर से १८ अक्टूबर के बीच तुमको अपने साथ ठहराकर बहुत ख़ुशी होगी। हमारा फ़्लैट छोटा-सा है, तीन कमरे हैं, कोई बाथरूम नहीं है, थोड़ी-बहुत सुविधा है, लेकिन दस दिन तेज़ी से गुज़र जाते हैं और तुम्हारे लिए यह अच्छा रहेगा कि थोड़ा मुश्किल जीवन की आदत भी डाल लो। जहाँ तक तुम्हारी प्रदर्शनी की बात है, मुझे ऐसा लग रहा था कि यह प्रदर्शनी सितम्बर के आरम्भिक दिनों के लिए नियत की गयी थी, जो कि यहाँ के लिहाज़ से उपयुक्त समय नहीं होता, जबकि २९ सितम्बर और

अक्टूबर माह के पहले दो सप्ताह बहुत शानदार रहते हैं। हम वादा नहीं करते, लेकिन हम पूरी कोशिश करेंगे कि एक सप्ताह के लिए लन्दन आयें। मुझे ३० सितम्बर को लौटकर ज़रूर आना है क्योंकि एक नयी जगह पर पहली बार प्रदर्शनी आयोजित करनी है। वह एक बहुत बड़ी वार्षिक प्रदर्शनी है जिसका आयोजन गैलेरी शारपेंटयर द्वारा किया जा रहा है। इसके अलावा, एल.वी. गैलेरी[१] द्वारा भी अक्टूबर के आरम्भ में एक समूह प्रदर्शनी का आयोजन किया जा रहा है। इसलिए हमारी यात्रा, अगर सम्भव हुई, तो २४ से ३० सितम्बर के दरम्यान होगी। तुम्हारे चित्रों को देखना बहुत अच्छा रहेगा—४० चित्र, मेरे ख़याल से। मैं अकबर और कृष्णा को भी प्रेरित करने का प्रयास करूँगा। अगर वे भी आ सके तो यह बहुत मज़ेदार रहेगा। लेकिन बहुत उत्साहित नहीं होना चाहिए। पहले मुझे ख़ुद जान लेना चाहिए। बस मैं यही वादा कर सकता हूँ कि मैं आने की भरसक कोशिश करूँगा। तुमको पता है कि मेरे दो भाई वहाँ हैं और नौ साल के बाद लन्दन को एक बार फिर से देखना बहुत अच्छा अनुभव रहेगा। मुझे पक्का लगता है कि ज़ानीन को भी मज़ा आयेगा। लेकिन आजकल हम लोगों के पास इतना काम है।

एक अमेरिकन आर्ट डीलर है जो ज़ानीन के चित्रों को नियमित तौर पर ख़रीद रहा है—उसने चार चित्र ख़रीदे हैं और सितम्बर के लिए वह और चित्रों की माँग कर रहा है। उम्मीद है कि यह सिलसिला चलता रहे। मेरे लिए यह एक ऐसा दौर है जिसमें हर चित्र बनाने में बहुत समय लग रहा है। मुझे समझ में नहीं आ रहा है कि क्यों, शायद इसलिए क्योंकि मैं बड़े कैनवास का उपयोग कर रहा हूँ। या शायद इसलिए क्योंकि मैं अपने आपको लेकर मुश्किल में रहता हूँ। बहरहाल, समस्याएँ बहुत निजी क़िस्म की हैं। चित्रों के रूप सहज नहीं हैं और सभी व्यावहारिकताएँ—चित्र प्रदर्शनियों की संख्या, आदि—कृतियों की महत्त्वपूर्ण समस्याओं के सामने इतनी तुच्छ हैं। मैं एकाग्र होने की पूरी कोशिश करते हुए अपनी सहज वृत्ति, अपने विचारों का अनुसरण कर रहा हूँ। मैंने जानबूझकर ३ अक्टूबर को पेरिस में आयोजित होने वाली अपनी प्रदर्शनी को टाल दिया है। मुझे ऐसा लगा कि मुझे छः महीने और चाहिए, इसलिए विंसी से बात करके हमने अब यह तय किया है कि अब अप्रैल १९६१ में इसको आयोजित करूँ।

"रूप भावना प्रसूत होने के बजाय बुद्धि प्रसूत होने चाहिए।" मैं इस बात से सहमत हूँ कि यह सम्भव नहीं है कि इनमें स्पष्ट विभेद दिखाया जा सके। बुद्धि का तात्पर्य भावना को दमित करना नहीं होता। भावनाएँ बुद्धि के साथ असंगत नहीं होतीं। उनको एक दल के रूप में काम करना चाहिए, एक सम्मिलित शक्ति के रूप में जो कलाकार की मदद करे। मुझे लगता है कि अकबर यह सोचता है कि बुद्धि का तात्पर्य महज़ सजग चेतना होती है। निश्चित रूप से बुद्धि उससे भी बहुत कुछ अधिक होती है। लेकिन यह विश्लेषण मैं बुद्धिजीवियों के ऊपर छोड़ता हूँ। विश्लेषण करके चीज़ों को समझने के लिए मेरे पास समय नहीं है। मेरी ताक़त है काम के दौरान अर्जित किया गया अनुभव। मानसिक अवस्था या वह जब कोई जिओ काम करता है वह अव्याख्येय होता है। विश्लेषण काम की प्रक्रिया को नष्ट कर देता है। मैं यह सब किसी ऐसे समय के लिए छोड़ दूँगा जब मैं ख़ाली होऊँ और यह सोचूँ कि जो भी हुआ वह किस तरह से हुआ।

वीकली के लेख की जहाँ तक बात है तो मुझे अभी तक उसकी कोई भी प्रति नहीं मिली है। इसलिए एक अच्छे दोस्त की तरह अगर तुम्हारे पास इसकी अतिरिक्त प्रति हो तो मुझे एयर मेल से भेज दो। मैंने अकबर के लिखे के ऊपर एक नज़र डाली है। उसके भाई ने कुछ छपे हुए लेख भेजे थे। गोएत्ज़, या यहाँ तक कि कीट्स को भी मैंने शायद ही पढ़ा है। सूज़ा को मैंने ज़रूर पढ़ा था। वह ऐसे है जैसे साबुन या कोका कोला का अच्छा प्रचार जैसा हो। मुझे आत्मप्रचार से कोई गुरेज़ नहीं है, लेकिन इस तरह जानबूझकर भौतिक उद्देश्यों के लिए गाँधी या ईसा मसीह के साथ घालमेल करना एक तरह से दुःख की बात है। अगर उसको गाँधी जी की जरा भी समझ होती तो वह कुछ और ही इन्सान होता। सब कुछ झूठ के ऊपर आधारित है, असमीकृतप्रभाव; प्रभाव छोड़ने की उसकी जो इच्छा है वह और कुछ नहीं बल्कि एक तरह से कमज़ोरी का प्रतीक है। लेकिन हमारे समय में इस तरह की चतुराई काम कर जाती है। जरा इस बात की कल्पना करो कि इसके लेख का भारत के दूर-दराज में और यहाँ तक कि बड़े शहरों में किस तरह का प्रभाव पड़ेगा। अगर लोगों को यह पता चल जाय कि इस साल पेरिस में उसकी प्रदर्शनी किस तरह से औसत स्तर की रही—'औसत' शब्द उसकी प्रदर्शनी के लिए एक उदार शब्द है जिसको

पेरिस के प्रेस ने बुरी तरह से नज़रअन्दाज़ किया। केवल 'आर्ट' में छः पंक्तियाँ आयीं। मैं आख़िरी दिन गया था। क़ीमतें बहुत कम रखी गयी थीं और कोई चित्र बिका नहीं था। गैलरी ने प्रदर्शनी इसलिए आयोजित की थी क्योंकि उसको कल्चरल फ्रीडम वालों ने प्रायोजित किया था। इसके अलावा, गैलरी बिलकुल अनजान क़िस्म की थी और दूर-दराज के इलाक़े लैय, सेंट लुई, नोर्टे डेम के पीछे की तरफ़ है। अब, इस तरह से पूरी तरह से असफल होने के बाद अगर सूज़ा यह जताता है कि पेरिस में चार गैलरियों में उसकी प्रदर्शनियाँ हुईं और शहर में उसका एक स्थायी आवास है...फिर, यह सब बात करने लायक भी नहीं है।

जहाँ तक रेखा मोहन द्वारा आयोजित की जाने वाली प्रदर्शनी की बात है मुझे लगता है कि अच्छा समाधान यह होगा कि तुम अपने संग्रह में से उसको कोई चित्र दे दो। मुझे नया चित्र देना अच्छा लगता, लेकिन फिर यहाँ से पेंटिंग भेजने में मुश्किल है। मैं सोच रहा हूँ कि अन्य चित्रकारों का प्रतिनिधित्व किस तरह से दिया जा रहा है, सबकी एक एक पेंटिंग ही है, या हुसेन की छह, रामकुमार के पाँच चित्र, पदमसी तथा रज़ा की उधार ली गयी एक पेंटिंग। यह कोई बहुत उचित बात नहीं है। बहरहाल, मैं ख़ासतौर पर यू.ए.आर. की प्रदर्शनी में दिलचस्पी नहीं रखता और टॉम केहू के साथ गठजोड़ करना चाहूँगा। वे सच में अच्छा काम कर रहे हैं। इसलिए अगर तुम सहमत हो तो मेरी पेंटिंग दे सकते हो।

यहाँ २ अगस्त से मैनुएल फर्नांडीज आया हुआ है। उसके पास पैसे नहीं हैं और वह हमारे साथ रह रहा है। मैंने तीन महीनों तक उसकी ज़िम्मेदारी उठाने का फ़ैसला किया है। उम्मीद है, इस बीच, वह कुछ कर पाये, अन्यथा उसको लन्दन वापस जाना होगा। वह बहुत मेहनती इन्सान है और मैं सच में उसकी मदद करना चाहता हूँ। लेकिन यहाँ ज़िन्दगी जीना बहुत महँगा है और ख़ुदा की कसम, यहाँ के चित्रकार जो मुश्किलें झेल रहे हैं वह और भी विकट है। लेकिन उसकी मानसिक हालत किसी सच्चे चित्रकार जैसी है। काश! उसका भाग्य भी कुछ अच्छा होता। बॉम्बे में दोस्तों ने करुणा दिखाते हुए उसकी मदद की; उसके पास कुछ पैसे हैं लेकिन अभी तक उसको रिज़र्व बैंक का परमिट नहीं मिला है। वह यहाँ तीन महीने से अधिक रह पाये यह इसी बात पर निर्भर करता है।

मैंने दो महीने पहले बाल को लिखा था। कोई जवाब नहीं आया। जाहिर

है कि उसके यहाँ आने से पहले मुद्रा के बदलने का काम पूरा करना होगा। इसी वजह से उसको आने में देरी हो रही है। वैसे यह अच्छा है कि वह यहाँ अगस्त या सितम्बर में नहीं आया क्योंकि तब यहाँ अधिक कुछ गतिविधियाँ भी नहीं होतीं। अगर वह नवम्बर में आने का इन्तज़ाम कर पाया और कम से कम छह महीने रहने की तैयारी के साथ आया तो वह सबसे कारगर होगा। मुझे नहीं पता कि तुम जाने से पहले उसको फ़ोन करोगे। उससे कहना कि उसको यहाँ आने और चले जाने से कोई फ़ायदा नहीं होने वाला। उसको यहाँ नवम्बर से मई तक रहने की कोशिश करनी चाहिए, और पूरी तरह से तैयार होकर आना चाहिए। उसको यहाँ पाकर हमें बहुत अच्छा लगेगा और हम उसको बहुत याद करते हैं। उसको कहना कि वह एक पर्यटक के रूप में आये और जल्दी आये।

चिट्ठी पहले ही बहुत लम्बी हो चुकी है और मुझे इसे आज ही भेज देना चाहिए। नीचे हमारा जो नया पता और फ़ोन नम्बर लिखा हुआ है उसको दर्ज कर लेना। तुमको पेरिस ज़रूर आना है। हमें उम्मीद है कि फर्नांडीज जल्दी ही एक नये कमरे में चला जाय जो हमें उम्मीद है कि हम उसके लिए लेंगे, लेकिन अगर तुम आये और वह यहाँ रहे तब भी तुम ख़र्चे वग़ैरह की चिन्ता मत करना। अगर यह बहुत ज़रूरी हुआ तो हम अपने घर के पास होटल में तुम्हारे लिए कमरा ले लेंगे ताकि तुम हम लोगों के साथ अधिकतर समय बिता सको। हम तुमको अपने साथ घोड़े पर सेंट फ़ारज्यो लेकर चलेंगे जहाँ हमारा सुन्दर छोटा-सा बंगला है। अक्टूबर में तुम्हारे देखने के लिए बहुत कुछ होगा, निश्चित रूप से हमारे पास बातचीत करने के लिए बहुत कुछ होगा।

पूरे साल के दौरान हमें तोहफ़े मिलते रहे हैं। दोस्तों का होना बहुत अच्छी बात है। तुम्हारे तोहफ़े का सच में बहुत स्वागत है क्योंकि वह भारत से होगा। मैंने ज़ानीन से इसके बारे में पूछा था और सबसे अच्छा समाधान बेड कवर लगता है। तुमको पता है कि मुझे भारतीय वस्त्र बहुत पसन्द हैं और मुझे वे कुछ चीज़ें बहुत पसन्द हैं जो मैं पिछली दफा भारत से ला पाया था। हमें एक सुन्दर बेड कवर पाकर बहुत अच्छा लगेगा जो कि हमारे पास है नहीं। डबल बेड आकार का १४० × १८० सीएम है। मैं तुमको गज में इसका आकार नहीं बता सकता। वह सभी कोने से ३ सेंटीमिटर अधिक बड़ा होना चाहिए, जैसे २०० × २४० सेंटीमीटर, मुझे

लगता है इस आकार में ढूँढ़ पाना मुश्किल होगा। जहाँ तक पसन्द की बात है तो मुझे तुम्हारी पसन्द पर विश्वास है। चूँकि तुम हवाई जहाज से आ रहे हो इसलिए हो सकता है कि अलग से भेजने के बारे में भी सोच सकते हो। या तुमको जैसा भी सुविधाजनक लगे।

लिखना ज़रूर। अफ़सोस की बात यह है कि रेणु नहीं आ रही है। मुझे पक्का लगता है कि लन्दन में तुम्हारे चित्रों की बिक्री से तुम्हारे पास ज़रूरत से अधिक पैसे हो जायेंगे, और हमको उसकी याद और भी अधिक आयेगी।

मेरी और ज़ानीन की तरफ़ से तुमको और रेणु को प्यार।

हमेशा की तरह,

रज़ा

१५ रु पॉल बर्ट
पेरिस, इलेलि
टेलीफ़ोन नम्बर ३९-७७

---

१. गैलरी लारा विंसी, पेरिस

OO

१९ सितम्बर, १९६०
९ ग्रेंग ग्रोव
कैनन बैरी एनआई
टेलीफ़ोन CAN71644

मेरे प्यारे साथी,

मुझे उम्मीद है कि तुमको और ज़ानीन दोनों को ही यहाँ देखूँगा। यह बस तुमको इस बात की याद दिलाने के लिए है कि मैं भी हूँ।

हमेशा की तरह,

कृष्ण

KRISHEN KHANNA

Recent Paintings
First Exhibition in England

Private View: Thursday, September 29th, 1960
10 till 5.30

THE LEICESTER GALLERIES
Leicester Square, London

Admit Two
UNTIL OCTOBER 20th

१५ अक्टूबर, १९६०
द्वारा युसिदियो वैन्गोलियो
मार्फ़त सिन्नेस २४
रोम

अज़ीज़ रज़ा और ज़ानीन,

तुम्हारे साथ ठहरना मेरे लिए यादगार अनुभव रहा। मैं इसको कभी भूल नहीं पाऊँगा, उसी तरह जिस तरह से मैं १९५४ में अपनी मुलाकात को कभी नहीं भूल सकता। पिछला साल जरा हलचल भरा रहा जिसके कारण हम एक-दूसरे से अधिक बात नहीं कर पाये और हमें बात करने और चर्चा करने का सही मौक़ा नहीं मिला। कारण अब स्पष्ट हैं और उनका शायद ही उल्लेख करने की ज़रूरत है।

तुम दोनों ने मेरी मेहमाननवाज़ी इतने प्यार से की कि मुझे बहुत ख़ुशी हो रही है। तुमको अलविदा कहते हुए मुझे अजीब महसूस हो रहा था, और अनायास डे लेविस के शब्द मुझे याद आ गये :

"एक मुक्त होने का भाव है
और एक अफ़सोस का भाव हर अलविदा, हर विदा, हर आदमी के लिए,
और यह हमेशा रहेगा,
यहाँ तक कि सबसे बुरे उसकी अन्तिम अलविदा तक।"

माफ़ करना मुझे उद्धृत करना पड़ा, लेकिन अर्थपूर्ण शब्द कवियों को आसानी से सूझ जाते हैं—लेकिन उनके पीछे की भावनाएँ वही रहती हैं। मैं अपनी भावनाओं को शब्द नहीं दे पा रहा था, और उस बुज़ुर्ग इन्सान का पेंटिंग से कोई लेना-देना भी नहीं।

पेरिस से हवाई सफ़र सच में बहुत आरामदेह था, लेकिन मैं बिलकुल नहीं सो पाया। वह मेरी सबसे बड़ी ज़रूरत थी लेकिन सुन्दर एयर होस्टेस ने

कुछ और सोचा और मुझे हैम, ब्रेड रोल और किसी कारण से केक के नाश्ते के लिए बैठे रहना पड़ा। मुझे यहाँ अपना स्टीम मिला और यहाँ मेरा स्वागत मित्र युसिदियो और उसकी सुन्दर पत्नी एद्विग ने किया। वहन जाते ही हम साधारण खाने के लिए बैठ गये, बहुत बढ़िया था, वह बहुत भारी खाना था और अगर मुझे सदा यही खाना मिलता तो मैं सच में मोटा बच्चा हो गया होता। जाहिर है, फ़िलहाल, यह बहुत अलग तरह का है।

यहाँ मैंने अपने लिए बहुत अच्छा जूता ख़रीदा है। कुछ महँगा, लेकिन बहुत आरामदेह और सुन्दर—गहरे ताम्बई रंग जैसा जो मेरी काली पैंट के साथ बहुत बढ़िया लगता है। चिन्ता मत करो रज़ा, मैं छलिया नहीं बनूँगा, जो कलाकार की बुर्ज़ुआ छवि की तरह है—जैसे न्यूटन की छवि।

मुझे माफ़ करना कि मैंने ख़र्च बहुत अधिक कर लिया, मेरे पास मैनुएल के लिए अधिक कुछ नहीं है। अगर तुम उसको दो सौ रुपये भी देते तो मैं तुमसे वह भी अपने ऊपर ख़र्च करने के लिए कहता। उम्मीद करता हूँ कि तुम दोनों मुझे और रेणु को यह मौक़ा दोगे कि ठोस रूप में तुम्हारी ऊष्मा और आतिथ्य का प्रतिदान दे सकें। कृपया मुझे ग़लत मत समझना। यह कोई शुकराना का पत्र नहीं है। मुझे इस तरह के पत्र लिखने से नफ़रत है। न ही मैं ऐसा सोचता हूँ कि दोस्तों के बीच किसी तरह की सौजन्यता का खाता रखा जाना चाहिए, और अगर मैंने ऐसा करने की कोशिश की तो यह बहुत बेवकूफ़ी की बात होगी। मैं बस यही कहना चाहता हूँ कि तुमको हमें इस बात का मौक़ा देना चाहिये कि हम तुम्हारी पार्टी, अपनी ऊष्मा और दोस्ती का प्रदर्शन करके ख़ुशी जता सकें।

इन सब बातों से अलहदा, मुझे इस बात से बेहद ख़ुशी का अहसास हुआ कि तुम इतना अच्छा कर रहे हो। यह सच में बहुत ख़ुशी की बात है कि मेरे पास इतने अच्छे दोस्त हैं और जिसने इस पागलपन भरी दुनिया में चरम निराशा से ख़ुद को बचा रखा है।

यहाँ जो मेरा दोस्त है वह अपने ढंग का मज़ेदार आदमी है और वह कोई बुरा कलाकार नहीं है, लेकिन अजीब बात यह है कि उसको लगता है जितने आधुनिक चित्रकार हैं सब जाली हैं, जबकि उसको आधुनिक चित्रकला के बारे में कुछ भी नहीं पता। सही है, दुनिया में हर तरह के लोग होते हैं।

अकबर और सोलंजे को मेरा प्यार कहना और तुम दोनों को बहुत-बहुत प्यार।

सदा की तरह,

कृष्ण

कृपया देखें : अगर बाद में मैनुएल कुछ अच्छा नहीं कर पाता और तुमको लगता है कि उसको आगे भी मदद की ज़रूरत है तो मुझे बताना, मैं उसकी मदद करने की कोशिश करूँगा।

OO

१७ अक्टूबर, १९६०

मेरे प्यारे कृष्ण,

तुम्हारी यात्रा बहुत रुचिकर रही। हम यही सोचते रहे कि काश यह कुछ और दिनों का रहा होता। उम्मीद करते हैं कि अगली बार ऐसा हो, जब रेणु भी इस गिरोह में शामिल हो सकेगी। क्या मैं पवित्र कहूँ? मेरा मतलब है अपवित्र।

मैं उसको भी लिखना चाहता था लेकिन मुझे देर हो चुकी है। जब तक यह चिट्ठी तुम्हारे पास पहुँचेगी तब तक तुम पहुँच चुके होगे और उसको शायद ही उसका आनन्द आये। इसलिए मैं तुमको लिख रहा हूँ, बल्कि तुम दोनों को।

मेरे लिए तुमको लिखने का असली कारण रमण का वह पत्र है जो मुझे आज ही सुबह मिला है। उसने ख़रीद के बारे में पुष्टि की है और वह चाहता था कि फिलिप्स के लिए इस चिट्ठी की छायाप्रति तुमको दे दी जाय, जाहिर है उसको ऐसा लग रहा था कि तुम यहीं हो। तुम एक मेढक की तरह हो, तुम्हारी गतिविधियाँ झटपट कूद की दया पर होती हैं जो कि तुम लगते हो, जो भी साधन हो, चाहे कोई छोटा जहाज हो या जेट इंजन वाला, एयर फ्रांस हो या एयर इण्डिया।

सच में तुम यहाँ रहे इससे बहुत अच्छा लगा। कृपया रेणु से यह कहना कि यहाँ हमें हर पल उसकी कमी खली। उससे यह भी कहना कि हमें वह पंजाबी बेड कवर बहुत अच्छा लगा जो कि तुम अपने साथ तोहफ़े के रूप में लेकर आये थे। उससे ख़ासतौर पर यह कहना कि पैनो गाथिक में हमारा कितना अच्छा रहा और मैं किस तरह से बार-बार उसको देख रहा था। हम उसको बहुत ख़ास-ख़ास मौक़ों पर ही बिछाना चाहते हैं, उसका उपयोग रोज़ नहीं करना चाहते।

कृष्ण का फ़ोन आया था, वह मुल्क के बारे में पूछ रहा था। अविनाश चन्द्र के माफ़ीनामे के साथ यह बात ख़त्म हुई। लेकिन काश उसको यह पता होता कि मैं कितनी कम परवाह करता हूँ। १८ को बम्बई में रेडियो पर रूडी द्वारा लिया गया बहुत अच्छा इण्टरव्यू आने वाला है। उसने मुझे उसका पाठ भेजा था, जिससे मुझे बहुत ख़ुशी हुई। चाचा मालिक बृहस्पतिवार को आ रहे हैं, हम लोग शनिवार को रायबंड्स में डिनर करेंगे इतवार को ज्यां और फ्रेनी भोनगरी में दोपहर का भोजन। वे वापस आ गये हैं। देखो, तुम जल्दी चले गये न। अगर तुम यहाँ एक सप्ताह और रहते तो बहुत मज़ा आता। बहरहाल, बाल की ख़बर देना। क्या उसका मतलब व्यवसाय से है ? क्या बेहतर यह नहीं रहता कि वह गैलरी को छोटे-छोटे व्यवसायियों के लिए छोड़ देता, ख़ुद को अन्दर के कलाकार को जगाने के लिए समर्पित कर देता ? अगर वह पहले वाले को चुनता है तो ठीक है वह उसी में ख़ूब आगे बढ़े।

हम ने दोपहर का भोजन बहुत अच्छा किया और वह भी बोर्दियु की एक सुन्दर बोतल के साथ। रेणु और तुम अगली बार ज़रूर आना।

प्यार और स्नेह के साथ,

रज़ा

उत्तर-कथन : लन्दन की सफल प्रदर्शनी के बाद अपना सर मत चढ़ा लेना।

उत्तर-कथन पुनः ललित कला अकादेमी की अगली प्रदर्शनी में भागीदारी के लिए आमन्त्रण। सान्याल का एक निजी पत्र साथ में था। २०वीं शताब्दी में भारत में चमत्कार होते हैं!

OO

२७ अक्टूबर, १९६०
पेरिस

मेरे प्यारे कृष्ण,

काश मैं पत्रों के तत्काल जवाब देने की अच्छी आदत के ऊपर कायम रहता, लेकिन एक के बाद एक व्यस्तताएँ आती-जाती हैं और अपनी पूरी सदिच्छा के बावजूद मेरे पत्र जवाबविहीन रह जाते हैं।

रोम से लिखा हुआ तुम्हारा बहुत अच्छा पत्र समय पर आ गया था, मैंने पहले ही उसके बारे में लिखा था और मुझे यह जानकर ख़ुशी हुई कि तुमको यहाँ रहने में आनन्द आया। मुझे रमण और डाक्टर की तरफ़ से दो पत्र मिले थे जो मैंने अपने पिछले पत्र में तुमको भेजा था, जिससे यह पता चलता है कि लन्दन की जो तुम्हारी प्रदर्शनी थी उसकी सफलता का क्रम जारी है। मैं इस बात के लिए माफ़ी माँगता हूँ कि स्लाइड भेजने में इतनी देरी हुई, जिसे मैं इस पत्र के साथ संलग्न कर रहा हूँ।

फिलिप्स ने दूसरा अच्छा समाचार दिया है। उसने मुझे कैटलॉग भेजा था। जॉर्ज ने उसकी भूमिका बहुत अच्छी लिखी है। बस, यह लगा कि काश उसने चित्रों की समस्याओं के ऊपर अधिक लिखा होता बजाय वंश और धरोहर के ऊपर लिखने के। यह देखना अच्छा लगेगा कि उसने आर्ट न्यूज़ में क्या लिखा है।

क्या तुम बम्बई में रुके? या महज़ बाल से बस एक छोटी-सी मुलाकात रही? यह कहने की कोई ज़रूरत नहीं कि हमें उसके बारे में जानकर अच्छा लगेगा : नयी गैलरी और भविष्य की परियोजनाएँ।

मुल्क यहाँ आये थे। हम लगभग हर शाम मिले और वे रात के खाने पर भी आये। साफ़-साफ़ कहूँ तो मुझे वे पसन्द हैं और मुझे ऐसा लगता है कि वे

उपयोगी काम भी कर रहे हैं। वे बहुत बात करते हैं और आमतौर पर जब तक वे विचारों के बारे में बातें करते हैं तो तार्किक बातें करते हैं (कम से कम मुझे तो ऐसा ही लगता है)। लेकिन चूँकि वे लगातार समकालीन कला के बारे में बात करते हैं तो लगता है कि कहीं कुछ गड़बड़ है। सबसे पहले, वे अच्छी तरह से चित्रों को नहीं देखते। वह कुछ देर तक चित्र को देखकर उसके बारे में सैद्धान्तिक बहस करने लगते हैं। इस बार मैंने लगातार उनकी बातों का विरोध किया, लेकिन बातों में उनसे जीत पाना मुश्किल काम है।

उनके साथ बातों में टिकने के लिए अच्छा सिद्धान्त यह है कि जब भी वे स्टूडियो या किसी प्रदर्शनी में जायँ तो उनसे पहले ही आधे घण्टे चुप रहने के लिए कह दिया जाय! लेकिन मुझे मुल्क पसन्द है, काश वह केवल किताबों और मार्ग पत्रिका तक ही ख़ुद को समेटकर रखते। हमने प्रतिहिंसा के भाव से काम शुरू किया था। मुझे लगता है कि अच्छे दिन अब बहुत दिन दूर नहीं हैं। लेकिन मुझे इस तरह के भ्रमों की आदत पड़ चुकी है। समृद्ध चित्र अनुभव दुर्लभ हो गया है। बहरहाल, करने के लिए कुछ और नहीं है और मैं अपना काम करते हुए इन्तज़ार करते रहना चाहता हूँ।

उम्मीद करता हूँ कि रेणु और बच्चों का स्वास्थ्य अच्छा होगा और अब वे तुम्हारी दिनचर्या के आदी हो गये होंगे। क्या तुमको मेरा पिछला पत्र मिला? रमण ने कहा है कि उनको उम्मीद है कि वे ६० के जनवरी में फ्रांस आयेंगे और हो सकता है कि उसके बाद वे भारत जायँ। उनको फिर से देखना बहुत अच्छा रहेगा। जानवरों के डाक्टर की अन्तिम रिपोर्ट से यह पता चला है कि हमारी बिल्लियों को किसी तरह का ख़तरा नहीं है। बस, बिल्लियों का त्याग करना होगा। ज़ानीन की उँगली पूरी तरह से ठीक हो चुकी है।

मैनुएल को अपने वीजा की अवधि बढ़वानी होगी। यह मुश्किल होने वाला है, लेकिन मैं उसकी मदद के लिए जो भी कर सकता हूँ वह कर रहा हूँ। मैं फिर से लिखूँगा।

पत्र लिखना और सभी समाचार देना। पेंटिंग कैसी चल रही है?

रेणु और तुमको बहुत प्यार।

रज़ा

OO

२ नवम्बर, १९६०
पेरिस

प्रिय कृष्ण,

रोम और कानपुर से लिखी हुई तुम्हारी चिट्ठियाँ मिल गयी थीं, और २३ अक्टूबर को लिखी हुई तुम्हारी दूसरी चिट्ठी भी। बिना इसका इन्तज़ार किये, मैंने तुमको दो बार पत्र लिखा—एक पत्र तुमको १८ या १९ को लिखा और दूसरा पत्र पिछले ही सप्ताह।

पहले पत्र के साथ मैंने फिलिप को लिखी गयी रमण की चिट्ठी संलग्न की थी। उसने यह सोचकर एक प्रति भेजी थी कि तुम अभी भी यहीं हो और वह तुम्हारे चित्र को ख़रीदने के सम्बन्ध में अन्तिम निर्णय करना चाहता था। मैंने जर्मनी के डाक्टर का पत्र भी संलग्न किया था जो तीन चित्र ख़रीदना चाहता था जिसकी स्लाइड उसने संलग्न की थी। तुमने अपने पिछले पत्र में इस बात का ज़िक्र नहीं किया था कि तुमको वे मिले या नहीं, और अब बस यही उम्मीद करता हूँ कि वे पत्र तुम तक पहुँच गये होंगे। कृपया मुझे बताना। उसी पत्र में मैंने 'फुलकारी' के लिए तुम्हारा और रेणु का एक बार फिर शुक्रिया अदा किया था जो हमें बहुत पसन्द आया और मैं सच में रेणु को यह बताना चाहता था कि इसे पाकर वह कितनी ख़ुश हुई।

मैं स्लाइड पत्र के साथ संलग्न नहीं कर पाया लेकिन तुमने रोम से जो पत्र लिखा था उसके जवाब के साथ मैंने वह भेजा था। उम्मीद करता हूँ कि तुमको मिल गयी होंगी। मुझे अगले पत्र में बताना। प्रसंगवश, शायद एक बार फिर, वह इस जल्दी में लिखी गयी चिट्ठी से गुज़र जायेगा।

रोम में एक और प्रदर्शनी की ख़बर अच्छी है। मुझे समझ में नहीं आ रहा है कि तुमको जाना चाहिये या नहीं—मेरे अपने विचार में अगर बिकने की गुंजाइश है तब करना चाहिए। मुझे यह बताया गया कि हुसेन के कुछ चित्र

बिके थे, उसने एक कार ख़रीदी और उसको वहीं छोड़ दिया, जिस तरह से वह अपनी पेंटिंग्स और टूटे दिल को अपने पीछे छोड़ देता है। लेकिन मेरे ख़याल से लन्दन में तुम्हारी अगली प्रदर्शनी[१] मायने रखती है। तुम्हारे पास प्रदर्शित करने के लिए पर्याप्त चित्र होने चाहिए। पेरिस भी चित्र लेकर आना, और इस बार डीलरों से गम्भीरता से सम्पर्क करना।

मुझे अफ़सोस है कि तुम बाल से नहीं मिल पाये। मुझे उम्मीद है कि उसका स्वास्थ्य अब बेहतर हो और वह अब तक भारत से बाहर निकला गया हो। हम उससे मिलने का इन्तज़ार करेंगे। उम्मीद करता हूँ कि उसके साथ ईमानदारी से बातचीत कर पाऊँ। उसका इस तरह से गैलरी चलाने का कोई मतलब नहीं है। उसके लिए व्यवसाय आनुवांशिक बीमारी है, लेकिन कला का व्यवसाय बेतुका है। अगर वह ऐसा करता है तो उसके व्यक्तित्व के ऊपर इसका असर पड़ कर रहेगा : उसके चित्रों के ऊपर भी। मैं जानता हूँ कि अगर उसका निश्चय दृढ़ रहा तो वह अच्छा आर्ट डीलर साबित होगा। लेकिन मैं सच में यह सोचने लगा हूँ कि क्या यह बढ़िया रहेगा। उसका मिज़ाज कलाकारों वाला है और उसके लिए सबसे अच्छी बात यह होगी कि वह ख़ुद को कला में डुबा ले, बजाय छोटे-मोटे झगड़ों और अस्थिर व्यावसायिक सम्भावनाओं में अपना समय गँवाए। पेरिस में भारतीय प्रदर्शनी होगी। अगर वह नहीं होती है तो आख़िरकार कोई जल्दबाजी मचाने की ज़रूरत नहीं है। बाल को इसके लिए कुर्बानी देने की कोई ज़रूरत नहीं है, गैलरी ५९ के लिए नहीं। यह जानकर दुःख हुआ कि नयी गैलरी शुरू नहीं हो पायी। यह कोई आश्चर्य की बात नहीं है...और मैं अपनी बात को वापस लेता हूँ।

मुझे सच में इस बात की उम्मीद है कि अगर बाल से तुम्हारी मुलाक़ात हुई तो तुम मुझे लिखोगे और उसके साथ इन बातों के ऊपर चर्चा करने की कोशिश करोगे। राम कुमार काम कर रहा है। वह अच्छा कर रहा है और कुमार आर्ट गैलरी में उसकी प्रदर्शनी है। मुझे इस बात का डर है कि अगर बाल यह तय कर ले कि वह और कुछ नहीं करेगा बल्कि बस चित्र बनायेगा तो अधिकतर लोग उसके पास आयेंगे। मुझे यह भी बताया गया कि टॉम शायद भारत से जा रहा है। डॉ. भाटिया यहाँ आये थे। उन्होंने पेरिस के एक महँगे होटल जॉर्ज पंचम में कॉकटेल पार्टी दी थी जिसमें कलाकारों को भी बुलाया था। अगले दिन वे लारा विंसी गैलरी के

मालिक के घर मेरी पेंटिंग्स को देखने के लिए गये थे—हमेशा की तरह बहुत ध्यान से और सौहार्दपूर्ण। ज़ानीन की उँगली का घाव पूरी तरह से ठीक हो गया है और वह काम पर वापस लौट चुकी है। जॉर्ज (वाल्देमर) का लेख सकारात्मक है लेकिन उसमें गहरायी का अभाव है। मैं सतही समीक्षा का आदी हो चुका हूँ, लेकिन मैं उससे उम्मीद करता हूँ कि वह आगे बढ़े और जल्दी। वह निराशाजनक होता जा रहा है। मुझे यह समझ में नहीं आता है कि कला की एक जीवन्त और कायदे की समीक्षा क्यों नहीं हो सकती। उसने मुझे एक चिट्ठी लिखी थी जो मुझे आज सुबह ही मिली। वह मेरे बारे में और मेरी योजनाओं के बारे में जानना चाहता है, उसने इस बात पर अफ़सोस जताया कि जब वह दो दिन के लिए पेरिस आया था तो मुझसे मिल नहीं पाया।

मुझे इस बात की ख़ुशी है कि तुमने पेंटिंग शुरू कर दी है और मुझे स्लाइड भेजोगे। मैं आमतौर पर यह देखने के लिए उत्सुक रहता हूँ कि आगे क्या होता है। जहाँ तक मेरे अपने काम की बात है तो मैं उसको लेकर बहुत तनाव की अवस्था में हूँ। यह बहुत मुश्किल लगता है कि ख़ुद को सजग तौर पर निर्देशित किया जाय। आकाश और रंग की शक्ति और जिस तरह से हर कैनवास के साथ उनका महत्त्व बढ़ता जा रहा है वह बहुत सख़्ती से मुझे निहायत औपचारिक दृष्टि की तरफ़ लेकर जा रहा है। किसी दर्शक की तरह मैं यह देखने के लिए उत्सुक हूँ कि आगे क्या होता है। यह सच में एक तरह से बेतुकापन है लेकिन मुझे उम्मीद है कि आने वाले कुछ महीनों में कुछ बेहतर हो।

उजड़ने के बाद 'इकॉल द पेरिस' की अभी शुरुआत नहीं हुई है। मेरे ख़याल से अगले सप्ताह उसको शुरू हो जाना चाहिए, लेकिन अभी तक हमें कोई आमन्त्रण नहीं मिला है। मॉन्ट्रियल की प्रदर्शनी[२] कल शुरू हुई। मैं तुमको अलग से कैटलॉग भेज रहा हूँ। इसे अपने दोस्तों को दिखाना, मुझे महज़ पाँच प्रतियाँ ही मिल पायीं, मुद्रकों ने संख्या का आकलन ग़लत कर लिया। मैं अकबर से उस शाम के बाद से नहीं मिला हूँ जब मैं उससे जीं बॉनग़ेरी में मिला था। मैं निश्चित रूप से चाकुओं और जूतों के बारे में उसको संदेश दे दूँगा। फर्नांडीज इस महीने की पाँच तारीख़ से मेरी देखरेख से बाहर निकल जायेगा। मेरे ख़याल से उसके पास डेढ़ महीने के लिए पर्याप्त पैसे हैं, इस बीच हो सकता है कि उसको रिज़र्व

बैंक की अनुमति मिल जाय। इस सप्ताह हम लोग तुम्हारा पत्र श्री कस्बेकर को भेज रहे हैं। आवेदन पहले ही श्री बाटलीवाला को भेजा जा चुका है जिनसे हमने यह कहा है कि वे अपने प्रमाणन के साथ अग्रसारित कर दें।

स्वाभाविक है कि इन दोनों को अलग-अलग भेजे जाने की ज़रूरत है क्योंकि फ़िलहाल वे वीजा को आगे बढ़वाने के लिए प्रयासरत हैं। हमें इसके बारे में ४ तारीख़ को पता चलेगा। मैं अभी भी उसका ध्यान रखे हुए हूँ और उसकी हरसम्भव मदद भी कर रहा हूँ। राम, हुसेन, गाय और बाल क्या काम कर रहे हैं बताना। मेरी दिलचस्पी यह जानने में है कि उन कृतियों को लेकर तुम्हारी अपनी राय क्या है। तुम्हारे पत्रों का सदा स्वागत रहता है और मुझे उनको पढ़ने में आनन्द भी आता है, इसलिए जितनी जल्दी-जल्दी हो सके लिखा करो। मुझे बहुत ख़ुशी है कि तुम हमारे लिए कुशन भेज रहे हो, और शायद कुछ बाद में चादर भेजो। मुझे बताना कि स्लाइड्स तुमको मिले या नहीं। असल में, यह पैकेट मुझे लन्दन से इस पत्र के साथ भेजा गया था। उनको खो देना अफ़सोसजनक होगा। मैं तुमको अगले मौक़े पर पेंट में काम आने वाला चाकू भेज दूँगा। उम्मीद करता हूँ कि बाल आये। अगर और किसी तरह की सामग्री चाहिये तो मुझे बताना।

हम तुम्हारे बारे में बहुत अधिक सोचते हैं, अगली बार तुमको और रेणु को यहाँ एक महीने बिताना है।

अगर इस चिट्ठी में बिखराव लगे तो माफ़ कर देना।

तुम दोनों को स्नेह और बच्चों को प्यार।

रज़ा

१. लिसेस्टर गैलरी, लन्दन में एकल प्रदर्शनी, १९६० (प्रदर्शनी में जॉन बर्जर, सर हर्बट रीड और सर केन्नेथ क्लार्क भी आये थे)

२. ड्रेस्डनेर गैलरी, मॉन्ट्रियल, १९६०

○○

६ नवम्बर, १९६०

मेरे प्रिय कृष्ण,

सोने से पहले बस एक शब्द। मुझे पता है कि तुम्हारी चिट्ठी कल या कभी भी आ जायेगी, और हो सकता है कि वह चिट्ठी अधिक बड़ी हो और अधिक मज़ेदार भी। लेकिन तब लिखना कितना अच्छा होता है जब आप सच में लिखना चाहते हैं।

आज सुबह मुझे बाल का टेलीग्राम मिला, उसने रोम से किया था, उसने मुझे सूचित किया था कि वह कल आ रहा है! आख़िरकार! कुछ दिन पहले एक चिट्ठी आयी थी—छोटी लेकिन बहुत अच्छी—उसने उस हवाई जहाज से लिखी थी, कैरो में उतरने से ठीक पहले।

यह कहने की कोई ज़रूरत नहीं है कि मैं उससे मिलने के लिए बहुत बेताब हूँ। मैंने दोपहर किसी ठीक-ठाक होटल में ऐसे कमरे की तलाश में बितायी जिसमें कमरे के साथ बाथरूम हो। हाँ, यह उसकी ज़रूरत है। मैं धीरे-धीरे जाऊँगा, लेकिन यहाँ असली रुचि का एक और कारण है, मैं उम्मीद करता हूँ कि उसको ऐसे पन्थ में परिवर्तित कर दूँ जिसमें इस तरह की बुर्ज़ुआई आदतों का त्याग करना पड़ता है। मैं सफ़ाई के पक्ष में पूरी तरह से हूँ, लेकिन उसके लिए यह अच्छा रहेगा कि वह सस्ते होटलों में रहना सीख ले और सार्वजनिक शौचालयों में जाना भी। उसको इससे फ़ायदा होना चाहिए, उसके कमरे की कालीन रंगीन है। लेकिन मैं धीरे-धीरे जाऊँगा। पहले, उसको यह बताया जाना चाहिये कि बुनावट कैसी है और उसका महत्त्व कैसा है। बाक़ी सब उसके बाद होगा।

देर रात या बल्कि अहले सुबह। मैं एक बड़े कैनवास के ऊपर काम कर रहा हूँ, १०० रूपों वाले पर, तुम्हारे जाने के बाद यह दूसरा कैनवास है। मुझे आजकल बहुत अधिक काम करने का मन होता है। ऐसा लग रहा

है कि सब ठीक ही चल रहा है। यह धूसर-हरे रंग में है। अवश्यम्भावी लाल भी वहाँ हैं, लेकिन वह बहुत कम जगह को घेरे हुए हैं। मुझे हैरानी नहीं होगी अगर अगले चित्र में वे ग़ायब हो जायँ। अगर अच्छी तरह से इस्तेमाल किया जाय तो सभी रंग अच्छे होते हैं। शुभ रात्रि बुज़ुर्ग कृष्ण। लिखना। मुझे बताना कि मेरे पिछले तीन पत्र तुमको मिले या नहीं।

प्यार,

रज़ा

○○

Kanpur
11th November 60

My Noble friend,

It seems that even nobility is an infectious disease & I'm glad you've caught it! I was delighted to hear from you again. Yes it seems that our letters did cross! Thank you for yours with the letters from Raman and the good German doctor who wants to buy three of my paintings. I have today written to Raman & have sent him a colour transparency of "Advent of Autumn" which I truly hope he likes. In any case I have offered to exchange it if he doesn't care for it.

I am enclosing a slide of "A of A." and also one each of "The Owl" and "An Elegy to Mohenjo Daro" I want you & Janine to see them and let me know what you think of them. I personally like them. As these are the only transparencies I possess you might let me have them back to form a part of my record.

I haven't heard anything further from the Gallery. Quite possibly they were waiting for Jeanot Krishna's visit and I hope to hear within the next few days. I expect they have sold one or two more.

I spoke to Bal over the phone a day before he left. Husain is at present installed in his flat! At least he's using it as his studio. The last thing Bal said to me was that on his return at the end of December he was going to "Phadang" me from the bank. I told

११ नवम्बर, १९६०
कानपुर

मेरे क़ाबिल दोस्त,

ऐसा लगता है कि काबिलियत भी छूत का रोग है और मुझे ख़ुशी है कि तुमको यह बीमारी लग गयी है। मुझे तुम्हारे बारे में फिर से जानकर अच्छा लगा। हाँ, ऐसा लगता है कि हमारी चिट्ठियाँ इधर-उधर हो गयीं। तुम्हारी चिट्ठी के लिए तुम्हारा शुक्रिया, साथ ही रमण और उस अच्छे जर्मन डाक्टर की चिट्ठियों के लिए भी शुक्रिया जो मेरी तीन पेंटिंग ख़रीदना चाहता है। मैंने आज रमण को लिखा है और उसको 'पतझड़ की आमद' की एक रंगीन पारदर्शी भेजी है, जो उम्मीद है कि उसको अच्छी लगेगी। वैसे भी, गैंने पसन्द न आने की सूरत में उसको अदला-बदली का प्रस्ताव भी दिया है।

मैं साथ अपने चित्रों 'अ का अ' की स्लाइड भेज रहा हूँ, साथ ही, 'उल्लू' और 'मुअन-जो-दड़ो के लिए शोकगीत' की भी एक-एक स्लाइड भेज रहा हूँ। मैं यह चाहता हूँ कि तुम और ज़ानीन उनको देखकर अपनी राय बताओ। निजी तौर पर, मुझे अच्छी लगती हैं। अब चूँकि मेरे पास यही पारदर्शियाँ हैं इसलिए तुम मुझे वापस भी लौटा सकते हो ताकि मैं अपने रिकॉर्ड में इनको सँजो सकूँ।

गैलरी से मुझे आगे कुछ भी नहीं पता चला है। बहुत सम्भव है कि वे ज्यां या कृष्ण के आने का इन्तज़ार कर रहे हों और उम्मीद करता हूँ कि आने वाले कुछ दिनों में ही उनसे कुछ सुनने को मिले। मैं उम्मीद करता हूँ कि उन्होंने एक या दो और बेच दिये होंगे।

बाल के जाने से एक दिन पहले मैंने उससे फ़ोन पर बात की थी। फ़िलहाल हुसेन उसके फ़्लैट में जम गया है। कम से कम वह उसका

स्टूडियो के रूप में उपयोग कर रहा है। बाल ने आख़िरी बात मुझसे यह कही कि वह जब दिसम्बर के अन्त में लौटेगा तब मुझे बैंक से खींच लायेगा। मैंने उससे कहा कि खींच लेने के लिए मैं बिलकुल उपयुक्त हूँ। इससे पहले मेरी इस तरह की रुचि कभी नहीं हुई थी। असल में, अब यह मुझे खाये जा रहा है और जब तक मैं घर लौटकर आता हूँ तब तक मैं बुरी तरह से थक चुका होता हूँ। ऐसा नहीं है कि काम की एकरसता मुझे उबा देती है, बल्कि श्रमिकों की समस्या बढ़ती जा रही है। हर दिन कुछ-न-कुछ नज़ारा होता है और मुझे काफ़ी कुछ सुनने को मिलता है। असल बात यह है कि उन सबके प्रति मेरी सहानुभूति भी है।

OO

७ दिसम्बर, १९६०

तो समझे बुज़ुर्ग इन्सान कि क्या ज़िन्दगी है? मैंने यह चिट्ठी लिखनी एक महीने पहले शुरू की थी और अभी तक ख़त्म नहीं कर पाया हूँ। मेरे क़लम की काली स्याही भी फीकी पड़ चुकी है और जब मैं वापस आया था तब मेरा उत्साह बहुत बढ़ा हुआ था जो कभी-कभी ही होता था, अब मेरा उत्साह मन्द पड़ चुका है। प्रत्येक दिन सुबह ९ बजे से शाम के ७ बजे तक रोज़-रोज़ की वही कहानी, और काम किसी सामान्य दिनचर्या की तरह नहीं होता है जो न केवल आपको बुरी तरह थका देता है बल्कि आपके दिमाग़ को कुछ और सोचने के लायक भी नहीं छोड़ता। यह बुरी तरह से पागल कर देने वाला है और मैं पूरे जंगली, असभ्य एवं बकवास लोगों के साथ काम कर के ऊब चुका हूँ जिनमें मक्कारी और धूर्तता कूट-कूट कर भरी है। इससे बाहर निकलने के लिए मैं तड़प रहा हूँ और उम्मीद

कर रहा हूँ कि दोस्त बाल मुझे अभी ही एक अच्छा दाँव समझेगा। अगर मैं अपने मन की करता तो बहुत पहले इससे निकल गया होता, लेकिन तुम जानते हो कि मुझे क्यों सजग रहना पड़ता है। यूरोप से लौटने के बाद से मैं बस एक पेंटिंग ही बना पाया हूँ। वह सन्तोषजनक रहा और फ़िलहाल कुमार के पास है, जिसने कोलकाता में एक नयी गैलरी खोली है। वहाँ ग्रैंड होटल में। वह यहाँ एक दिन के लिए (१६ तारीख़ को) आ रहा है और उसने कहा कि वह मुझसे बात करना चाहता था। मुझे समझ में नहीं आ रहा है कि किस बारे में बात करना चाहता है? मुझे बाल का कार्ड मिला और इससे दफ़्तर के इस निराशाजनक माहौल में कुछ राहत महसूस हुई। वह कब लौट रहा है? मुझे ख़ुशी इस बात की है कि वह पेरिस की प्रदर्शनी को अन्तिम रूप देने का प्रस्ताव दे रहा है जो हम सभी के लिए बहुत बड़ी बात होगी।

पिता यहाँ कुछ दिनों के लिए आये थे और मैंने उनसे इस चरण में अपने कैरियर को बदलने के बारे में बात की। ऐसा लगा, वे इससे सहमत थे। योजना यह है कि मैं अपने लिए शिमला में एक छोटा-सा स्टूडियो बनाऊँगा, जहाँ मैं किसी तरह की विघ्न-बाधा के बिना चित्र बना पाऊँगा और वहाँ से दिल्ली, बम्बई और यूरोप की यात्राएँ किया करूँगा। इस सब को कल्पित करने के लिए, जाहिर है, मेरे पास पैसे होने चाहिए। अन्तरराष्ट्रीय सांस्कृतिक केन्द्र रुड़की में प्रदर्शनी की योजना बना रहा है और उन्होंने मुझसे भाग लेने के लिए कहा है। मैं साल में एक या दो प्रदर्शनियों तक सीमित करने जा रहा हूँ, बाक़ी चीज़ें भाड़ में जायँ। मैंने रमेश थापर से कहा है कि वह तुमको अकबर का सेमीनार भेज दे, जिसका अंक कला पर निकला है। मुझे बताना कि तुमको कैसी लगी। मैंने समस्याओं के बारे में भी लिखा है। कुछ दिन पहले मुझे सर केनेथ क्लार्क की चिट्ठी मिली जो उन्होंने मेरी प्रदर्शनी देखकर लिखी थी। उन्होंने मेरी कुछ नयी पेंटिंग्स की बहुत तारीफ़ की है, ख़ासकर कुछ चित्रों को तो उन्होंने ज़बर्दस्त कहा। जर्मन डाक्टर ने भी पत्र लिखा था और उन्होंने तीन पेंटिंग्स क़रीब ४०० पाउंड की दर से ख़रीदीं, जो किसी भी तरह से बुरी नहीं हैं। गैलरी ख़ुश है और मैं भी। कुल राशि हुई १२६२ पाउंड! ऐसा लगता है कि कृष्ण और ज्यां लन्दन नहीं गये। वे कहाँ हैं? क्या भारत में? यह बड़े पागलपन की बात होगी कि वे भारत में हों और मुझसे नहीं मिलें।

हाल में मुझे रिज़र्व बैंक ऑफ़ इण्डिया में काम करने वाले अपने एक दोस्त का हस्ताक्षरित एक पत्र मिला। मैं संलग्न कर रहा हूँ और मेरा सुझाव यह है कि फर्नांडीज को तत्काल इसका जवाब देना चाहिए। उनके इस सवाल का जवाब कि वह वहाँ किस तरह से गुज़ारा चला रहा है यह होना चाहिये कि उसका आतिथ्य तुम कर रहे हो। इस सम्बन्ध में तुमको एक संक्षिप्त सी चिट्ठी लिखनी चाहिये और फर्नांडीज के जवाब के साथ उसको संलग्न कर देना चाहिए। मैं भी रिज़र्व बैंक ऑफ़ इण्डिया को (अपने दोस्त को) लिखने जा रहा हूँ और उसको यह बताने जा रहा हूँ कि वह पेरिस में तुम्हारी मदद और दया के कारण रह पाया और अपनी कुछ पुरानी पेंटिंग्स को बेचकर। मुझे लगता है कि इससे काम हो जाना चाहिए।

मैं उम्मीद कर रहा हूँ कि इस अभिशप्त दफ़्तर में काम कुछ कम हो जाय और कर्मचारी अधिक उदार और कम आक्रामक हो जायँ जिससे कम से कम मेरे दिमाग़ को चैन मिले और मैं एकाग्र होकर पेंटिंग कर सकूँ। मैं पूरी तरह से हताश महसूस कर रहा हूँ। लेकिन कुछ भी सदा नहीं रहता, यहाँ तक कि बुरा वक़्त भी नहीं!

रेणु अपने प्यार भेज रही है और ज़ानीन और तुमको और भी बहुत कुछ।

सदा की तरह,

कृष्ण

अगर बाल वहाँ हो तो उसको मेरा प्यार बोलना और कहना कि मैं बड़ी बेताबी से उसका इन्तज़ार कर रहा हूँ।

OO

५ जनवरी, १९६१
कानपुर

प्रिय बुज़ुर्ग रज़ा

तुम्हारी कोई ख़बर ही नहीं है। सम्भवतः फ़िलहाल कुछ कहने के लिए ख़ास नहीं है। यह काफ़ी हैरानी की बात नहीं है कि कोई कई दिन तक रहे और जब कुछ कहने की बारी आये तो कुछ ख़ास न हो। मुझे लगता है कि मैं इसलिए यह सब लिख रहा हूँ क्योंकि मैं पहले से ही दोस्ती के लिए तड़प रहा हूँ और मुझे विचारों के आदान-प्रदान की ज़रूरत है। इसलिए, मैं एक तरह का एकालाप लिखकर ही सन्तुष्ट महसूस करता हूँ और बीच-बीच में मैं कुछ समाचार एवं कुछ विचार देता जाता हूँ, जिनमें तुम्हारी रुचि हो।

सबसे पहले ज़रूरी बातें—मैं एक पत्र संलग्न कर रहा हूँ जो बम्बई के मुद्रा परिवर्तन नियन्त्रण विभाग में किसी आला अधिकारी ने मेरे पत्र के जवाब में लिखा है। यह अपने आप में सब बता देता है। उम्मीद करता हूँ कि मैनुएल ने उसी तरह से जवाब दे दिया होगा जिस तरह से मैंने अपने पिछले पत्र में बताया था। मुझे पक्का लगता है कि आख़िरकार उसको मिल जायेगा।

राम कुमार ने हमारे साथ एक शाम बितायी। वह बहुत अच्छा इन्सान है और बेहद ईमानदार भी। कुमार के साथ उसका किसी तरह का इन्तज़ाम है, जो मेरे ख़याल से उससे हर महीने एक पेंटिंग ख़रीदता है। पिछले साल से इस साल उसके लिए सब कुछ बहुत बढ़िया रहा है और इसके लिए वह ख़ासतौर पर पर्यटकों की आमद को ज़िम्मेदार मानता है। यह अपने आप में उत्साहजनक नहीं है!

दोस्त हुसेन, लौटने के बाद जिससे न मैं मिला हूँ न ही जिसकी कोई ख़बर मिली है, इन दिनों 'कलात्मक गतिविधियों' के केन्द्र में है। कलकत्ता की

अशोक गैलरी में अभी उसकी प्रदर्शनी आयोजित हुई थी और मुझे बताया गया कि प्रदर्शनी सफल रही, हालाँकि उसको अपनी क़ीमत कम करनी पड़ी। हिमानी खन्ना (कोई रिश्ता नहीं है बल्कि महज़ दोस्त) को जो प्रतिक्रिया मिल रही थी उससे वह बहुत उत्साहित थी जबकि उसको पहले साल यह उम्मीद थी कि वह इसको खो देगी, वह बहुत टूट चुकी है और उम्मीद कर रही है कि और अच्छा काम करे। हुसेन का कुमार के साथ अलगाव हो गया है और उसका उससे किसी तरह का सम्पर्क नहीं रह गया है। जो भी रुचि दिखाता है वह उसको बेच देता है, चाहे कोई गैलरी हो या कोई व्यक्ति। उसने एक निजी सचिव रखा हुआ है जो उसके काम-धाम देखता है; और मेरे ख़याल से उसकी तनख़्वाह भी अच्छी है (५०० रुपये महीने)। मैंने उसकी हाल में बनायी गयी पेंटिंग की कुछ श्वेत-श्याम छवियाँ देखी हैं—रागमाला शृंखला की! और सच बताऊँ तो मुझे कुछ ख़ास नहीं लगीं। वे काफ़ी आकर्षक और प्रभावी लगती हैं और उनका आकर्षण ही उनको सफल बनाता है। हालाँकि, हो सकता है कि बोलने में मैं बहुत जल्दबाजी कर रहा हूँ। असल में वे सभी उसी तरह की हैं जो उसके दिल्ली प्रदर्शनी में थी, जिसका कैटलॉग मैं तुम्हारे पास छोड़कर आया था।

रेणु कुछ दिनों के लिए दिल्ली गयी थी और वहाँ वह उससे मिली थी। उसने उससे कहा कि वह १५ जनवरी को यहाँ आयेगा, लेकिन जैसा कि मैंने पहले कहा, मैं तभी मानूँगा जब मैं उसको देख लूँ।

हिमानी खन्ना यहाँ आयी थी और उसने यहाँ एक रात बितायी, आज दोपहर चली गयी, वह इस बात को लेकर बहुत गम्भीर है कि मैं कलकत्ता में उसकी गैलरी में प्रदर्शनी लगाऊँ और मैंने आधा वादा किया जो कि इस बात के ऊपर निर्भर करता है कि मेरे पास प्रदर्शित करने के लिए पर्याप्त पेंटिंग रहती है या नहीं। कुमार भी इस बात को लेकर गम्भीर है कि मुझे कलकत्ता में उस गैलरी में प्रदर्शनी आयोजित करनी चाहिए। वह आदमी आगे बढ़ना चाहता है लेकिन मैं उसकी निष्ठा को लेकर निश्चिन्त नहीं हूँ। मैं यह सोच रहा हूँ कि इस बुजुर्ग बाल को कहाँ जाना है, और मैं किसी भी दिन उसके फ़ोन आने का इन्तज़ार कर रहा हूँ। लन्दन से मुझे उसका जोश से भरपूर पत्र मिला था। वह लीसेस्टर गैलरी के मिस्टर फिलिप से मिला था और उसके साथ उसने एक शाम शराब पीते हुए बितायी थी, मैं

सोच रहा हूँ कि क्या बुज़ुर्ग बाल गैलरी का व्यवसाय गम्भीरता से करेगा या पूरी तरह से पेंटिंग करने में लग जायेगा। अगर वह गम्भीरता से गैलरी का व्यवसाय करना चाहता है तो मैं बहुत सारा काम उसके हवाले कर दूँगा। हिमानी ने गैलरी में बहुत सारा पैसा लगाया है और वह बहुत महत्त्वाकांक्षी है। वह विचार कर रही थी कि उसको बाल के साथ साझेदारी करनी चाहिये या नहीं। मुझे यह विचार अच्छा लगा क्योंकि अपने पति की मदद से वह काफ़ी व्यवस्थित एवं गम्भीर है और मुझे लगता है कि उसको अगर मदद मिली तो वह काफ़ी आगे जायेगी। इस विषय में तुम्हारा कोई विचार है? जहाँ तक मेरा सवाल है तो जब तक मैं बैंक के साथ बँधा हुआ हूँ तब तक मेरा पेंटिंग करने का भी मन नहीं करता। इसलिए, जाहिर है, कि मैं इससे निकलने का एक मौक़ा चाहता हूँ। अब मैं थोड़ा बुज़ुर्ग हो रहा हूँ। दिन में दस घण्टे बैंक में काम करने के बाद मेरे लिए पेंटिंग कर पाना मुश्किल हो जाता है। जाहिर है, मैं पेंटिंग कर रहा हूँ और इस समय इज़ल पर जो काम चल रहा है वह काफ़ी सम्भावना भरा लगता है। मैं तुमको जल्दी ही कुछ स्लाइड्स भेजूँगा, जब मैं इनकी तस्वीर बनवा लूँगा। पता नहीं, मैंने तुमको पिछले पत्र में बताया था या नहीं, लेकिन मेरे दोस्त, जर्मन डाक्टर लन्दन में मेरी तीन पेंटिंग लाया। गैलरी बहुत ख़ुश है और मैं भी।

वैसे मैंने जो स्लाइड्स तुमको भेजे थे उनके बारे में तुमने किसी तरह की टिप्पणी नहीं की। मैं 'मुअनजोदड़ो' तथा उन पेंटिंग्स के बारे में तुम्हारी प्रतिक्रिया जानना चाहता हूँ जो रमण ने ख़रीदे थे। मुझे उसकी तरफ़ से भी कोई समाचार नहीं मिला और मैं यही उम्मीद कर सकता हूँ कि यह चित्र ही है जो उसको लिखने से रोके हुए है। मैं सबसे अधिक चिन्तित यह जानने के लिए हूँ कि वह मेरी पसन्द के प्रति सहमति जताता है या नहीं। बहरहाल, अगर नहीं तो वह अदला-बदली के रूप में एक और ले सकता है। उम्मीद करता हूँ कि इस महीने उससे तुम्हारी मुलाक़ात हुई होगी, क्योंकि मुझे याद है कि वह कह रहा था कि जनवरी में वह लन्दन और पेरिस जाने वाला था। उसको मेरा अभिवादन देना और उससे कहना कि मुझे उम्मीद है कि वह हमारे साथ आकर रहेगा, चाहे मैं बैंक में रहूँ या न रहूँ। वह असाधारण इन्सान लगता है।

मैंने तुमको जो दो पत्रिकाएँ भेजी थीं क्या वे तुमको मिलीं? उम्मीद करता

हूँ कि रमेश थापर ने भी तुमको सेमीनार का वह अंक भेज दिया होगा जो पेंटिंग पर एकाग्र था। वह एक दिलचस्प दस्तावेज़ है; जिसमें केवल काम कर रहे कलाकारों ने अपनी-अपनी बातें कही हैं। तुम्हारे फ़्लैट में मैंने जो तुम्हारी तस्वीर उतारी थी वह अच्छी आयी है—अ ला कार्तिए ब्रेसां? मैंने तुमको औचक ही पकड़ लिया था, बच्चे, इसलिए मेरी तस्वीर अधिक विश्वसनीय है। यही बात ज़ानीन की तस्वीर के बारे में भी कही जा सकती है।

○○

१२ जनवरी, १९६१

पहले ही १२ तारीख़ हो चुकी है और मुझे ध्यान आया कि मैंने तुमको नये साल का औपचारिक अभिवादन भी नहीं किया है। जब मैं इसके बारे में सोचता हूँ तो लगता है कि समय के इस तरह औचक विभाजन के ऊपर हम इतना हो-हल्ला क्यों मचाते हैं और साल में एक दिन जश्न मनाते हैं? इससे सच में कोई फ़र्क़ नहीं पड़ता है। और किसी को जीवन भर जश्न क्यों नहीं मनाना चाहिए? मेरे ख़याल से यह मुश्किल है, कम से कम जब तक कोई बैंक में काम कर रहा हो। वैसे, तुम जानते हो कि मेरी शुभकामनाएँ और प्यार तुम्हारे साथ सदा रहा है और वह किसी ख़ास दिन तक ही सीमित नहीं है।

मुझे अभी-अभी मक़बूल की तरफ़ से दिल को छू लेने वाला माफ़ी भरा पत्र मिला, हालाँकि उसको किस बात के लिए माफ़ी माँगनी चाहिये मुझे नहीं समझ में आया। यह जानना अच्छा लगता है कि किसी को प्यार

किया जा रहा है। अभी मुझे मेरे पिता से यह पता चला कि उनको कृष्ण से दो पार्सल मिले (मेरे भाई के माध्यम से), जो इस समय दिल्ली में ही है। मुझे लगा कि उसमें ज़रूर मेरी टाई और पेंटिंग वाली चाकू होगी; भेजने के लिए बहुत-बहुत शुक्रिया। बुज़ुर्ग बाल की क्या ख़बर है? मुझे लिखना, चाहे छोटी-सी चिट्ठी ही क्यों न हो। मैं सच्चे दोस्तों के लिए तड़पता हूँ और जब वे नहीं होते हैं तो मैं पत्रों का इन्तज़ार करता हूँ।

मेरे साथ रेणु भी तुम दोनों को अभिवादन और प्यार भेज रही है।

सदा की तरह,

कृष्ण

OO

१८ मई, ६१

मेरे प्रिय कृष्ण,

यह बहुत ज़रूरी लगता है कि लिखने में किसी तरह का स्वचालित हो जाय सब जिससे कोई चाहे तो ख़ुद को तत्काल और सहज रूप से अभिव्यक्त कर सके और बदलाव की बिना किसी सम्भावना के, बिना काटे–पीटे। इसके बिना मैं बहुत जल्दी थक जाता हूँ, जिसके कारण चिट्ठी लिखने को लेकर फ़िलहाल मेरा रुख़ बना हुआ है, जिसकी वजह से मैं महीनों नहीं लिखता हूँ। अच्छा, आज मैं तुमको यह बताने की कोशिश करूँगा कि मुझे क्या महत्त्वपूर्ण लगता है, वह भी बिना एक भी पंक्ति बदले।

बाल ८ फ़रवरी को चला गया और तुमको पता ही है कि उसने अपना क्या हाल कर लिया है। लेकिन उसके रहने से हमें मज़ा आया। यह बात कि उसके जाने के बाद मैंने उसको तीन पत्र लिखे इस बात को जताता है कि हमें उसकी कितनी याद आ रही थी और हम चाहते थे कि वह और कुछ दिन रहता। उसके बाद मैं सारा वक़्त काम करने लगा। पेरिस की प्रदर्शनी तय हो चुकी थी और उसकी घोषणा हो चुकी थी और उसको रद्द नहीं किया जा सकता था। एक महीने के बाद हमें यह समझ में आया कि वह बहुत बढ़िया रहा—कई पेंटिंग्स बिक गये और मुझे दो महत्त्वपूर्ण प्रस्ताव मिले। दोपेन्हौगन में जुलाई में एक प्रदर्शनी पहले से ही तय हो चुकी है, और पेरिस की प्रदर्शनी के उद्घाटन के बाद से मैं उसके ऊपर काम कर रहा हूँ। एक और आमन्त्रण कैलिफ़ोर्निया विश्वविद्यालय से आया है जिसमें जाने को लेकर मैं पक्का नहीं हूँ। मुझे उस आदमी से मेरी प्रदर्शनी में आज मिलना है (जो शनिवार २० तारीख़ को समाप्त हो रही है)।

तो सब कुछ सही रहा और लारा तथा विन्की ख़ुश हैं। प्रेस भी बुरा नहीं है, आलोचकों में से कुछ नये दोस्त आगे आये, और कुछ पुराने दोस्त या

जो मेरे काम को पसन्द करते थे, दूर हो गये। यह अवश्यम्भावी होता है। काम में हमेशा बदलाव होते रहते हैं। किस तरह से मैं वर्णन करूँ ?...ऊपर से वह बहुत अमूर्त दिखायी देता है जबकि सच में है नहीं। हर पेंटिंग की शुरुआत देखी गयी वास्तविकता है। जो होता है वह भौतिक रूप में नहीं होता है, वह संवेदनाओं को प्रभावित करता है। इसी की वजह से भ्रम पैदा होता है। हालाँकि जिस आदमी ने फ्रांस ऑब्ज़र्वेटर में लिखा था अन्य दृष्टिकोणों के विपरीत उसने इस बात के ऊपर जोर दिया कि मैं यथार्थवादी हूँ।

मैं इन बातों की परवाह नहीं करता, लेकिन सच्चाई यह है कि कोई पेंटर सचमुच प्रेस के बिना नहीं चल सकता। लेकिन ईश्वर! लेकिन जब मैं १९४९ में बम्बई के आलोचकों के बारे में सोचता हूँ और रोज़र फ्राई, बेल या मॉलटॉस के बारे में हमारे सम्मान के बारे में सोचता हूँ—वे अभी भी सोचने वाले प्राणी लगते हैं, लेकिन पेंटिंग कहीं अधिक महत्त्वपूर्ण चीज़ होती है, बहुत अधिक गम्भीर और बहुत अधिक अप्रत्याशित।

मुझे विश्लेषण करने से नफ़रत है। मुझे विचार को आगे विकसित न करते हुए तुमको निराश कर देना चाहिए। तुमने जो तीन स्लाइड्स भेजे थे उनके ऊपर मैं कोई टिप्पणी भी नहीं करूँगा जो कि मैं चिट्ठी के साथ संलग्न कर रहा हूँ। मैं बस यही कहूँगा कि स्लाइड के आधार पर कुछ भी कह पाना बहुत मुश्किल होता है। हालाँकि, 'पतझड़ की आमद' मुझे उसके सबसे क़रीब लगा जो मुझे लन्दन की प्रदर्शनी में पसन्द आयी थी। जब मैं वहाँ गया तो मुझे ख़ुशी महसूस हुई कि यह वही है जो मेरे दोस्त रमण के संग्रह का हिस्सा है।

मुझे नहीं पता कि तुम्हें उसके हाल-फ़िलहाल का पता है या नहीं। उसके बारे में यह दर्द भरी ख़बर बताना मेरे लिए बहुत दुखद है। रमण की तबियत ठीक नहीं थी और ४ मई को उसका ऑपरेशन किया गया। उसी रात उसका देहावसान हो गया। कृष्ण, उसके लिए मैं खुलकर रोया और अभी दो हफ़्ते से छिपकर रो रहा हूँ। मैंने अपना काम-धाम सब छोड़ दिया है, मैंने दर्द भरी रातें बितायी हैं। मैं उसको प्यार करता था, हम उसके इतने कर्ज़दार थे। उसके बिना हम विवाह नहीं कर पाये होते, कम से कम तलाक़ को तय कर पाना इतना मुश्किल हुआ होता। उसका व्यक्तित्व बहुत दुर्लभ क़िस्म का उदार था। वह बमुश्किल ५२ साल का था। उसकी

मौत ने मेरे अस्तित्व के हर तन्तु को प्रभावित किया है, और मुझे इससे याद आया जिस तरह से १९४९-५० में अब्बासी की मृत्यु हुई थी।

मुझे ठीक से नहीं पता है कि क्या हुआ था। अप्रैल के आख़िर में लोती, उसकी पत्नी, ने लिखा था कि वह बीमार था और अगले सप्ताह उसका ऑपरेशन किया जायेगा। मैंने तत्काल जवाब दिया, और मुझे इस बात का पूरा यक़ीन था कि वह जल्दी ही अच्छा हो जायेगा। लेकिन अफ़सोस! शुक्रवार ५ मई को शाम ५ बजे मुझे लोती का यह टेलीग्राम मिला : ''गुरुवार की रात रमण का देहान्त हो गया।''

मेरी तकलीफ़ की कल्पना करो। हमने वापस टेलीग्राम भेजा जिसका मसौदा ज़ानीन ने तैयार किया था। हमने दो अक्षर भेजे। ऐसे हालात में शब्द बेमानी होते हैं। लेकिन फिर, किसी को यह भी महसूस होता है कि कुछ कहना चाहिए। वाशिंगटन में लोती अकेली थी जहाँ पिछले साल रमण की तैनाती हुई थी और जहाँ उसका ऑपरेशन हुआ था।

सब कुछ इतनी जल्दी-जल्दी में हुआ कि इस बात का यक़ीन कर पाना मुश्किल था कि यह सब सच था।

हाल में उसका एक दोस्त पेरिस में आया था। हमने एक-दूसरे से मिलने की भरपूर कोशिश की, लेकिन सफल नहीं हो पाये। उसने मुझे चिट्ठी लिखकर उसकी बीमारी के बारे में विस्तार से बताया था और उस ऑपरेशन के बारे में जो उसकी रक्त कोशिकाओं को सुचारू रखने के लिए किया गया था। उसके जिगर की लगातार ख़राब हालत के कारण उसके रक्त का संचार नहीं हो रहा था। जिसका मतलब यह था कि दूसरा ऑपरेशन किया जाय क्योंकि उसको आघात हो रहा था, लेकिन इन बातों का कोई फ़ायदा नहीं हुआ। भारतीय दूतावास द्वारा उसका अन्तिम संस्कार किया गया और हवाई जहाज से भारत भेजा गया।

मुझे लोती की कोई चिट्ठी नहीं मिली है। उम्मीद करता हूँ कि आज उसको फिर से कोई चिट्ठी लिख पाऊँ। मैं जानता हूँ कि इससे उसकी कुछ मदद नहीं हो पायेगी, लेकिन इससे उसको यह जानने का साहस मिल पायेगा कि लोग उसको प्यार करते थे और यह कि उसकी ग़ैर-मौजूदगी में भी लोगों ने उसके बारे में सोचना नहीं छोड़ा।

उसको न्यूयॉर्क लौट जाना चाहिये और अगर तुम्हारा लिखने का मन हो

तो तुम भी लिख सकते हो। उसका पता है :

मिसेज लोती रमण

पार्क एवेन्यू, न्यूयॉर्क—२८ N.Y. U.S.A

शायद तुमको यह पता हो कि वह सूजी (मध्य यूरोप का एक देश) है। मुझे सच में नहीं पता है कि उसकी क्या योजनाएँ हैं लेकिन मुझे हैरानी नहीं होगी अगर वह कुछ दिनों के लिए न्यूयॉर्क में रह जाय या वहीं रहने लगे। मैं पूरी कोशिश करूँगा कि उसको प्रेरित करूँ कि वह पेरिस आ जाय और कुछ दिनों के लिए हमारे साथ रहे।

अब तुम्हारा हाल समाचार। उम्मीद करता हूँ कि तुमने बैंक की नौकरी से त्यागपत्र दे दिया होगा और इस बात का तुम्हें कोई अफ़सोस भी नहीं होगा। मैं जानता हूँ कि यह सवाल बहुत निजी है। अगर मैं तुम्हारी जगह रहा होता तो मैंने इस्तीफ़ा देने में झिझक नहीं दिखायी होती। मेरे कारण बहुत सहज हैं। इसका कारण यह है कि तुम्हारा अपना जीवन अधिक मूल्यवान है, यह अच्छी तरह जीने का कुल जोड़ है, और अगर मैं ग़लत नहीं हूँ तो बहुत सारी पीड़ा। मुझे लगता है कि तुमने अपनी ख़ुशी और अपने दर्द को अधिक गम्भीरता से लिया है, कि तुमने अपनी आजीविका की समस्याओं और काम के बारे में सोचा है। अपनी मान्यताओं को लेकर तुम्हारे अन्दर साहस होना चाहिए। मैं यह जानता हूँ कि ये सन=बी इन्सानी मान्यताएँ होती हैं और गैं इराके बारे में कुछ राय रखने के लिए सबसे उपयुक्त हूँ क्योंकि मैं इनको बहुत अधिक महत्त्व देता हूँ। निजी तौर पर मुझे इस बात का पूरा यक़ीन है कि तुम्हारे बैंक की नौकरी छोड़ने से तुम्हारा कोई अधिक आर्थिक नुकसान नहीं होगा। तुमको हमेशा अधिक हासिल होगा और अधिक रहेगा भी। इससे भी बढ़कर तुम एक ऐसा उदाहरण पेश करोगे जिसके ऊपर एक दिन तुम्हारे परिवार को गर्व होगा और भारत को भी।

कृपया ज़रूर लिखना। मैंने यह पत्र बिना इसमें कोई बदलाव किये लिखा है और मैं आज शाम ही इसको भेजने वाला हूँ। बहुत सारी बातें दिमाग़ में आ रही हैं। बाल, अकबर, राम कुमार, जो यहाँ हैं। मैं बस यह कहना चाहता हूँ कि १९६२ में पेरिस में होने वाली प्रदर्शनी को लेकर पहले ही 'कॉम्बैट' में लेख आ चुका है, हालाँकि मस गैलेरिया ने अभी तक उन

तारीख़ों पर हामी नहीं भरी है जिनके बारे में बाल ने पूछा था। बायनाल द पेरिस अक्टूबर में शुरू हो रहा है और कल अकबर ने तुम्हारा पता माँगा ताकि तुम्हारी पेंटिंग को प्रदर्शित करने के लिए तुम्हारी अनुमति ले सके— वह लैण्डस्केप जो तुमने बम्बई में उसकी पिछली प्रदर्शनी में ख़रीदी थी। हम सबकी उम्र अधिक हो चुकी है। ज़ानीन ने एक बड़ा कैनवास बनाया है, १२० फीट का, जिसको हम अगले हफ़्ते ढोकर आधुनिक कला संग्रहालय ले जाने वाले हैं। हाल में उसने बहुत अच्छे काम किये हैं और प्रेस ने उसके काम के ऊपर ध्यान भी दिया है। मुझे हैरानी नहीं होगी अगर उसको जल्दी ही कोई गैलरी भी मिल जाय।

प्यार, बुजुर्ग कृष्ण, इतने लम्बे समय बाद लिखने के लिए माफ़ करना।

प्यार, रेणु और बच्चों को बहुत-बहुत प्यार और जितनी जल्दी हो सके लिखना।

रज़ा

OO

२६ मई, १९६१
कानपुर

मेरे प्रिय रज़ा,

हमेशा की तरह तुम्हारी चिट्ठी पाकर बहुत ख़ुशी हुई, हालाँकि वह मेरे पास तब पहुँची जब कस्टम वालों ने उसको खोलकर देखा और फिर से वापस बन्द कर दिया। स्लाइड्स वापस करने के लिए बहुत शुक्रिया। मुझे तुमसे उम्मीद यह थी कि तुम 'पतझड़ की आमद' को अन्यों से प्राथमिकता दोगे। असल में ये सभी लन्दन वाले शो में थे।

तुम्हारी चिट्ठी अच्छी और बुरी ख़बरों से भरी हुई है। हाँ, मैंने ६ तारीख़ को अख़बार में पढ़ा था कि रमण का देहान्त हो गया और मुझे सच में बहुत सदमा पहुँचा। उस समय मैं कलकत्ता में था, वहाँ अशोक गैलरी में मेरी प्रदर्शनी का उद्घाटन था। मैं उसमें हिस्सा लेने गया था, और पहले दिन के बाद मैं आलोचना को देखने के लिए अख़बारों को छान रहा था कि मेरी नज़र उसकी मौत की ख़बर पर पड़ी। मैं उससे अपनी आँखें नहीं हटा पाया और अविश्वास का भाव इस ज्ञान के साथ उलझा हुआ था कि इस तरह की ख़बरें ग़लत नहीं होतीं। मैं एक शाम पहले ही अपने दोस्त पी. सेन के साथ उसके बारे में बातचीत कर रहा था, जिनके साथ मैं ठहरा हुआ था। मौत के अटल सत्य को लेकर कोई क्या कर सकता है सिवाय उसको स्वीकार कर लेने के और इस बात को मान लेने के कि वह एक दरवाज़ा है जिसके नीचे से हम सभी को गुज़रना है? किसी तरह, हालाँकि ज़्यादातर चिट्ठियों के माध्यम से ही, लेकिन मैं उसको बहुत अच्छी तरह से जानता था और वह मेरे प्रति इतनी गर्मजोशी दिखाता था और इतना दोस्ताना था। कुछ महीने पहले उसकी जो आख़िरी चिट्ठी मुझे मिली वह उस तरह की शानदार दोस्ती से भरपूर थी जो कोई व्यक्ति दूसरे व्यक्ति को दे सकता है। हमें इस साल बाद के दिनों में मिलना था और मैंने यह

योजना बनायी थी कि हम दक्षिण में मद्रास जायेंगे संगीत समारोह के लिए, और उसने यह वादा किया था कि वह और उसकी पत्नी आकर हमारे साथ रहेंगे। और मृत्यु की शून्यता के अलावा कुछ नहीं आया। मैं तुमको उसकी आख़िरी चिट्ठी की प्रति भेज रहा हूँ जो मुझे पक्का लगता है कि तुम पढ़ना चाहोगे। यह तुम्हारी स्मृति में उस इन्सान से जुड़े एक और पहलू को उजागर करेगा। अगर वह दोस्ती की ऐसी भावना को किसी ऐसे आदमी के प्रति जता सकता है जिससे वह कभी नहीं मिला, तो वह दोस्तों के प्रति कैसा रहा होगा उसको कहा नहीं जा सकता, और मैं तुम्हारे गहरे दु:ख के भाव और असहायता को समझ सकता हूँ जो आँसुओं के माध्यम से अभिव्यक्त हो रही है। मैंने जैसे ही समाचार पढ़ा उसकी पत्नी को चिट्ठी लिखी और मैंने वह संयुक्त राष्ट्र के दफ़्तर के मार्फ़त भेजी थी, जिसमें मैंने यह अनुरोध किया था कि पत्र को उसके पास भेज दिया जाय। मुझे लगता है कि पत्र अग्रसारित कर दिया गया होगा।

कलकत्ता में मेरी प्रदर्शनी अच्छी तरह से सम्पन्न हो गयी। गैलरी (अशोका गैलरी) को यह सन्देह था कि मेरी पेंटिंग कलकत्ता में अच्छी तरह से ली जायेगी या नहीं। गैलरी की एक साझीदार हिमानी ने कहा था कि कलकत्ता में लोग सबसे आधुनिक कला के नाम पर हुसेन की कला के आदी हैं, और चूँकि मेरी पेंटिंग्स काफ़ी अलग तरह की थीं इसलिए इस बात की भविष्यवाणी सम्भव नहीं थी। क्या होगा मुझे इस बात से बिलकुल भी हैरानी नहीं होनी चाहिये अगर एक भी पेंटिंग न बिक पाये। उसको यह भी लग रहा था कि मैंने अपने चित्रों की क़ीमत बहुत अधिक लगायी थी। आख़िरकार, हुसेन ने अपनी कलाकृतियों की अधिकतम क़ीमत १२ सौ से १३ सौ रखी हुई है जबकि मैंने अपने चित्रों की क़ीमत १५ सौ, १८ सौ और २५ सौ रखी हुई हैं। मैं यह तय कर चुका था कि चाहे एक भी पेंटिंग न बिके लेकिन मैं क़ीमत यही रखूँगा। तुमको इसका अन्दाज़ा नहीं है कि लीसेस्टर की प्रदर्शनी में किस तरह की प्रतिक्रिया हुई और वही यहाँ भी हुआ। बाईस चित्रों में से ७ मैंने ७७ सौ से ऊपर में बेचीं, जिसमें सबसे महँगी (२५००) भी शामिल थी। असल में, जिस औरत (वह किसी औरत को ही होना था!) ने इसको ख़रीदा था उसने १८ सौ और ८ सौ में दो और पेंटिंग्स ख़रीदीं। प्रेस की प्रतिक्रिया भी बहुत अच्छी रही और मुझे इसमें कोई शक नहीं कि समय के साथ गैलरी कुछ और

पेंटिंग्स भी बेच लेगी। मैंने तुम्हें एक कैटलॉग भेजा है जो उम्मीद है कि तुमको एक दिन मिल जायेगा। प्रेस की राय को शामिल करने का विचार मेरा नहीं था, मैं निजी तौर पर अपने बारे में दूसरों की राय को तरजीह नहीं देता हूँ। मैं जानता हूँ कि मैं कौन हूँ और मेरी कूवत क्या है।

एक ख़बर है जो मुझे पता है कि तुम्हें अच्छी लगेगी क्योंकि यह हमारे बीच बरसों से बातचीत का विषय रही है। मैंने इस्तीफ़ा दे दिया है और मैं इन्तज़ार कर रहा हूँ कि बैंक मेरा इस्तीफ़ा स्वीकार कर ले और मुझे मुक्त कर दे। असल में मैंने तीन महीने पहले इस्तीफ़ा दे दिया था लेकिन प्रबन्धन ने मुझे अपने फ़ैसले पर फिर से विचार करने के लिए कहा क्योंकि यहाँ की जो शाखा है वह बहुत मुश्किल दौर से गुज़र रही थी और उनको लगता था कि अगर मैं रहूँ तो अच्छा रहेगा। एक संस्थान में क़रीब १४ साल काम करने के बाद मैं यह नहीं चाहता था कि इस तरह से अलग होऊँ कि दोनों में से किसी भी तरफ़ से कड़वाहट रह जाय। बैंक के प्रति ईमानदारी बरतते हुए मैंने यह कहा कि उनके लिए जब भी सुविधाजनक हो तब मैं छोड़ने के लिए तैयार हूँ जब तक कि कोई उपयुक्त व्यक्ति उनको मिल जाय। वैसे भी हमें छह महीने का नोटिस देना होता है। वे अभी भी कोशिश कर रहे हैं कि मुझे मना लें और उन्होंने मुझे कई तरह की सुविधाएँ देने की बात की है, जिसमें स्वतन्त्र प्रभार के साथ मद्रास स्थानान्तरण भी है। यह सब बहुत अच्छी बात है लेकिन मैंने इस्तीफ़ा क्षणिक भावुकता में नहीं दिया था और देने से पहले मैंने हर बात के ऊपर अच्छी तरह से विचार कर लिया था। उनके दोस्ताना रुख़ से मेरा मन नहीं बदलने वाला है। भगवान के लिए! इस बिन्दु तक पहुँचने में मुझे १४ साल लग गये और अब मुझे लगता है कि समय आ गया है, और मुझे आगे बढ़ जाना चाहिए। तुमको यह सुनकर सुखद आश्चर्य होगा कि मेरा पूरा परिवार मेरे पीछे खड़ा है और सभी मुझसे बैंक की नौकरी छोड़ देने के लिए कह रहे हैं। चूँकि तुमने मुझ में इतनी क़रीबी दिलचस्पी दिखायी है इसलिए मुझे लगता है कि एक पेंटर के रूप में मेरी क्षमताओं के ऊपर तुमको भरोसा है। आज मुझे अपने पिता की तरफ़ से एक पत्र मिला जो मैं संलग्न कर रहा हूँ। पहले एक पत्र में उन्होंने मुझे इस बात के लिए आश्वस्त किया था कि मुझे सुरक्षा आदि की कोई चिन्ता नहीं करनी चाहिये क्योंकि मेरे पीछे मेरा पूरा परिवार है। मैं ख़ुशक़िस्मत हूँ कि मुझे

इतना अच्छा परिवार मिला। ऐसे परिवार के लिए यह आसान नहीं होता जिसमें नौकरी करने और अच्छी तरह से जीने की परम्परा रही हो, कि वह मध्यवर्गीय भौतिक मूल्यों को पेंटिंग जैसे अनिश्चित पेशे के लिए पीछे छोड़ दे। इस तरह के त्याग दिनानुदिन इस पगलाती जा रही दुनिया में इन्सान की अच्छाई में यक़ीन बढ़ाता है। अपने अगले पत्र के साथ इस पत्र को मुझे वापस भेज देना क्योंकि मैं इसको सँभाल कर रखना चाहता हूँ। जाहिर है, मैं अपने पिता की चिट्ठी की बात कर रहा हूँ।

तुम्हारी प्रदर्शनी के बारे में ख़बर सच में बहुत अच्छी है और मुझे यह पढ़कर ख़ुशी हुई कि तुम्हारी हालिया प्रदर्शनी बहुत सफल रही, और इसके परिणामस्वरूप तुम्हारे लिए और अवसर बनते जा रहे हैं। रेणु बिलकुल सही कहती है कि जब तक मैं बैंक में बैठा हुआ हूँ तब तक मुझे यह उम्मीद नहीं करनी चाहिये कि अवसर मेरी तरफ़ आयेंगे। उम्मीद करता हूँ कि सब कुछ ठीक हो जायेगा, वैसे मेरा सबसे बड़ा लक्ष्य है कि मैं अपनी पूरी ऊर्जा को पेंटिंग में लगाऊँ। इससे कोई फ़र्क़ नहीं पड़ता है कि इससे मुझे कोई भौतिक लाभ होता है या नहीं, मैं न्यूनतम में रहने के लिए तैयार हूँ। यह कितनी अजीब बात है कि भाग्य अलग-अलग लोगों को अलग-अलग देता है। पिछली सर्दियों में बाल और हुसेन यहाँ कुछ दिनों के लिए आये थे और तुम सोच सकते हो, बहुत सारी बातें हुईं, हलकी-फुलकी भी और गम्भीर भी। एक शाम मैंने कहा कि बिना किसी चिन्ता के आराम से रहने के लिए मुझे हर महीने १००० से १५ सौ रुपये चाहिए। जो कि अपने आप में मेरे वर्तमान रहन-सहन के लिहाज़ से बहुत कम है (मुफ़्त के बढ़िया घर और बैंक द्वारा दी जाने वाली मेरी आयकर की राशि को जोड़कर मेरा वर्तमान वेतन ३ हज़ार रुपये है)। इसके जवाब में हुसेन ने कहा कि उसको प्रति माह कम से कम ५ हज़ार रुपये चाहिए। उसने सभी गैलरियों से अपने सम्बन्ध तोड़ लिए हैं और उसने अपना ही शुरू कर दिया है, वार्डन रोड पर कहीं, और मुझे यह समझ में आया कि उसका कोई निजी सचिव भी है जो उसके पत्र आदि को देखता है। वह अभी भी उतना ही प्यारा इन्सान है और हम लोग अच्छे दोस्त हैं। मुझे अभी उसका और राम का टेलीग्राम मिला है जिसमें उन्होंने मुझे सप्ताहान्त में दिल्ली आने के लिए कहा है क्योंकि कोई ज़रूरी बात है। दोनों ही ललित कला की सामान्य समिति में प्रमुख कलाकार के रूप में शामिल किये गये हैं,

क्योंकि सरकार द्वारा आधुनिक कला के ऊपर महत्त्वपूर्ण ध्यान दिया गया है। काश! मेरे लिए सप्ताहान्त में दिल्ली जा पाना सम्भव हो पाता, लेकिन नहीं है। अगले सप्ताह बड़े पैमाने पर श्रमिक समस्या होने वाली है और ऐसे में मैं अपनी ज़िम्मेदारी का त्याग नहीं कर सकता।

मैंने अकबर से सुना था और अपनी पेंटिंग्स ललित कला अकादेमी में भेजी थी। जैसा तुम कहते हो कि हम सबकी उम्र अधिक हो चुकी है। पिछले साल मैं ३५ साल का हो गया इसलिए सम्भव है कि मुझे 'बूढ़े' पेंटर के वर्ग में डाल दिया जाय। मुझे यह जानकर बहुत ख़ुशी हुई कि ज़ानीन बहुत अच्छा कर रही है। मैं उसकी प्रतिभा से बहुत प्रभावित हूँ और मुझे पक्के तौर पर यह लगता है कि उसको कोई गैलरी मिल जायेगी। वह एक अच्छे कलाकार से बहुत अच्छी है, वह बहुत अच्छी इन्सान है और मुझे तुम दोनों के साथ रहना बहुत अच्छा लगा। उससे कहना कि मेरे पास बहुत सुन्दर नगा शाल है जो कि उसके लिए ख़ासतौर पर सुरक्षित रखा गया है। उसे मेरी माँ हमारे लिए लेकर आयी थी, जब वह इस साल मेरे भाई से मिलने के लिए आसाम गयी थी। मुझे लगता है बुजुर्ग इन्सान कि मैं कुशन कवर्स भेज नहीं सकता। रेणु ने यह कहते हुए मुझे रोक दिया कि वे उपयोग में लाए जा चुके थे और पुराने थे इसलिए उनको भेजा नहीं जा सकता। हम कुछ नये लेकर आयेंगे; हम इस बात को नहीं भूलेंगे, लेकिन हमें कुछ समय दो।

फ़िलहाल रेणु बच्चों के साथ शिमला में हैं और मैं इस भयानक जगह में अकेला हूँ। दफ़्तर में संकट का दौर चल रहा है और जल्दी ही हमें इसके चरम बिन्दु पर पहुँचने की उम्मीद है, हालाँकि यहाँ काम करने वाले लिपिकों को लेकर मैं दयालु और न्यायपूर्ण हूँ। वे सच में इतने लालची और कमज़र्फ़ हैं कि मुझे नहीं लगता हैं कि उनको किसी बात से सन्तुष्टि मिल पायेगी। हालात इस वजह से और ख़राब हो गये हैं क्योंकि वे एक कम्युनिस्ट यूनियन के हाथों में हैं जो असन्तोष को भुनाना चाहता है। मैंने इतना शर्मनाक तरीक़े से बोला जाने वाला झूठ और नैतिक मूल्यों की ऐसी अनदेखी कभी नहीं देखी जिस तरह से मैंने यहाँ देखा है। यह एक कोशिश भरा अनुभव है, तनाव भरा, जिसके कारण मेरे अन्दर न तो किसी तरह की ऊर्जा बचती है कि फ़िलहाल मैं पेंट कर पाऊँ। लेकिन यह मेरी वर्तमान नौकरी की ज़िम्मेदारी है और जिसकी वजह से मैं मानव व्यवहार के

अलग तरह के पहलू को देख पा रहा हूँ जो कि उस हालत में मैं कभी नहीं देख पाता अगर मैं शुरू से ही पेंटर रहता। तुमने अपने पत्र में यह लिखा था कि हर पेंटिंग का आधार चाक्षुष यथार्थ में होता है। ऐसे भाव भी होते हैं जिनका कोई चाक्षुष समतुल्य नहीं होता है और जो केवल पेंटिंग में ही साकार होता है। शायद हम एक ही बात कर रहे हैं, पता नहीं। मैं भी विश्लेषण और अकादेमिक पूर्व मान्यताओं की परवाह नहीं करता। जिनका वास्तविक पेंटिंग के ऊपर बहुत कम असर होता है जो कि एक स्वतन्त्र गतिविधि है।

रूडी यहाँ था और उसने हम लोगों के साथ एक दिन और एक रात बितायी। इतने दिनों बाद उससे मिलना बहुत अच्छा लगा (पिछली बार उससे मैं तब मिला था जब तुम यहाँ थे)। हमारे बीच बात करने को बहुत कुछ था और उसने मुझे इस बात का सुझाव दिया कि मुझे नौकरी छोड़नी चाहिये या नहीं। जाहिर है कि उनका सुझाव उनके अपने अनुभवों और अपनी अनिश्चितताओं के आधार पर था क्योंकि वह अब रिटायर होने वाला है। उसने कहा कि कम से कम अगले दस साल तक उसके जीवन स्तर को बनाये रखने की निश्चितता जहाँ भी हो वह वहाँ जाने के लिए तैयार है। मुझे और रेणु दोनों को ऐसा लगा कि वह कुछ थक गया था और कुछ उदास भी था। ऐसा लग रहा था कि उसके अन्दर वह युवाओं जैसा उत्साह नहीं था जो उसमें हमेशा रहता था। पेंटिंग में जिस तरह से मूल्यों में बदलाव हो रहा है उसको लेकर वह कुछ उलझन में था, वह वैसे तो कह रहा था कि वह आधुनिक चित्रकला के ऊपर प्रतिक्रिया दे सकता था लेकिन वह इस बात को लेकर पक्का नहीं था कि वह पर्याप्त होता। उसका तार्किक दृष्टिकोण उसको स्थापित मान्यताओं की शरण लेने के लिए बाध्य कर देता है। ऐसा करना सुरक्षित रहता है और इसमें किसी तरह का ख़तरा भी नहीं रहता है।

मैनुएल की क्या ख़बर है? क्या चल रहा है उसका? तुम जानते हो, अच्छी तरह से पेंटिंग करने के लिए उत्साह से भी अधिक कुछ चाहिये होता है—आह, उससे कुछ अधिक जिसको हम प्रतिभा कहते हैं। उसके लिए सख़्त बौद्धिक अनुशासन की आवश्यकता होती है, जिसको तुम चाहो तो निष्ठा कह सकते हो—कुछ ऐसा जो जोश और सहज बुद्धि को कसकर थाम सके। उसके अलावा तनाव होता है। जाहिर है इसके साथ कोई भी पैदा

नहीं होता है, यह विकसित होता है, और मुझे उम्मीद है कि उसके मामले में यही बात है। सहज सफलता और अपूर्ण असफलताएँ गह्वर होते हैं।

अच्छा बुजुर्ग इन्सान, प्यारे दोस्त, अब तुम मेरे ऊपर इस बात का आरोप नहीं लगा सकते हो कि मैं जवाब नहीं देता हूँ और वह भी इतनी जल्दी। अब गेंद तुम्हारे पाले में है—इसलिए अब तुम खेलो। कृष्णा से मेरी कोई बात नहीं हुई जबकि वह पिछले साल भारत में आयी हुई थी और मैंने उसको पेरिस में लिखा भी था। उससे पूछना कि क्या वह मुझे भूल गयी है। मैं सोचता हूँ कि तब मेरे कितने दोस्त मेरे पास आयेंगे जब मैं इस बुर्ज़ुआ अस्तित्व का त्याग करूँगा। मैं कुछ स्लाइड्स संलग्न कर रहा हूँ यह बताने के लिए कि मैं अभी भी पेंटिंग कर रहा हूँ। इसके बावजूद कि मेरे दफ़्तर में हालात बहुत ख़राब हैं और यहाँ का माहौल बहुत ख़राब है। ज़ानीन को बहुत सारा प्यार—दोनों गालों पर चुम्बन—और तुमको मेरे दोस्त—गर्मजोशी भरा आलिंगन।

हमेशा की तरह,

कृष्ण

○○

३० अक्टूबर, १९६१
नेशनल एंड ग्रिंडलेज बैंक लिमिटेड
महात्मा गाँधी रोड
बम्बई

प्रिय रज़ा,

तुम्हारे लिए बस एक पंक्ति कि मेरा एक दोस्त जल्दी ही पेरिस आ रहा है (वह ८ नवम्बर को वहाँ होगा)। उसका नाम है अब्राहम एम. विस्ब्लाट—वह अमेरिकी है और वह आर्थिक एवं सांस्कृतिक मामलों के संघ का प्रतिनिधि है। वह पेंटिंग की ख़रीद करता है और इस बार उसने क़रीब-क़रीब मेरी दूसरी पेंटिंग ख़रीद ही ली थी, लेकिन मुझे लगता है कि उसको वह कुछ अधिक महँगी लगी। मुझे ऐसा लगता है उसकी रुचि तुम्हारी पेंटिंग ख़रीदने में है। वह निश्चित रूप से तुमसे मिलना चाहता है। जैसा कि तुम जानते हो कि हर पेरिस जाने वाले को मैं तुम तक नहीं पहुँचाता हूँ, लेकिन यह आदमी मिलने के क़ाबिल है और आने वाले समय में यह आदमी हम सबके बहुत काम आयेगा, इसलिए मैंने उसको तुम्हारा पता और फ़ोन नम्बर दे दिया है और मुझे उम्मीद है कि वह तुमसे सम्पर्क करेगा।

२२ नवम्बर को मैं बैंक छोड़ दूँगा। उस दिन मेरे छः महीने की नोटिस अवधि पूरी हो रही है। मुझे बहुत अधिक आज़ादी का अनुभव हो रहा है और मैं पागलों की तरह काम करना चाहता हूँ। मैं अभी भी धीरे-धीरे काम कर रहा हूँ लेकिन बैंक के कारण मैं उतना काम नहीं कर पा रहा जितना मुझे करना चाहिए।

मैं अपने काम की प्रदर्शनी कर रहा हूँ—जाहिर है गैलरी ५९ के माध्यम से—दिनांक १३ दिसम्बर को जहाँगीर कला गैलरी में[१]। मेरी क़िस्मत अच्छी है कि मेरी कलाकृतियों की बिक्री अच्छी हो रही है और जिस तरह

के हालात फ़िलहाल लग रहे हैं उससे ऐसा लग रहा है कि इस बार प्रदर्शनी शुरू होने से पहले ही सारी पेंटिंग बिक जायँगी। मेरी कृतियाँ? वह बदल गयी हैं, विकसित हुई हैं, मैं यही कहना चाहूँगा। अगर तुम चाहो तो मैं तुमको कुछ पारदर्शियाँ भेज दूँगा, जिनको देखकर तुम यह समझ सकते हो कि मैं क्या कर रहा हूँ। जापानी बिनाले में गवर्नर पुरस्कार मिला और हमने उसका जमकर जश्न मनाया। वह आदमी बहुत अच्छा काम कर रहा है लेकिन उसको थोड़ा और गम्भीर रुख़ अख़्तियार करने की ज़रूरत है और अपने 'मूड' के ऊपर कम निर्भर रहने की ज़रूरत भी है।

ज़ानीन को मेरा प्यार देना और अकबर और सोलंजे को मेरी याद दिलाना मत भूलना। मैं उसको जल्दी ही लिखूँगा। जब तुमको मौक़ा मिले तो लिखना। प्यार।

सदा की तरह,

कृष्ण

---

१. जहाँगीर कला गैलरी में एकल प्रदर्शनी, १९६१

OO

३ नवम्बर, १९६१
१५ रु पॉल बर्ट, पेरिस ११इ

मेरे प्रिय कृष्ण,

तुम्हारा पत्र आज सुबह ही मिला, हमेशा की तरह बहुत ख़ुशी हुई। हमेशा की तरह तत्काल लिखने की इच्छा जगी। उम्मीद करता हूँ कि मैं लिख सकूँ।

यहाँ बहुत कुछ चल रहा है, प्रत्येक लिखने की इच्छा को प्रेरित कर रहा है, लेकिन हर दिन तत्काल कुछ ऐसा काम आ जाता है जिसमें हम लग जाते हैं और जिससे वह करने का समय ही नहीं बचता है जो हम सच में करना चाहते हैं। लेकिन हमारा यक़ीन करो, हम सच में २२ नवम्बर का जश्न मनाना चाहते हैं।

उम्मीद करता हूँ कि तुम लोभ में नहीं पड़ोगे और यह त्यागपत्र अन्तिम है। हमें यह बताया गया है कि वे तुमको बड़ा साहब बनाना चाहते हैं और तुमको मद्रास बैंक के प्रबन्धन का प्रस्ताव दे रहे हैं। मुझे सच में यह लगता है कि एक अनजान पेशे में टिके रहने की पीड़ा लम्बी खिंच गयी। इसका अन्त होना चाहिए।

इन गर्मियों में हम तीन दिनों के लिए लाकैसेल गये थे। कृष्णा को यह लगता है कि बेहतर होता कि तुम हालात का एक बार और जायजा ले लेते। जब पिछले दिसम्बर में रूडी यहाँ आया था तब हमने इस विषय में चर्चा की थी तब मुझे ऐसा लगा था कि उसे भी इसमें बहुत बड़ा ख़तरा लगता था। हमने इसके बारे में अन्य दोस्तों से भी चर्चा की। निजी तौर पर मैं निश्चिन्त हूँ—तुमको बैंक छोड़ देना चाहिये और पेंटिंग करनी चाहिए। कोई और रास्ता नहीं है। समय के साथ सभी इस बात से सहमत होंगे; लेकिन २२ नवम्बर, १९६१ के बाद एक दिन भी नहीं।

मुझे यक़ीन नहीं हो रहा है कि तुम दिसम्बर में बम्बई में प्रदर्शनी आयोजित कर रहे हो। मुझे समझ में नहीं आता है कि तुम पेंट करने के लिए समय कहाँ से निकाल लेते हो। मुझे समझ में नहीं आ रहा है कि जब तुम्हारे पास सारा समय होगा तब तुम कितना बड़ा ख़तरा बन जाओगे।

मुझे सच में बहुत ख़ुशी है कि तुम्हारी इतनी सारी पेंटिंग्स पहले ही बिक चुकी हैं। तुम यह पाओगे कि बैंक से अधिक पैसा पेंटिंग में है। असल में, बाद में हम सब अपने पैसे एक साथ करके बैंक शुरू करेंगे।

मैं वेसब्लाट को दोस्त के रूप में अपनाऊँगा और बहुत सौहार्द के साथ उसका स्वागत करूँगा।

अपने हाल के काम की कुछ पारदर्शियाँ भेजना, अगर सम्भव हो तो २२ नवम्बर से १३ दिसम्बर के बीच।

अपने बारे में बताना—अपना नया पता, अपनी योजनाएँ। बाल की कोई ख़बर? क्या उसको मेरा पत्र मिला और वह साझा पत्र जो मैंने और पदमसी ने डिनर के वक़्त भेजा था जो ब्केयो बिएनेल में उसके पुरस्कार जीतने के जश्न के रूप में हम मना रहे थे? क्या वह काम कर रहा है? क्या तुम उसके बड़े कैनवास की फ़ोटो खींच कर मुझे भेज सकते हो?

चिट्ठी अजीब है। या बल्कि छोटे-छोटे अनुच्छेद मुझे अजीब लगते हैं। लेकिन मुझे आज तुम्हें यह ज़रूर भेजने हैं। जहाँ तक हमारी बात है तो बहुत सारे समाचार हैं। सबसे पहले, ज़ानीन को प्री मंगुईन पुरस्कार मिला है : यह पिछले सप्ताह हुआ। प्री मंगुईन की प्रतिष्ठा आज वैसी ही है जैसी कि प्री द ला क्रिटीक की है। हम इस बात से बहुत ख़ुश हैं। प्रेस ने बहुत सकारात्मक प्रतिक्रिया दी है। मैं तुमको बहुत सारी समीक्षाओं में से एक भेज रहा हूँ। बाक़ी मैं श्लेसिंगर और बाल को भेजूँगा, उम्मीद करता हूँ कि अगले मंगलवार से पहले। तुमने और बाद में बाल ने उसके जो काम देखे थे उसके बाद से उसने काफ़ी काम किया है और काफ़ी प्रगति भी की है। मुझे लगता है कि सब कुछ ठीक होगा।

आख़िरकार मुझे यूनिवर्सिटी ऑफ़ बर्कले, कैलिफ़ोर्निया, सैन फ्रांसिस्को में नियुक्ति मिली है, अक्टूबर या नवम्बर १९६२ में। हम न्यूयॉर्क में जून के आरम्भ तक रहेंगे।

लाखों चीज़ें हैं जिनका ध्यान रखना है। हम पेरिस में लगातार प्रदर्शनी कर

रहे हैं। यह बहुत अच्छा रहेगा अगर तुम और रेणु आकर कुछ महीने रहो।

ज़ानीन के लिए रेणु ने जो शॉल भेजी थी वह उसको बहुत अच्छी लगी और मुझे भी। तुम्हें जो भी रुचिकर लगे हमारे लिए ख़रीद लिया करो। किसी प्राचीन चीज़ों की दूकान में जाना और वहाँ से लकड़ी के स्थापत्य और टुकड़े ख़रीद लेना, उस तरह के जिस तरह के तुमने हमारे पास देखे थे। मैं क़ीमत अदा कर दूँगा, लेकिन मैं जानता हूँ कि केवल तुम ही मेरे लिए उन दुकानों से मेरे लिए सही चीज़ें ख़रीद सकते हो जहाँ तुम अक्सर जाते हो।

ОО

दिसम्बर ६, १९६१
पेरिस

मेरे प्रिय कृष्ण,

मुझे उम्मीद है कि मेरी यह छोटी-सी चिट्ठी तुम्हारी प्रदर्शनी से पहले तुम्हें मिल जाय और तुमको हमारी गर्मजोशी भरी शुभकामनाएँ मिलें। मुझे पक्का लगता है कि १३ दिसम्बर को ढेर सारा उत्साह और प्रशंसा मिलने वाला है।

जब तुमको कुछ कम आलस महसूस हो तो हमें बताना कि तुमको लम्बे दिन में कैसा महसूस होता है जब तुमको दफ़्तर जाने की कोई चिन्ता नहीं होती है और इस बात की सम्भावना रहती है कि जब तक चाहो तब तक काम करो। साथ ही हमें यह भी बताना कि काम कैसा चल रहा है और प्रदर्शनी की शुरुआत कैसी रही।

मुझे अपना पता देना, अपनी योजनाएँ बताना। इस चिट्ठी के पहुँचने से पहले अकबर वहाँ रहेगा और तुमको यहाँ के सारे समाचार देगा। इस बीच, तुमको और रेणु को हमारा ढेर सारा प्यार।

रज़ा

○○

१९ जनवरी, १९६२
पेरिस

मेरे प्रिय कृष्ण,

उफ़! जहाँ तक मैं जानता हूँ यह सबसे सर्द सर्दियाँ हैं। उम्मीद करते हैं कि अभी जो बर्फ़बारी शुरू हुई है वह शहर को कुछ गर्म कर दे।

हम क़रीब एक महीने से नियमित रूप से काम कर रहे हैं। बुरी शुरुआत नहीं है, लेकिन हमें कुछ सकारात्मक विकसित करने से पहले तीन महीने बैठने और काम करने की आवश्यकता होती है। उम्मीद करते हैं कि सब कुछ अच्छा हो।

आज मैंने एब वेसब्लाट को लिखा है। मैं तुमको भी लिखना चाहता हूँ, मेरा जवाब बहुत दिनों से लिखा जाना है। २२ दिसम्बर को लिखा गया तुम्हारा पत्र समय पर मिल गया था और हमें समाचार जानकर बहुत ख़ुशी हुई। उस शाम अकबर भी डिनर के लिए आया था और हमने उसके साथ भी साझा किया। अख़बार में हड़ताल भी एक बहुत गम्भीर झटका है, हम सब अख़बार के संवाददाताओं और उसके आलोचकों से चिढ़ते हैं, उसकी निन्दा करते हैं, लेकिन ऐसा लगता है कि वे ज़रूरी बुराई हैं। हो सकता है, कभी-कभार, यह ताज़गी भरा लगता है कि प्रेस में कुछ भी न आये। हालाँकि, मुझे एक बात का अफ़सोस है, इस गैलरी के कर्ता-धर्ताओं ने, हमारी पेंटिंग्स लेने से पहले बहुत विनम्र पत्र लिखे; लेकिन एक बार जब उनको पेंटिंग प्राप्त हो गयी तो उन्होंने एक भी पत्र नहीं लिखा, यहाँ तक कि पेंटिंग के प्राप्त हो जाने की सूचना भी नहीं दी। असल में, तुम्हारे पत्र से ही इस बात की जानकारी मिली कि प्रदर्शनी शुरू हो गयी है।

जहाँ तक क़ीमत की बात है तो मुझे हैरानी इस बात की है कि उनको अधिक लगी। यहाँ मैं १०० नये फ्रैंक में बेच रहा हूँ और दुनिया भर में यही क़ीमत है। हमने मिसेज ग्रेस्ट को भी इसी क़ीमत में दी और उनके

कमीशन को भी वहन करना चाहते थे ताकि क़ीमत यही रहे। अकबर ने अपनी क़ीमतें बढ़ा दीं, लेकिन जरा सी। लेकिन जानते हो लाने-ले जाने के ख़र्च के कारण मिसेज ग्रेस्ट ने अपनी मर्ज़ी से क़ीमतें बढ़ा दीं, और चूँकि वह जमा नहीं तो सारा दोष हमारे ऊपर डाल दिया गया। दु:ख की बात है कि एक अच्छा मौक़ा जाता रहा, लेकिन मुझे पक्के तौर पर यह लगता है कि उन्होंने इस बात को सीख लिया है कि कला का व्यवसाय बहुत ख़ास होता है और हालाँकि उनको पेंटर्स और उसके संग्राहकों को समझने में सालों लग जायेंगे, लेकिन मुझे इस बात की कोई उम्मीद नहीं लगती है कि गैलरी ६२ की सुन्दर महिला कभी भी पेंटिंग को समझ पायेगी।

अब कृपया मेरी एक मदद करो। मुझे यह बताना कि मेरी कौन-कौन सी पेंटिंग्स प्रदर्शनी में लगायी गयी हैं। अगर तुम उनके शीर्षक या उनके बारे में थोड़ा-बहुत बता सको। क्या तुमने कैटलॉग बनाया है? मुझे बनाना अच्छा लगता या पेंटर्स भी हड़ताल पर हैं? क्या यह सच है कि मिसेज क्रस्नर चली गयी? मुझे अभी हाल में ही गैलरी की तरफ़ से एक पत्र मिला है जिसमें यह कहा गया है कि एशिया सोसाइटी प्रदर्शनी को लेकर फिलाडेल्फिया और बोस्टन जा रही है। उसके ऊपर श्री...के हस्ताक्षर थे। किसी आदमी के होने से उनके लिए अच्छा रहेगा।

क्या तुमने कुछ बेचा? मैं सारी जानकारी पाने के लिए बहुत बेचैन हूँ।

अकबर पिछले सोमवार को चला गया। हम भारतीय चित्रकार जिस प्रदर्शनी की योजना बना रहे थे उसका सम्भव हो पाना बहुत मुश्किल है। हमें कोई चाहिये जो चीज़ों को ठीक-ठाक कर सके, और यहाँ स्थानीय तौर पर गैलरी मिल पाना बहुत-बहुत मुश्किल लग रहा है। कृष्णा बड़े पैमाने पर भारतीय वस्त्रों की प्रदर्शनी का आयोजन कर रही है, लेकिन इसका मतलब यह है कि उसमें लाखों रुपये शामिल हैं। हालाँकि, यह भारत के लिए एक प्रतिष्ठित प्रदर्शनी होने वाली है और मुझे ख़ुशी है। कल यहाँ मुल्क आया था और हम उससे बड़ी बेताबी से मिले ताकि घर का हालचाल मिल सके। सभी कुछ निराशाजनक है, लेकिन सच्चाई यह है कि चीन लगातार अलग-थलग पड़ता जा रहा है। मुल्क हमेशा की तरह विचारों एवं योजनाओं से भरपूर लगा। वह चाहता है कि मैं चण्डीगढ़ आकर एक भित्ति चित्र बनाऊँ। मैंने बड़े प्यार से उसको तुम्हारी बातचीत

और चण्डीगढ़ यात्रा के बारे में बताया, लेकिन बातचीत के बाद वह सब कुछ भूल गया। उसने कहा कि तुमने पुष्टि नहीं की थी। मैंने जोर नहीं दिया, लेकिन मैं अपनी बात रखना चाहता था। अब चूँकि मुझे भित्ति चित्र तोहफ़े के रूप देना है इसलिए उसको ज़्यादा इन्तज़ार करना होगा।

तुम्हारी योजनाएँ क्या हैं ? क्या तुम न्यूयॉर्क में ऊब नहीं गये हो ? क्या तुम एशिया सोसाइटी की प्रदर्शनी में जाने की इच्छा रखते हो ? अनेक शहरों में प्रदर्शनी की अवधि को ध्यान में रखते हुए वह या तो मज़ेदार हो सकता है या उबाऊ। बहरहाल, मुझे अपने फ़ैसले के बारे में बताना। मेरी सलाह यह है कि और अधिक यात्रा करने के बजाय तुम अपनी नयी पेंटिंग की प्रदर्शनी के ऊपर ध्यान लगाओ।

मेरा कुछ नहीं हो सकता, तुम यही कहोगे।

रेणु कैसी है ? हम तुम दोनों को याद करते हैं; हम तुमसे सुनने के इन्तज़ार में हैं और सच में तुम लोगों से पेरिस में मिलने के इन्तज़ार में हैं। बताना कब तक यहाँ आने की आशा है।

तुम दोनों को हमारा ढेर सारा प्यार,

रज़ा

९ फ़रवरी, १९६२
चण्डीगढ़

प्यारे रज़ा और ज़ानीन,

मेरे ख़याल से तुमको चिट्ठी लिखने की यह पाँचवीं कोशिश है। हर बार मुझे बाधाओं के कारण त्याग देना पड़ता है, और मुझे लगने लगता है कि तुमसे मैं खुलकर बात नहीं कर पाया हूँ। ऐन अपनी बहन के साथ चण्डीगढ़ में कुछ दिन से है और मैं दोस्तों और काम से दूर हूँ, और मुझे उम्मीद है कि मैं कुछ चिट्ठियाँ लिख सकता हूँ जो लिखने की ख़्वाहिश है। मुझे बहुत ख़ुशी हुई कि मुझे तुम्हारे दोनों ही पत्र मिल गये। यह बहुत अच्छा लगा कि तुमको मेरी प्रदर्शनियों की याद थी और तुमने प्रदर्शनी से ठीक पहले मुझे लिखा। प्यारे दोस्तो, उम्मीद करता हूँ कि मेरी चुप्पी को तुम ग़लत नहीं समझोगे। तुम मेरे ख़यालों में रहे हो लेकिन दिन-ब-दिन के काम मुझे चिट्ठी लिखने से रोकते रहे। यहाँ तक कि यह चिट्ठी छोटी लिखावट में होने के बावजूद बहुत छोटी होगी। दुर्भाग्य से फ़िलहाल यही है मेरे पास, कुछ नहीं लिखने से छोटी चिट्ठी लिखना अच्छा है।

मुझे ज़ानीन के पुरस्कार के बारे में जानकर बहुत ख़ुशी हुई। ज़ानीन को बधाई! हम सब बहुत ख़ुश हैं और गर्व महसूस कर रहे हैं।

आख़िरकार मैंने २२ नवम्बर को बैंक की नौकरी छोड़ दी। बाल, गाय और हुसेन तीन बजे मुझे ले जाने के लिए आये। वह एक नियमित क़िस्म का आयोजन था। हम बोम्बेली गये और वहाँ हम ने कॉफ़ी पी और बाल ने मुझे सोने का टाई पिन उपहार में दिया जो चौकोर था। उसके बाद से मैं अपनी आज़ादी का आनन्द उठा रहा हूँ। इससे ज़्यादा ख़ुशी का अनुभव मैंने अपने जीवन में कभी नहीं किया था और मैं ख़ूब जोश-खरोश के साथ काम कर रहा हूँ। उसके बाद से अभी तक मैं हर दिन ठोस काम कर रहा हूँ और मुझे लगता है कि मैंने कुछ अच्छे चित्र बनाये हैं, लेकिन सबसे

बड़ी बात यह है कि मैं पूरी तरह से उस गतिविधि में लगा हुआ हूँ जो मुझे पसन्द है। अकबर ने मुझे तुम्हारी सारी ख़बरें दीं और सच में हमारे पास हर चीज़ के बारे में लम्बी-लम्बी चर्चाओं के लिए समय था। हम बम्बई से साथ गाड़ी में आये और हमको सफ़र बहुत अच्छा लगा। रास्ते में हम माण्डू गये और हमने उसे बहुत ख़ूबसूरत और इतिहास से भरपूर पाया। पहली बार ही था कि अकबर और मैं काफ़ी देर तक साथ रहे और मुझे पक्का लगता है कि हम अच्छे दोस्त बनेंगे।

बम्बई में मेरी प्रदर्शनी छोटी थी—कुल मिलाकर १९ पेटिंग—जिनमें से ११ पेंटिंग मैंने प्रदर्शनी की शुरुआत से पहले ही बेच लीं। प्रदर्शनी के दौरान पाँच और बिक गयीं और केवल तीन बच गयीं। उसके बाद से मैंने सात पेंटिंग बनायी हैं और जबकि मैंने उनको बेचने की कोई कोशिश नहीं की लेकिन हालात अनुकूल रहे इसलिए वे सब भी बिक गयीं। यहाँ तक कि यहाँ क़ीमतें भी बढ़ गयी हैं, और अब एक पेंटिंग के २५ सौ से ३ हज़ार रुपये क़ीमत मिल जाना कोई अचरज की बात नहीं। फ़िलहाल मेरे लिए सब कुछ ठीक-ठाक चल रहा है और उम्मीद करता हूँ कि यह चलता रहेगा। लीसेस्टर की गैलरियों से मुझे यह सुनने को मिला है कि फ़िलहाल उन्होंने मुझे इस अक्टूबर में लन्दन में होने वाली प्रदर्शनी से बाहर रखा है। अब एक ऐसी ख़बर है जो मुझे पक्का लगता है कि तुमको ख़ुशी देगी—रॉकफेलर फ़ाउंडेशन की तरफ़ से मुझे एक फ़ेलोशिप का प्रस्ताव मिला है जो मुझे और रेणु को क़रीब एक साल के लिए दुनिया की सैर करवायेगा। फ़िलहाल हमारी योजना यह है कि इस साल मई से जापान में दो या तीन महीने बिताये जायँ, उसके बाद सैनफ्रांसिस्को तथा कुछ अन्य जगहों के अलावा अन्त में न्यूयॉर्क। उम्मीद करता हूँ कि मैं इस प्रदर्शनी के लिए अमेरिका में पेंटिंग कर पाऊँगा। अभी से अमेरिका जाने के बीच मैं जो भी पेंटिंग बनाऊँगा उसको मैं जहाज से लन्दन भेज दूँगा। मुझसे स्वीडेन में प्रदर्शनी करने के लिए कहा गया है और मुझे इस बात के लिए आश्वस्त किया गया है कि वहाँ आधुनिक भारतीय पेंटिंग को लेकर बहुत दिलचस्पी है। भगवान ही जानता है कि मैं कर पाता हूँ या नहीं। मैं बस यही जानता हूँ कि मैं कड़ी मेहनत करने का माद्दा रखता हूँ और मेरे पास कहने के लिए कुछ है और मैं मूड के ऊपर निर्भर नहीं रहता।

इसलिए बुज़ुर्ग इन्सान, ऐसा लगता है कि हम या तो अमेरिका में मिलेंगे

या बाद में पेरिस में। मैं ख़ासतौर पर इस बात से ख़ुश हूँ कि इस बार मेरे साथ रेणु रहेगी। कृपया मेरे सम्पर्क में रहना और अपनी तारीख़ों, पते वग़ैरह के बारे में बताते रहना। यह फ़ेलोशिप यात्रा की फ़ेलोशिप है जिसके कारण मैं यह देख पाऊँगा कि दुनिया के बाक़ी हिस्सों में क्या हो रहा है। अगर यह कुछ ही महीनों के लिए होता तो मैंने स्वीकार ही नहीं किया होता। यह मुझे इस योग्य बनायेगा कि मैं ठहरकर कुछ काम कर सकूँ।

मैंने कुछ आकृतिमूलक चित्र भी बनाये हैं। वैसे तो मुझे वह कृति बहुत अच्छी लगती है और वह अच्छी तरह से पेंट की हुई है लेकिन मैं अधिक उत्साहित, उसमें जो आकृति उभरकर आयी है उससे, हूँ, वह पहले से निश्चित नहीं है और अच्छी तरह से बनाये जाने और ध्यान रखने की माँग करती है। बाल ने कुछ बहुत अच्छी पेंटिंग बनायी हैं लेकिन उसको कुछ और गम्भीर होने की ज़रूरत है और मूड के ऊपर निर्भरता कम करने की ज़रूरत है। गायतोण्डे के चित्रों की बम्बई में पहली प्रदर्शनी हुई और शानदार रही। उसके चित्र ख़ूब बिके। वे सभी यहाँ कुछ दिनों के लिए आये थे (दिल्ली से), लेकिन शहर से ऊब कर लौट गये। उनकी यात्रा का कोई मक़सद समझ में नहीं आया। वैसे जाहिर है कि उनके साथ ख़ूब मज़ा आया, और तुम कल्पना कर सकते हो कि हमने क्या किया होगा। राम भी बहुत अच्छा कर रहा है, उसकी कुछ कृतियाँ तो बहुत अच्छी हैं। एक दुर्घटना में बेचारे की टाँग टूट गयी थी लेकिन अब वह ठीक है। रेणु, बच्चे और मैं अपने माता-पिता के साथ दिल्ली में रह रहे हैं (पता है : ३बी मथुरा रोड, जंगपुरा एक्सटेंशन, नयी दिल्ली)—उम्मीद करता हूँ कि एक घर बना पाऊँगा। हमारे फ़्लैट से दूर मेरा एक बहुत अच्छा स्टूडियो है। मैं तुमको फिर लिखूँगा। कृपया जवाब देना और मैं आगे से और जल्दी-जल्दी जवाब दूँगा। तुम दोनों को हमारा प्यार, और जबकि अब बहुत देर हो चुकी है—नया साल मुबारक हो!

सदा की तरह,

कृष्ण

○○

४ अप्रैल, १९६२
चण्डीगढ़

मेरे प्रिय रज़ा,

हाल में मैं तुम्हारे बारे में काफ़ी सोचता रहा, सोचता रहा कि कितना अच्छा होगा कि तुमसे बात की जाय, और चूँकि वह अगली सबसे अच्छी चीज़ है, इसलिए मैं नाश्ते से पहले तुमसे काग़ज़ पर बात करूँगा।

मैं कुछ दिनों से चण्डीगढ़ में हूँ और यहाँ मैं मुल्क के आग्रह पर भारतीय चित्रकारों के ऊपर उसके प्राध्यापकों के सामने व्याख्यान देने के लिए आया था। मेरे ख़याल से तुमको पता है कि वह यहाँ के विश्वविद्यालय में टैगोर पीठ पर है। मैं उससे दिल्ली में कई बार मिला हूँ, और हमेशा की तरह चर्चा जीवन्त होती है हालाँकि वह बहुत सारे विषयों को लेकर होती है। मैं कला के ऊपर सामान्य तौर पर संक्षेप में बोलने वाला हूँ और उसके बाद पेंटिंग की चर्चा करके उसको विश्लेषित करने का प्रयास करूँगा। मुझे लगता है कि यह व्याख्यान केवल प्रोफ़ेसरों के लिए है। मेरे पास तुम्हारे, अकबर के, हुसेन के, गायतोण्डे, नसरीन और मेरी अपनी पेंटिंग्स की कुछ स्लाइड्स हैं। यह दिलचस्प होना चाहिए, जबकि वैसे सभी कहते हैं कि चण्डीगढ़ पंजाबी बुड्ढों से भरा हुआ है।

शामलाल दिल्ली में छुट्टी पर है। वह सुबह के वक़्त मेरे स्टूडियो में आये और उन्होंने मेरे कुछ काम देखे। वह चुप रहे, उसके बाद बोले कि मैंने बम्बई में जो काम किये थे वे उनको अधिक अच्छे लगे थे। मैंने कारण पूछा तो वह कुछ कह नहीं सके, और यह कहते हुए उन्होंने कहा कि यह उनकी निजी भावना थी जो ग़लत भी हो सकती है। जाहिर है, यह बस कहने वाली बात है। सब कुछ निजी प्रतिक्रिया के ऊपर आधारित होता है और हमारे तथाकथित आलोचक अपने विचार विशेष और विस्तार के आधार पर नहीं देते हैं। जो बात मायने रखती है वह उनकी दयनीय भावना

है, और वे पेंटिंग के ऊपर अपनी राय नहीं देते। शामलाल के बारे में मज़ेदार बात यह है कि पेंटिंग के ऊपर जो भी किताब प्रकाशित होती है वे हर किताब पढ़ते हैं लेकिन उनके पास एक भी अच्छी पेंटिंग नहीं है।

OO

१६ अप्रैल

इस पत्र की शुरुआत मैंने बहुत पहले की थी और तब एवं अब के बीच बहुत कुछ घटित हो चुका है। मैंने तुमको काईके में आयोजित अपनी प्रदर्शनी के बारे में नहीं बताया। वह सफल रहा और यहाँ क्या हुआ इसके बारे में बताने का ज़िम्मा मैं अकबर के ऊपर छोड़ता हूँ। वह बहुत अच्छी तरह से चीज़ों एवं घटनाओं के बारे में बताता है और इसमें कोई शक नहीं कि वह अब तक तुमको बता चुका होगा।

एब वेसब्लाट यहाँ था और उसने बताया कि वह पेरिस में तुमसे मिल नहीं पाया। वह अब तुमसे मिलना चाहता है और असल में वह तुम्हारा एक अच्छा प्रशंसक है, वह तुम्हारी पेंटिंग ख़रीदना चाहता है लेकिन पारिवारिक ज़िम्मेदारियों के कारण उसके आर्थिक साधन सीमित हैं। मैंने उससे कहा कि तुम शायद इसमें उसकी मदद कर सको, हालाँकि मुझे यह लगता है कि तुम्हारी गैलरी ही सब कुछ सँभालती है। अगर सम्भव हो तो कोशिश करना कि उसकी मदद कर सको। वह बहुत अच्छा इन्सान है, और इसके अलावा वह तुम्हारे लिए बहुत मददगार साबित होगा। उसने मुझे बताया कि वह कोशिश कर रहा है कि इस तरह के इन्तज़ाम कर सके कि तुमको

पूर्व में ले जा सके। इसका मतलब हो सकता है अमेरिका या जापान के पूर्वी किनारे तक, सम्भवत: अमेरिका के।

फ़िलहाल जो हमारी योजना है उसके मुताबिक हम सितम्बर तक अमेरिका में हो सकते हैं और उसके बाद बर्कले जायेंगे। उम्मीद करता हूँ कि तुम वहाँ समय पर आ जाओगे। अगर तुम्हारी योजना बन चुकी हो तो मुझे बताना। मैं सम्पर्क में रहूँगा।

यह असल में कोई पत्र नहीं है; मैं काम में डूबा हुआ हूँ और जब से दिल्ली आया हूँ धीरे-धीरे पेंटिंग कर रहा हूँ। लन्दन में मेरी प्रदर्शनी तय हो चुकी है और अक्टूबर में वहाँ जाऊँगा।

रेणु ठीक है और तुमको प्यार भेज रही है। कृपया लिखना, चाहे इस तरह से छोटा-सा पत्र ही।

तुम दोनों को प्यार,

कृष्ण

○○

९ अगस्त, १९६२
बर्कले

मेरे प्रिय कृष्ण,

तो हम यहाँ हैं, हम दोनों, और जब तुम और रेणु आओगे तो तुम्हारा स्वागत करते हुए हमें बहुत ख़ुशी होगी। प्रोफ़ेसर कास्तेन से तुम्हारी चिट्ठी इधर–उधर हो गयी थी और मुझे यह एक दिन पहले ही उनके छुट्टियों पर जाने से पहले मिली। उन्होंने मुझसे आग्रह किया कि मैं तुमको जवाब दूँ।

यहाँ हम १५ दिन पहले आये और हमने न्यूयॉर्क में तीन ख़ूबसूरत दिन बिताये। दु:ख की बात यह रही कि वेसब्लाट हमारे यहाँ पहुँचने से दो दिन पहले ही जा चुका था और हमने सच में उसको मिस किया।

हमने बहुत सारे लोगों को देखा, बहुत सारी गैलरियों और संग्रहालयों में गये। बहुत सारी प्रयोगशील कृतियाँ हैं, कुछ तो बहुत ही बढ़िया है (सामन्त अब बहुत अच्छा काम कर रहा है) जिनमें सैंस फ्रैंसिस, द कूनिंग, कलायन, और गोर्कवुड अन्सेम्बल की कृतियाँ हैं, लेकिन आमतौर पर बहुत सारी कृतियाँ हलकी और कृत्रिम हैं। मैं बुरा और ढीठ नहीं होना चाहता इसलिए मैं इस बात को रेखांकित करना चाहता हूँ कि ये मेरे आरम्भिक विचार हैं।

यहाँ, बर्कले में विश्वविद्यालय के अलावा शायद ही कोई और गतिविधि होती है। यहाँ पढ़ाने वाले कुछ प्रोफ़ेसर, सच में, बहुत अच्छे हैं। हम सैन फ्रांसिस्को संग्रहालय की यात्रा पर गये लेकिन हम वहाँ की गैलरियों में नहीं जा पाये। फ़िलहाल यहाँ विश्वविद्यालय के काम में ही मेरा सारा समय चला जाता है। मुझे दो सीनियर स्तर की कक्षाएँ लेनी पड़ती हैं जिनमें आने वाले विद्यार्थी बुनियादी से लेकर उच्च स्तर तक के होते हैं; यथा जो स्नातकोत्तर स्तर के लिए काम कर रहे होते हैं। मुझे सुबह में ही

पढ़ाना पड़ता है, लेकिन उसका मतलब है कि सुबह छः बजे उठना पड़ता है और विद्यार्थी १२ बजे तक नहीं जाते।

अब चूँकि मैं ज़्यादातर घर में काम करता हूँ इसलिए मैंने दोपहर के वक़्त पेंटिंग करना शुरू कर दिया है और उम्मीद करता हूँ कि २० सितम्बर तक यह करता रहूँगा।

कला विभाग मेरी कृतियों को विश्वविद्यालय की गैलरी में प्रस्तुत कर रहा है। हमने अगस्त माह के लिए कस्तन का घर किराये पर लिया है। हमें सितम्बर माह में रहने के लिए होटल में जाना है क्योंकि सामूहिक जीवन सभी के लिए असुविधाजनक होता है। क्या तुमने बर्कले में रहने के लिए जगह का इन्तज़ाम कर लिया है?

क्या तुम चाहते हो कि हम तुम्हारे लिए कुछ आरक्षित करें? तुम कब आने की योजना बना रहे हो और तुम कब तक के लिए चाहते हो कि हम आरक्षण करें? मैं सोचता हूँ कि विश्वविद्यालय के जीवन में तुम्हारी रुचि कितनी हो पायेगी। असल में, मुझे लगता है कि सैन फ्रांसिस्को अधिक रुचिकर है। लेकिन बहरहाल, कम से कम हम से मिलने के लिए ही आ जाओ।

कार्ल कस्तन मज़ेदार इन्सान है। उसका हालिया काम सच में बहुत अच्छा है। यहाँ विश्वविद्यालय में कुछ प्रोफ़ेसर हैं जिनसे भी तुमको मिलना चाहिये और उनका काम भी देखना चाहिए।

हम यहाँ इसका आनन्द उठा रहे हैं। हम दोनों ही काम कर रहे हैं। इस साल ज़ानीन को भी गैलरी शारपेंटयर में 'इकॉल द पेरिस १९६२' की प्रदर्शनी के लिए आमन्त्रित किया गया है, इसलिए यह बहुत मज़ेदार होने वाला है। मेरे लिए जीवन परिश्रम का धन है।

मुझे पूरी कोशिश करनी है कि मैं उन विद्यार्थियों के लिए उपयोगी साबित हो सकूँ जिनकी वजह से यह यात्रा सम्भव हुई है। वे जिस तरह से उत्सुक होकर सवाल करते हैं, उनके अन्दर जिस तरह से सीखने की ख़्वाहिश है, वे जितने गम्भीर हैं वह दिल को छू जाता है। साफ़ दिखायी देता है कि उनके पास पेरिस से कोई आया है जिससे वे सीख सकते हैं, जिसके चेहरे पर प्रोफ़ेसर वाला रुख़ा भाव नहीं है और जो हरेक की समस्या को जाती तौर पर सुलझाने के लिए तैयार रहता है। मुझे ऐसा महसूस होता है कि मैं थक गया हूँ।

अब तुम्हारे बारे में जानते हैं। तुम अपनी यात्रा का आनन्द किस तरह से उठा रहे हो ? मुझे पक्का लगता है कि टोक्यो में तुम्हारा रुकना अन्य जगहों से अधिक लम्बा था और वह सबसे कारगर रहा होगा। तुमको पता है मुझे कई जगहों पर कुछ कुछ दिनों के लिए रुकना अच्छा नहीं लगता है। हालाँकि, मुझे पक्के तौर पर यह लगता है कि तुम्हारे और रेणु दोनों के लिए ही यह अच्छा अनुभव रहा होगा और आने वाले बहुत वर्षों तक तुम लोग उसको याद रखोगे। काम कैसा चल रहा है ?

हम लोग मेक्सिको जाने वाले थे लेकिन अपने रुख़ को देखते हुए मैंने अपने इस लोभ के ऊपर अंकुश लगाया। यहाँ तक कि मॉन्ट्रियल भी नहीं, जहाँ कि तुम्हारी तरह मेरी तीन प्रदर्शनियाँ होने वाली हैं। बल्कि अक्टूबर में हम एक महीने के लिए न्यूयॉर्क और उसके आसपास के इलाक़ों में बितायेंगे। वह मेरी अमेरिका यात्रा का सबसे महत्त्वपूर्ण हिस्सा होने वाला है।

अगस्त के आख़िर तक हमारा पता है : द्वारा के.ए. कास्टर १८८४ सैन लौरेंजो एवेन्यू, बर्कले ७, कैलिफ़ोर्निया। टेलीफ़ोन नम्बर : लैण्डस्केप, ६-८८१३। दफ़्तर का पता—प्राध्यापक, कला विभाग, कैलिफ़ोर्निया विश्वविद्यालय, बर्कले ४, कैलिफ़ोर्निया, टेलीफ़ोन नम्बर—थोर्नवाल ५-६००० । एक्सटेंशन २९८४।

उम्मीद करता हूँ कि यह पत्र तुम तक पहुँचे और तुम जल्दी जवाब दोगे।

हम दोनों की तरफ़ से तुमको और रेणु को प्यार

रज़ा

OO

११ अगस्त, १९६२

यह चिट्ठी डाक में नहीं डाली जा सकी, क्योंकि मैं हर पल व्यस्त रहा और मुझे डाकघर जाने का समय नहीं मिल पाया। मैं एक पन्ना और जोड़ रहा हूँ। तुम्हारी दोस्त कैथेरिन काल्डवेल ने फ़ोन किया था। वह यह जानना चाहती थी कि विश्वविद्यालय में कस्तेन की तुम्हारे लिए क्या योजना है। साफ़ कहूँ, तो मुझे कुछ भी नहीं पता है। कार्ल ने इस बारे में बात की। उसने कहा कि वह चाहती थी कि तुम समकालीन भारतीय चित्रकला के ऊपर बोलो और वह चाहती थी कि इस दिशा में कुछ इन्तज़ाम किये जायँ। ऐसा लगता है कि तुम्हारे पास बहुत सारे स्लाइड्स हैं। यहाँ का इण्टरनेशनल हाउस यह चाहता है कि मैं एक शाम वहाँ व्याख्यान दूँ, लेकिन मुझे व्याख्यान देने से बहुत अरुचि है। हालाँकि मुझे आधिकारिक रूप से यहाँ जो पद दिया गया है वह कला व्याख्याता का है। काश यह तुम ले लो।

मुझे उम्मीद है कि कस्तेन लिखेगा। उसके यहाँ २३ अगस्त तक आने की उम्मीद है। हिचकना मत और मुझे बताना कि तुम हम से क्या चाहते हो। मैं तुमको बहुत सारी जगहों पर जाने से हतोत्साहित करना चाहता हूँ और चाहता हूँ कि तुम बर्कले में कुछ अधिक समय बिताओ। हम किराये पर एक बड़ा फ़्लैट ले सकते हैं और साथ रहते हुए पेंट कर सकते हैं। लॉस एंजेल्स और हॉलीवुड में तुम क्या करोगे ? पिछले हफ़्ते मैंने एक कार लगभग ख़रीद ही ली थी लेकिन मैंने अपनी इस इच्छा के ऊपर काबू किया; पुरानी कारें सस्ती तो हो सकती हैं लेकिन उनकी मरम्मत करवाने में बर्बाद हो सकते हो। इसलिए मैं बस से आता-जाता हूँ, यहाँ जो सीमित पैसे मिलते हैं उसमें वही सबसे सुविधाजनक यातायात का साधन है।

दिल खोलकर एक चिट्ठी लिखो जिस तरह की चिट्ठी तुमने बहुत दिनों से

लिखी नहीं है। जापान में कला का क्या हाल है? रेणु कैसी है? उसको दुबारा देखने के लिए मैं बहुत उत्सुक हूँ। काम कैसा चल रहा है?

सब अच्छा हो,

रज़ा

○○

१८ अगस्त, १९६२

मेरे प्रिय रज़ा,

तुमको इस बात का कोई अन्दाज़ा नहीं कि तुम्हारी चिट्ठी पाकर हम दोनों को कितनी ख़ुशी हुई। तुमने सही लिखा है कि तुमको काफ़ी समय से मैंने दिल खोलकर चिट्ठी नहीं लिखी है। अगर मुझे सही तरह से याद है तो मैंने आख़िरी चिट्ठी जल्दबाजी में उन काग़ज़ों पर लिखी थी जिनका उपयोग डाकघर लेखन को रोकने के लिया करता है। उम्मीद करता हूँ कि यह उस तरह की जल्दबाजी भरी चिट्ठी न हो। मुझे कोई जल्दी नहीं है, मेज़ पर ड्रिंक्स रखी है, उँगलियों के बीच में सिगरेट फँसी हुई है और दिल बात करने की इच्छा से भरपूर है। जब तक हम जापान नहीं पहुँचे तब तक हमारा सफ़र अधूरा सा था : थोड़ा-बहुत इधर-उधर उछल-कूद भरा, मुझे भी तुम्हारी ही तरह इस तरह के अनुभवों से नफ़रत सी है, मुझे भी एक जगह टिककर लम्बे समय तक रहना अच्छा लगता है और मैं उसका भरपूर आनन्द भी उठाना चाहता हूँ। दक्षिण-पूर्व एशियाई देशों की मेरी यात्रा जैसा कि एब वेसब्लाट ने कहा, वहाँ के चित्रकारों के लाभ के लिए था न कि उससे मुझे कोई ख़ास लाभ होने वाला था। मैंने वहाँ दर्जनों चित्रकारों और उनके काम देखे, जो बहुत कमतर था। मुझे नहीं लगता कि मैं किसी सच्चे कलाकार से वहाँ मिला होऊँ। जाहिर है, हर देश में आवश्यक औसतपन के साथ उसका उच्च रूप भी होता है। मुझे कुछ प्राचीन कलाओं ने प्रभावित किया।

जावा के बोरोबुदूर में मुझे अजीब अनुभव हुआ। मैंने सुन रखा था कि वहाँ बहुत भव्य स्मारक हैं, लेकिन जब मैंने उनको देखा तो हैरान रह गया। उसकी विशालता और निरन्तरता ने मुझे बहुत प्रभावित किया। वह जो इमारत है वह एक सौ अस्सी साल के दौरान बनायी गयी थी, जिसका मतलब यह हुआ कि वास्तुकारों एवं शिल्पकारों की अनेक पीढ़ियों ने

काम किया। सवाल यह उठता है कि शैली और गुणवत्ता की निरन्तरता को उन्होंने किस तरह से बनाये रखा। इसका जवाब, जो कम से कम मेरे दिमाग़ में आता है, वह यह है कि समुदाय के अन्दर किसी और तरह की शैली का प्रश्न ही नहीं था और शिल्पकार एक ख़ास शैली में काम करते हुए बिलकुल सन्तुष्ट थे। इसी कारण से ऐसी विशाल उपलब्धि हासिल की जा सकी।

वैसे हमारे समय का जो स्वभाव है और उसमें जिस तरह से वैयक्तिक शैलियों के ऊपर जोर दिया जाता है, इसके कारण हमारे लिए यह सम्भव नहीं है कि इस तरह के स्मारक बना सकें। मैं इस बात का उपहास नहीं उड़ा रहा, बल्कि बस उसकी पहचान कर रहा हूँ और इस पहचान के कारण यह समझ बनती है कि निजी शैलियों के ऊपर जोर अनेक तरह की कलाओं के द्वार खोलता है, केवल एक कला के नहीं। इसलिए यह कोई तार्किक बात नहीं है कि एक ही मानक के आधार पर सभी कुछ की तुलना की जा सके। असल में, आधुनिक हालात में यह हास्यास्पद बात है कि ऐसे सिद्धान्तों की खोज की जाय जिसके आधार पर सभी चीज़ों की वैधता को देखा जा सके। पेंटिंग अब बहुत सारे कार्यों की पूर्ति करता है और यह अच्छी बात है कि इसको लेकर स्पष्ट रहा जाय कि पेंटर किस तरह की ज़रूरतों की पूर्ति करता है। तुम जानते हो कि मेरी प्रेरणा क्या है? किसी भी सिद्धान्त को सार्वभौम रूप से लागू नहीं किया जा सकता है। जब कोई यह कहता है कि वह क, ख और ग को पसन्द करता है और घ, च और छ को पसन्द नहीं करता है तो वह महज़ अपनी निजी (हो सकता है पेशेवर) राय को रख रहा होता है। इसलिए हमें बहुत सारी शैलियों और कहन के ढंगों और करने के तरीक़ों को स्वीकार करना चाहिये जो सच में गूढ़ हैं। तुमको लग रहा होगा कि मैं सिद्धान्तों की बात कैसे करने लगा, लेकिन बोरोबुदूर ने मुझे इस दिशा में अभिप्रेरित किया। इसकी कुछ महत्त्वपूर्ण अनुगूँजें हैं, लेकिन इसके बारे में और बातें मिलने पर।

जापान गतिविधियों से भरपूर है। मैं ख़ासतौर पर उनकी काष्ठ ब्लॉक प्रिंटिंग से प्रभावित हुआ, ख़ासकर जो आधुनिक वाले हैं। जिसको जड़ माध्यम समझा जाता था उसमें उन्होंने काफ़ी लचीलेपन का समावेश किया है। कुछ कलाकार सच में अच्छे हैं। तैल चित्र अधिक व्युत्पादित हैं और इसलिए उनमें नवोन्मेष कम है और वह बहुत अकादेमिक क़िस्म

का काम है। मेरे ख़याल से अमेरिका में कुछ अच्छे जापानी पेंटर हैं। मुझे सैन फ्रांसिस्को में ऐसे एक पेंटर से मिलने के लिए कहा गया है। अगर हमें उनका काम रुचिकर लगा तो हो सकता है हम साथ ही जाकर मिलें; अन्यथा मिलने का कोई अर्थ नहीं है।

मेरे अभी तक के यात्रा अनुभव का यही अभिशाप है। मुझे ऐसे बहुत सारे लोगों से मिलना पड़ा जिनका काम मुझे कोई ख़ास पसन्द नहीं आया, और वैसे भी, चूँकि हम एक भाषा नहीं बोल सकते हैं, इसलिए इस तरह की मुलाक़ातों में हम एक-दूसरे का कई कई बार अभिवादन करते हैं, मुस्कुराते हैं और एक साथ जापानी चाय पीते हैं। अगर कोई जापानी दुभाषिया होता भी है तो वह ज़्यादातर अपने विचार को सामने रखने में लगा रहता है। बहुत सारी कलाकृतियों को देखने में और बहुत सारे लोगों से मिलने में मैं थक जाता हूँ और मेरा बहुत मन करता है कि मैं बैठ कर निरन्तर काम करूँ। जब मैं क्योटो में था तो मैंने काफ़ी सारे सुन्दर मन्दिर देखे और कुछ बहुत अच्छे स्थापत्य के नमूने देखे। कुछ दिन बाद मैंने कुछ पेंट और कैनवास ख़रीदा और चुपचाप अपने होटल में काम करने लगा। वह जगह छोटी थी और वहाँ मैं उस तरह छोटे कैनवास ही ढोकर ले जा सकता था जिस तरह के कैनवास के ऊपर मैंने कुछ साल पहले तुम्हारे स्टूडियो में काम किया था। बहरहाल, उस काम से मुझे सन्तुष्टि मिली और मेरे साथ तीन छोटी-छोटी पेंटिंग हैं। उम्मीद करता हूँ कि जब तक यहाँ हूँ और यहाँ से निकलने से पहले मैं कुछ और पेंटिंग बना पाऊँगा।

जैसा कि तुमको पता है कि मैं ३ अक्टूबर को लन्दन में एक बार और प्रदर्शनी आयोजित करने वाला हूँ। मैंने उनको बड़े आकार की २० पेंटिंग भेजी हैं जो काफ़ी नहीं हैं, ख़ासकर उनमें से तीन पेंटिंग पहले से ही कुछ दूसरे लोगों के पास हैं जो बिक नहीं सकती हैं। मेरे ख़याल से तुमको यह पता होगा कि जॉन लेवी इस साल पहले भारत आया था। नारायण मेनन और मैं एक संगीत सभा में गये थे और वहाँ हमने जॉन को देखा। बहुत अच्छी मुलाक़ात रही और संगीत सभा के बाद हम पीने-पिलाने के लिए अपने स्टूडियो आ गये। उन्होंने मेरे हालिया काम देखे जो मैंने लन्दन भेजने के लिए एक तरफ़ रख छोड़े थे और उनमें से उसने एक ख़रीद ली। मुझे इसे इसी रूप में देखना होगा कि वह पेंटिंग लन्दन की गैलरी में बिकी।

यह साल अभी तक बहुत अच्छा रहा है। मुझे पता नहीं है कि मैंने तुमको

कुनिका[1] में अपनी प्रदर्शनी के बारे में बताया था या नहीं। मुझे लगता है कि अकबर ने तुमको इस बारे में बताया या नहीं। वह प्रदर्शनी बहुत अच्छी हुई और लन्दन की प्रदर्शनी के लिए बहुत कम पेंटिंग बच गयी। हालाँकि, मैं दिल्ली की गर्मी के बावजूद कुछ पेंटिंग कर पाया और मुझे लगता है कि इस दौरान मैंने अपनी कुछ बेहतरीन पेंटिंग बनायी। मुझे यह लगता था कि मैं बैंक में बहुत मेहनत से काम करता था लेकिन इस साल गर्मियों में आने से पहले मैंने जिस मेहनत से काम किया उसके सामने वह कुछ भी नहीं था। कुमार मेरी लन्दन की पूरी प्रदर्शनी ख़रीदना चाहता था! यह उत्साह बढ़ाने वाला है, हालाँकि मैं जानता हूँ कि जहाँ तक पेंटिंग का सम्बन्ध है इससे कोई फ़र्क़ नहीं पड़ता। मैं जानता हूँ एक घटना ऐसी है जिससे तुमको हैरानी होगी। जब पिछले साल मैं बम्बई में प्रदर्शनी कर रहा था नेविल वादिय, जो कि मेरे पूर्व-बैंक का निदेशक है, वहाँ आया और उसने दो पेंटिंग्स ख़रीदीं। उसने मेरी दिल्ली की प्रदर्शनी में दो और ख़रीदीं और फिर वहाँ से निकलने से पहले उसने मेरी दो और बड़ी वाली पेंटिंग ख़रीदीं। मैंने उसका परिचय बाल, अकबर और गाय से करवाया—और उसने उन सभी से पेंटिंग ख़रीदीं। मेरे जाने से पहले उसने मुझे कहा कि अगर वह इतनी पेंटिंग ख़रीदता रहा तो उसे मुझसे बैंक में वापस आने के लिए कहना पड़ेगा। भारत में हालात बेहतर होते जा रहे हैं और अगर हम चीन के साथ युद्ध से दूर रह सके तो कोई कारण नहीं लगता है कि इसे और बेहतर क्यों नहीं होना चाहिए। मुझे लगता है अगले साल बम्बई में हम सभी को प्रदर्शनी आयोजित करने का अवसर बुरा नहीं होगा। तुम आओगे, या नहीं?

और तुम्हारी आनेवाली अमेरिका यात्रा के बारे में क्या ख़बर है। मैंने लॉस एंजेल्स जाने की योजना बनायी है—हॉलीवुड या किसी ग्लैमर से जुड़ी लड़की से मिलने के लिए नहीं—बल्कि मैं कुछ ऐसे लोगों से मिलने के लिए जा रहा हूँ जिनको मैं जानता हूँ और मैंने कुछ दिन इसी के लिए रखे हुए हैं। हम वहाँ १ सितम्बर को पहुँचेंगे और ३ सितम्बर की सुबह सैन फ्रांसिस्को के लिए रवाना हो जायेंगे, उसी दिन वहाँ पहुँच जायेंगे। हम योजना यह बना रहे हैं कि ३ से १० सितम्बर तक वहाँ बाल्डविन होटल, ३२१, ग्रांड एवेन्यू में ठहरेंगे। ११ तारीख़ को हम बर्कले पहुँचेंगे और अभी तक हमारी योजना थी (तुम्हारी चिट्ठी पहुँचने से पहले) कि हम वहाँ १७

सितम्बर तक रुकें और हम सिएटल के रास्ते न्यूयॉर्क निकलने वाले थे। द इंस्टिट्यूट ऑफ़ इण्टरनेशनल एजुकेशन ने ड्युरांत होटल, ड्युरांत एवेन्यू, बोदिच, बर्कले में हमारे लिए आरक्षण किया हुआ है। चूँकि हम वहाँ होने वाले हैं इसलिए इस बात में दम है कि हम वहाँ लम्बे समय तक रहें और तुम्हारी यह योजना कि हमें एक फ़्लैट या अपार्टमेंट साझा करना चाहिये बहुत अच्छा है। मैं भी एक जगह लम्बे समय टिककर काम करना चाहता हूँ। क्या तुमको लगता है कि सैन फ्रांसिस्को में ९ दिन बहुत अधिक हो जायेंगे? जितना मैंने उसके बारे में सुना है उससे ऐसा लगता नहीं है। हम बर्कले में ११ सितम्बर से २६ या २७ सितम्बर तक रह सकते हैं जब हम न्यूयॉर्क जायेंगे। मुझे लन्दन जाना है जहाँ ३ अक्टूबर को मेरी प्रदर्शनी की शुरुआत हो रही है और मुझे वहाँ अधिक से अधिक १ अक्टूबर तक पहुँच जाना चाहिए, जिससे हमें न्यूयॉर्क में रहने के लिए तीन दिन मिल पायेंगे। हम वहाँ पहले महीने एक पुराने दोस्त (मिस्टर आर्थर एल. जैकब्स, ४५ जर्मनी पार्क नार्थ, न्यूयॉर्क १०—टेलीफ़ोन—जीजेआर-४७८०)। अब सवाल यह है कि क्या तुम ऐसा कोई अपार्टमेंट ढूँढ़ सकते हो जिसमें हम बर्कले में इतने कम समय के लिए रह सकें, यानी ११ से २७ सितम्बर तक? अगर हम रह सकें तो यह बहुत अच्छा रहेगा। उसमें सभी साजो-समान होना चाहिये और रसोई का सामान भी, बिस्तरे आदि। मुझे नहीं लगता है कि तुम्हारे पास कुछ है। अगर यह सम्भव नहीं है तो हमें कम से कम उसी होटल में रहना चाहिए। अगर ड्युरांत उपयुक्त है तो तुम भी उसमें रह सकते हो, या तुम कुछ अधिक बेहतर और उपयुक्त जगह देख सकते हो, और तुम ड्युरांत में हमारे आरक्षण को रद्द करके उसी जगह पर हमारे लिए भी आरक्षित कर सकते हो जहाँ तुम अपने लिए करो। मैं यह पूरी तरह से तुम्हारे ऊपर छोड़ता हूँ और कोई भी ऐसा इन्तज़ाम जो हम सभी के लिए उपयुक्त हो। अगर यह ज़रूरी लगे कि ड्युरांत में रहने की व्यवस्था को रद्द करना है तो इस सम्बन्ध में एक पंक्ति इंस्टिट्यूट ऑफ़ इण्टरनेशनल एजुकेशन, २९१, ग्रे स्ट्रीट, सैन फ्रांसिस्को ०२, टेलीफ़ोन—डगलस २-६५२० को लिख देना। उसके निदेशक मिस्टर डेविड एम. हूस्टन हैं।

अगर तुमको ऐसा लगता है कि ड्युरांत तुम्हारे लिए भी ठीक है तो तुम उनको सूचित भी कर सकते हो कि हम वहाँ लम्बे समय तक रहना चाहते

हैं और वे उसी हिसाब से आरक्षण भी कर सकते हैं।

माफ़ करना अगर मेरी बातें तुमको पण्डिताऊ और बन्दोबस्ती लग रही हों। मैं जानता हूँ कि इन सब बातों से तुम्हारा समय ख़राब होगा जिसको बर्बाद करने की ज़हमत तुम नहीं उठाना चाहोगे, लेकिन तुम वहाँ हो और इसलिए ज़्यादा हासिल कर सकते हो क्योंकि मैं यहाँ टोकियो में हूँ।

मुझे बहुत ख़ुशी है कि तुमको आनन्द आ रहा है, जबकि मुझे इस बात से कुछ हैरानी हुई कि तुमको इतने लम्बे समय तक काम करना पड़ता है। यह तो बैंक में काम करने से भी बुरा लग रहा है। मैं उस तरह के माहौल में रहने के इन्तज़ार में हूँ जिसके बारे में तुमने बताया था। यह सब मेरे लिए नया होगा। मैं प्रोफ़ेसर साहब या पण्डित जी के रूप में तुम्हारी कल्पना नहीं कर सकता हूँ लेकिन तुम्हारी चिट्ठी से मुझे सब कुछ सही सही समझ में आ गया कि अलग-अलग तरह के विद्यार्थियों के बीच तुम किस तरह से महसूस कर रहे हो। यह तुम्हारे लिए भी एक नये तरह का अनुभव होना चाहिए, और तुमको जिस तरह के गम्भीर आदमी के रूप में मैं जानता रहा हूँ इसलिए मैं यह कल्पना नहीं कर सकता हूँ कि तुम अपने कर्तव्यों को हलके में लो। जहाँ तक पसन्द किये जाने की बात है तो मेरे दोस्त, इसमें तुम असफल कैसे हो सकते हो।

जहाँ तक मेरे व्याख्यान की बात है तो यह सही है कि मेरे पास हुसेन, गायतोण्डे, नसरीन, राम कुमार, अकबर, दो तुम्हारे और मेरे अपने चित्रों के रंगीन स्लाइड्स हैं, और इसलिए मुझे लगा कि लोगों की इनमें रुचि होगी। मैंने उनको दिखाया, साथ में अनौपचारिक रूप से कुछ कहा भी। अक्सर लोग मुझसे प्रश्न पूछते हैं तो मैं उनके जवाब भी देने की कोशिश करता हूँ। अगर यह तुम्हारे हिसाब से व्याख्यान के वर्ग में आता है तो मुझे स्लाइड्स दिखाने और साथ में कुछ बोलने में किसी कोई परेशानी नहीं है। ख़ैर, देखते हैं।

मैं सच में तुम से और ज़ानीन से मिलने के इन्तज़ार में हूँ और यह बहुत अच्छा अवसर होने वाला है। मुझे उम्मीद है कि मैं बर्कले में जिस वक़्त रहूँगा तो उस समय तुम अपने चित्रों की प्रदर्शनी कर रहे होगे और मैं तुम्हारे चित्रों का विस्तृत संग्रह देख पाऊँगा। यह हमेशा अधिक मायने रखता है बजाय कुछ अच्छे चित्रों को देखना। तुमने लिखा कि तुम

अक्टूबर में न्यूयॉर्क जाने वाले हो। तुम वहाँ कितने दिन रहोगे?

मुझे इस बात से बेहद ख़ुशी हुई कि ज़ानीन इतना अच्छा कर रही है—हमने उसको अन्य लोगों से पहले पहचाना था। क्या अब वह अँग्रेज़ी में अधिक बात करने लगी है या उसकी अँग्रेज़ी वैसी ही है जैसी मेरी फ्रेंच है? मैंने यह फ़ैसला किया है मैं न्यूयॉर्क में ठीक तरह से सीख लूँगा और जब तुम मुझसे पेरिस में मिलोगे तो मैं अमेरिकी लहज़े में अच्छी तरह बोलता रहूँगा।

अब बन्द करता हूँ। यह बहुत हो गया है और मैंने बहुत सारी सिगरेट और ख़ूब सारी शराब पी ली है। क्या तुमको लगता है यह चिट्ठी में दिखायी दे रहा है?

जब हम मिलेंगे तो राजसी ढंग से जश्न मनायेंगे। मैं यह कोशिश करूँगा कि अपने साथ थोड़ी शैम्पेन ले आऊँ। हम दोनों की तरफ़ से तुमको और ज़ानीन को ढेर सारा प्यार।

सदा की तरह,

कृष्ण

पुनः क्या तुमको पता है कि मिसेज रमण न्यूयॉर्क में हैं? मैं उनसे मिलना चाहता हूँ।

---

१. कुनिका आर्ट गैलरी, दिल्ली में १९६१ में एकल प्रदर्शनी, जिसमें कैटलॉग रिचर्ड बार्थोलोम्यु ने लिखा था

OO

१८. ०८. १९६२

इण्टरनेशनल हाउस ऑफ़ जापान

२ तोरीजाका-माची, अजाबू, मिनातो-कु, टोक्यो

प्रिय रज़ा और ज़ानीन,

मैं इस बात से इतना ख़ुश हूँ कि हम चार मिलने जा रहे हैं और वह भी इतनी जल्दी! तुम्हारी चिट्ठी से रज़ा, मैं इस बात को लेकर इतनी उत्साहित हो गयी। जब हम क्योटो में थे तब हम यह सोचते रहते थे कि हम कब बर्कले में मिलेंगे और मिस्टर ह्यूस्टन की चिट्ठी से हम यह सोचने लगे थे कि हम बर्कले में मिल भी पायेंगे या नहीं। हम सच में यह चाह रहे हैं कि अमेरिका के पश्चिमी किनारे की यात्रा पर जाने की सभी योजनाओं का त्याग कर दिया जाय, और मुझे लगता है कि कृष्ण भी इससे सहमत हो रहा है। हमें दो दिनों के लिए लॉस एंजेल्स जाना है, कुछ दोस्तों से मिलने के लिए, उसके बाद हम सैन फ्रांसिस्को आ जायेंगे और हम अक्सर मिल पायेंगे। अगर तुमको और ज़ानीन को ऐसा लगता है कि ऐसा सम्भव है कि हम साथ-साथ रह सकें तो इससे अच्छा कुछ भी नहीं होगा, लेकिन जब हम मिलेंगे तब हम इसके बारे में बात कर लेंगे, क्योंकि उन्होंने हमारे ठहरने के लिए एक सप्ताह सैन फ्रांसिस्को और एक सप्ताह बर्कले के होटल में इन्तज़ाम किया हुआ है।

कृष्ण अक्टूबर में दो सप्ताह के लिए लन्दन में होगा लेकिन मैं न्यूयॉर्क में रहूँगी। मुझे बहुत ख़ुशी होगी अगर मैं तुम दोनों को वहाँ भी देख पाऊँ।

प्यार के साथ तुम्हारी,

रेणु

○○

२७ अगस्त, १९६२

मेरे प्रिय रेणु और कृष्ण,

एक बार फिर से जवाब देने में मुझसे देर हो गयी है अब बिना देरी के मुझे जवाब देना है ताकि चिट्ठी समय पर तुम तक पहुँच जाय। कृष्ण की चिट्ठी उसकी खुले दिल वाली हँसी की तरह थी जो बहुत कुछ कहने वाली थी; रेणु का पत्र बहुत प्यार भरा था और मेरा यक़ीन करो मुझे तुम्हारा समाचार जानकर अच्छा लगा।

मैंने बड़ी कोशिश की कि केवल सितम्बर माह के लिए एक बड़ा अपार्टमेंट या घर ले लूँ। लेकिन कुछ मिला नहीं। इसलिए मुझे लगता है कि सबसे अच्छा यही रहेगा कि द्युरांत का आरक्षण बरकरार रखा जाय, जो आर्ट की बिल्डिंग से बमुश्किल एक ब्लॉक की दूरी पर है। जहाँ तक हमारा सवाल है तो हमने एक कमरे का एक अपार्टमेंट किराये पर लिया हुआ है, जो विश्वविद्यालय और द्युरांत होटल के पास ही है। यह अच्छा रहेगा कि थोड़ा-बहुत साथ रहना और खाना पकाना हो जाय; साथ ही, हम घर से विश्वविद्यालय आने जाने में समय भी नहीं बर्बाद करेंगे, जहाँ मुझे २३ सितम्बर तक काम करने की उम्मीद है।

पूर्वी एशिया और जापान में तुम्हारी यात्रा के अनुभवों से उपजी प्रतिक्रिया को जानकर अच्छा लगा। हालाँकि मुझे पक्का लगता है कि यह एक अच्छा अनुभव साबित होने वाला है, और अन्ततः यह अच्छा होगा। काश! तुमको इतने कम समय में यह करना ही नहीं पड़ा होता। बहरहाल, शुभकामनाएँ।

मुझे तुम्हारी चिट्ठी से पता चला कि तुम लॉस एंजेल्स में सिर्फ़ दो दिन के लिए ही रहोगे। मुझे नहीं लगता है कि यह काफ़ी है। असल में, मुझे यह बताया गया है कि वहाँ कुछ महत्त्वपूर्ण कला सम्बन्धी गतिविधियाँ होती

हैं और वहाँ कुछ अच्छी आर्ट गैलरियाँ भी हैं, जो सैन फ्रांसिस्को में रहने से ज़्यादा महत्त्वपूर्ण है। इसलिए कम से कम तीन या चार दिन लॉस एंजेल्स में बिताने के बारे में सोचो। वह कुरूप शहर है जो ऑटोमोबाइल के अस्तित्व में आने के बाद निर्मित हुआ, लेकिन हो सकता है कि वह जानना भी मायने रखता हो। साथ ही, सैन फ्रांसिस्को बर्कले से बस से महज़ ४५ मिनट की दूरी पर है। बर्कले में ज़रूर देखने के लिए कुछ ख़ास नहीं है। जो कुछ भी ख़ास है वह विश्वविद्यालय के आसपास ही है। तुमको कला विभाग में ज़रूर जाना चाहिए, कस्तेन, लोरेन जैसे कुछ कलाकारों से भी मिलना चाहिए, जो यहाँ पढ़ाते हैं।

निजी तौर पर मुझे बर्कले पसन्द है। यह विश्वविद्यालय नगर है, बहुत शान्त और जहाँ तक लोगों और सामान्य माहौल का सम्बन्ध है तो यह अन्य शहरों से काफ़ी अलग है। साथ ही, यह मेरे लिए बहुत ख़ास महत्त्व रखता है, जब मैं जवान था तो यह मेरी दिली ख़्वाहिश थी कि मैं किसी भारतीय विश्वविद्यालय में कुछ साल पढ़ाई करूँ, इसलिए कुछ हफ़्ते पढ़ाना बहुत आनन्ददायक रहा। मेरा एक विद्यार्थी है अकोये, जिसकी इधर तटीय क्षेत्र में देखे गये सर्वश्रेष्ठ से तुलना की जा सकती है।

मैं बड़ी मेहनत से काम कर रहा हूँ, हालाँकि बाधाएँ भी हैं, और जो २३ सितम्बर तक रहने वाली हैं। लारा विंकी पिछले हफ़्ते आयी और सैन फ्रांसिस्को में रह रही है। विश्वविद्यालय ने मुझे काम करने के लिए एक बहुत बड़ा स्टूडियो दिया है, और उम्मीद करता हूँ कि प्रदर्शनी तक मैं उसको रख पाऊँगा। इसलिए कुछ अनुशासन आवश्यक होगा। लेकिन मैं इस बात को लेकर पक्का हूँ कि हम एक-दूसरे से काफ़ी मिल पायेंगे और मैं उसकी राह देख रहा हूँ। साथ ही, अक्टूबर में पूरा महीना न्यूयॉर्क में बिता पायेंगे, जो बहुत ज़रूरी छुट्टियों की तरह होगा।

हो सकता है कि हमें हवाई जहाज से २६ सितम्बर को लॉस एंजेल्स जाना पड़े। हम वहाँ दो या तीन दिन रहेंगे, लेकिन मुझे नहीं पता कि मैं सिएटल जा पाऊँगा या नहीं। मुझे यह बताया गया है कि वह ज़रूर देखना चाहिये और समकालीन कला की प्रदर्शनी बहुत अच्छी है, वैसे मेला बहुत बेकार है। बहरहाल, फ़ैसला करने के लिए अभी समय है।

अच्छा मेरे प्यारे दोस्तों, मैं अब चिट्ठी को समाप्त करता हूँ और जितनी

जल्दी हो सके इसे डाक में डाल दूँगा। उम्मीद करता हूँ कि यह तुम तक समय पर पहुँच जाय। जब एक बार तारीख़ों के बारे में पक्का हो जाय तो लॉस एंजेल्स से हमें लिखना। मैं तुमको यह सुझाव दूँगा कि पहले तुम सैन फ्रांसिस्को में पहुँच जाओ और वहाँ होटल से मुझे फ़ोन करना। मेरे स्टूडियो का नम्बर होगा थोर्नवाल ५-६०००, विस्तार-२९८४। हम लोग कस्तेन का घर इस शनिवार या रविवार को छोड़ रहे हैं और हमारा नया पता होगा एम्बेसेडर्स अपार्टमेंट, अपार्टमेंट नम्बर-५०७, २२८२ यूनियन स्ट्रीट, बर्कले ४। मुझे घर का फ़ोन नम्बर नहीं मालूम है। उसको अभी लगाया जाना है। तुम मुझे विश्वविद्यालय के पते पर जवाब दे सकते हो जो कि पत्र के ऊपर है।

ज़ानीन और मेरी तरफ़ से प्यार भरा अभिवादन,

तुम्हारा

रज़ा

पुनः कार्ल कस्तेन तुमको यह बताना चाहते हैं कि विश्वविद्यालय में तुम्हारा बहुत स्वागत है और वे निजी तौर पर तुमको आसपास घुमाने की योजना बना रहे हैं।

OO

२६ सितम्बर, १९६२
सिएटल

प्रिय रज़ा,

मेले से तुम्हारा यह संवाददाता रिपोर्ट कर रहा है! हम कल देखने के लिए गये थे। मेला अपने आप में बहुत भड़कीला है लेकिन उसकी उम्मीद भी थी ही। लेकिन पेंटिंग की प्रदर्शनी देखने लायक है। उसमें शामिल हैं :

१. उत्तर-पश्चिम की कला; जिसमें एस्किमो जैसे आदिवासियों की कलाएँ हैं।

२. रेड इण्डियन कला, जो मुझे बहुत आकर्षक लग रहा है और मुझे लगता है कि तुमको भी लगेगा।

३. पिछले बीस साल की आधुनिक अमेरिकी चित्रकला की विस्तृत प्रदर्शनी और जिसको तुम्हें ज़रूर देखना चाहिए।

४. समकालीन यूरोपीय कला (इसको एक तरह से 'अन्तरराष्ट्रीय कला' कहा जाना चाहिये लेकिन चूँकि इसमें एशिया से कुछ भी शामिल नहीं किया गया है इसलिए मैं इसको यूरोपीय ही कहना चाहता हूँ)।

५. एशियाई कला, जो प्राचीन काल की है।

६. मार्क टोबी—जिसमें कुछ भी असाधारण नहीं है। यह बहुत कुछ यहीं का है क्योंकि उसका ताल्लुक सिएटल से है।

सैन फ्रांसिस्को से हवाई यात्रा बहुत सुखदायी है। ज्वालामुखी के ऊपर जहाज उड़कर जाता है। दुर्भाग्य से सभी पहाड़ों पर धुआँ नहीं था और प्राचीन जीवन का प्रमाण देता है।

मुझे इस बात की ख़ुशी है कि मेरे जाने से पहले हम मिल-बैठ सके और

बातें कर पाये, मैं तो अभी से तुमसे और ज़ानीन से फिर मिलने की राह देख रहा हूँ। मेरे और रेणु की तरफ़ से तुम दोनों को ढेर सारा प्यार।

सदा की तरह,

कृष्ण

○○

१४ नवम्बर, १९६२
पेरिस

मेरे प्रिय कृष्ण,

तुम्हारी चिट्ठी का बहुत-बहुत शुक्रिया। मैं इस बात से ख़ुश हूँ कि फातिमा को भेजने का काम हो गया, और मैं वह कर पा रहा हूँ जो कि मुझे लगता है मुझे करना चाहिए। आने के बाद मैंने उसको लिखा और अपने भाई को भी।

३१ अक्टूबर को हमने ग्रे पेरिस को पा लिया। हम ख़ुश थे। जाहिर है! पेरिस छोटा नहीं लगा। असल में, हमें इसका आकर्षण तथा इसका रहस्यमय अन्दरूनी जीवन और भी अधिक समझ में आया। हालाँकि, सभी काम, ख़ासकर घर के, और पेरिस का कला व्यवसाय हमें दुखी कर गया। न्यूयॉर्क में हमें अख़बार देखने का समय शायद ही मिल पाता था। पेरिस में हमने शुरुआत की। सामान्य तौर पर उदासीनता है, हालाँकि भारत-चीन संघर्ष की लगातार बात की जा रही है। प्रेस इसको अजीब तरह की अनियमितता के साथ उठा रहा है। सबसे बुरी बात यह है कि उसमें सूचनाएँ सही नहीं रहती हैं। भावना जीवन का महत्त्वपूर्ण पहलू होता है लेकिन भावुक होना व्यर्थ होता है। मैं बहुत सारे भारतीय दोस्तों से मिला और मैंने यह जानने की कोशिश की कि वे हालात को किस तरह से देखते थे। यह सब बहुत उलझाव भरा है। ऐसा लगता है कि सीमा की समस्या है ही नहीं। यह बहुत विस्तृत है। कुछ लोगों को ऐसा महसूस होता है जैसे चीन का लक्ष्य मूल रूप से यह था कि भारत को युद्ध में घसीटकर अहिंसा के मिथक को भंग किया जाय, ख़ासकर इसलिए क्योंकि बिना इसके साम्यवादी विचारों के पनपने की कोई आशा नहीं है; और दूसरे यह कि भारत को इसके लिए मजबूर किया जा सके कि वह अपनी आर्थिक योजनाओं में तेज़ी से बदलाव करे। जैसे हालात थे उसमें भारत अलग

Paris, 14th Nov. '62

My dear [illegible],

Thanks so much for your letter. I am glad that the dispatch to [illegible] has been done. I am glad I am able to do what I think I should do. I did write to her & to my mother soon after arrival.

On 31st Oct. we regained grey Paris. We were happy. Since I Paris did not look small. Infact we realise all the more its charm & a strange inner life. However all the events – particularly from home – and the art [illegible] of Paris, made us feel gloomy. In New York we hardly had time to look at newspapers. In Paris we made a start. There is general indifference, yet the Indo Chinese conflict is constantly being talked about. The press takes it up with strange irregularities. The worst thing is, [illegible] badly informed. Emotion is a vital life element, but being sentimental is [illegible]. Of course I met several Indian friends & tried to find out how they viewed the situation – I asked them how they understood the situation. It seems all very complicated. It seems that the problem is not the frontier only. It's far too vast. Some feel that the Chinese aim at (1) – destroy the myth of Non-Violence by dragging India to war, without this no hope for communist ideas taking ground. (2) force India to change its economic plan to a war footing. As things were India would have evolved differently & the basic conditions were unfavourable from their point of view. Other theory is that they are only concerned with the frontier which they have fixed & will not advance an inch more & that everything will return to order in due time. Who knows – where the truth lies. It's heartening to know certain facts: that the whole country – atleast so far – stands up as a nation & determined to fight. The treasury is full, also the blood banks, the morale excellent! The army can't even take the volunteers who are prepared to join the army. The Chinese are surprised with their Himalayan blunder.

But who knows. May be they are at a longer term & feel that the resistance is going to be broken in course of time, that the economy of the country is going to be ruined with a war budget in a few years time. I fail to understand. The only Indian I met here & who felt concerned is [illegible]. He offers his services any day, but nobody [illegible] if he can be an asset, nor does he know what he can do. The essential thing is that he [illegible] the restless-ness we know. Jean said we are sentimental & stupid & must only keep on painting. By God – there are moments when all these higher spheres are tasteless.

I am talking about a subject I hardly know. However there is a strange sense of humiliation – of helplessness.

Lets come back to higher spheres. The Parisian [illegible] has been launching a tremendous campaign against ABSTRACT-ART. The latest news announced & reaffirmed are that it is dead & buried. A new realism art is taking birth. What ever is written & what ever is presented as new realism is completely stupid – [illegible] – However it does a lot of harm. There is a general panic. Sales are terribly low. Every one seems to be complaining. One needs to tighten up ones belts & be prepared for the worst. I have been in the past so much against the academic & sterile abstract painting that I almost rejoice. So much of the poor stuff will be washed off. The feeble & unconvincing painters will quickly change – only to find themselves in awkward situation. The last word in New Figurative art is not yet pronounced.

I wish I could talk to you. This infact is the second letter I am writing since arrival. But writing is so difficult. One has to wait for a favourable moment or one has to labour.

I wrote to [illegible] yesterday. I gave some suggestions regarding [illegible] 68. I wish you are [illegible] in helping matters. One of my important concern is what they show. Who will select out of the stuff sent. I have [illegible] I haven't sent a single weak painting. But they can check and only the one [illegible]. But what will happen to the rest – mine or those of others. I suggest to [illegible] that they in collaboration of [illegible] 63 organise and [illegible] show handled if possible.

Second thing who will do the catalogue-preface. I thought of [illegible]. or George [illegible] or Waldemar George. Any of the three will be happy to write. A good catalogue

तरह से उभरकर सामने आया होता और उनके दृष्टिकोण से बुनियादी हालात हितकर नहीं थे। दूसरी मान्यता यह है कि उनकी एकमात्र चिन्ता सीमा को लेकर है, जिसको उन्होंने तय कर लिया है और वे एक इंच भी आगे नहीं बढ़ेंगे और यह कि सब कुछ समय के साथ ठीक हो जायेगा। कौन जानता है कि सच है क्या। कुछ बातों को जानकर दिल ख़ुश हुआ : यह कि सारा देश, कम से कम फ़िलहाल, देश के रूप में एकजुट है और लड़ाई के लिए प्रतिबद्ध है। ख़ज़ाने में लोगों ने ख़ून दान देकर भी उसको भरपूर बनाया है और ज़बर्दस्त उत्साह है। जितने स्वयंसेवी सेना में शामिल होना चाहते हैं सेना सबको भर्ती भी नहीं कर सकती है। अपनी इस हिमालयी भूल से चीन हैरान है।

लेकिन कौन जानता है? हो सकता है वे लम्बे समय तक पड़ने वाले प्रभावों के बारे में सोच रहे हों और उनको ऐसा लगता हो कि यह प्रतिरोध समय के साथ कम हो जाय शायद क्योंकि युद्ध के ख़र्चे के कारण देश की अर्थव्यवस्था कुछ सालों में बर्बाद हो जायेगी। मुझे समझ में नहीं आता। यहाँ जिन भारतीयों से मैं मिला उनमें से केवल एक भारतीय है जो मुझे चिन्तित दिखा, अकबर। वह कभी भी अपनी सेवाएँ दे सकता है, लेकिन किसी को भी नहीं पता है कि वह किसी काम का भी हो सकता है, न ही उसको समझ में आता है कि वह क्या कर सकता है। महत्त्वपूर्ण बात यह है कि वह बेचैनी को महसूस कर पाता है जो हम जानते हैं। ज्यां का कहना था कि हम भावुक हैं और गधे हैं और हमें पेंटिंग करने के ऊपर ही ध्यान लगाना चाहिए। कसम से, ऐसे भी पल होते हैं जब ये सभी ऊँचाइयाँ स्वादहीन लगने लगती हैं।

मैं एक ऐसे विषय के बारे में बात कर रहा हूँ जिसके बारे में मैं शायद ही कुछ जानता हूँ। हालाँकि अपमान का भाव ज़बर्दस्त है, या असहायता का।

अब अपनी ऊँचाई पर लौटते हैं। पेरिस के प्रेस ने 'अमूर्त कला' के विरुद्ध ज़बर्दस्त अभियान की शुरुआत की है। जिस नये समाचार की घोषणा हुई है और पुनर्पुष्ट होना है वह यह कि वह मृत है और दफ़न हो चुका है। एक नयी यथार्थ कला का जन्म हो रहा है। जो भी लिखा गया है और जो भी प्रस्तुत किया गया है वह बेवकूफ़ी भरा है। हालाँकि, इससे बहुत नुकसान हो रहा है। सामान्य तौर पर अफरातफरी का माहौल है। बिक्री बहुत कम हो रही है। ऐसा लग रहा है जैसे सभी शिकायत कर रहे हैं। सभी को तैयारी

से रहना चाहिये और बुरे हालात के लिए तैयार रहना चाहिए। अतीत में भी मैं अकादेमिक और निष्प्राण अमूर्त कला के ख़िलाफ़ इतना रहा हूँ, मुझे मज़े आ रहे थे। कितना कुछ ख़राब है जिसको नष्ट कर दिया जाना चाहिए। कमज़ोर और अविश्वसनीय पेंटर तत्काल बदल जायेंगे, वे ख़ुद को अजीब से हालात में पा रहे होंगे क्योंकि अभी ग़ैर-आकृतिमूलक चित्रों के विरुद्ध अन्तिम रूप से कुछ नहीं कहा गया है।

काश! मैं तुमसे बात कर पाता। आने के बाद मेरा लिखा गया यह दूसरा पत्र है। लेकिन लिखना इतना मुश्किल है। किसी को उपयुक्त समय का इन्तज़ार करना चाहिये या किसी को मेहनत करते रहना चाहिए।

कल मैंने एब को लिखा था। मैंने गैलरी ६३ को लेकर कुछ सुझाव दिये। काश! तुम इस मामले में कुछ मदद कर पाते। मेरी असली चिन्ता यह है कि वे क्या दिखाते हैं। जो चित्र भेजे गये हैं उनमें से चुनाव कौन करेगा? सौभाग्य से, मैंने अपनी एक भी कमज़ोर पेंटिंग नहीं भेजी है। बस, एक ही बात है कि वे बड़ी हैं। बाक़ियों का क्या होगा? मेरा या दूसरों का? मैं एब को सुझाव दूँगा कि अगर सम्भव हो तो वे एक समानान्तर प्रदर्शनी भी आयोजित करें, गैलरी ६३ के साथ मिलकर।

दूसरी बात यह है कि कैटलॉग की भूमिका कौन लिखेगा? मैंने रूडी या जॉर्ज बुचर या वाल्देमार जॉर्ज के बारे में सोचा था। इनमें तीनों में से कोई भी ख़ुशी-ख़ुशी लिख देगा। अच्छा कैटलॉग होना ज़रूरी है। बहुत निरपेक्ष रूप से कहूँ तो निजी तौर पर मेरा सही सुझाव यह होगा कि जॉर्ज वाल्देमार भूमिका लिखे। वह सभी चित्रकारों को जानता है तथा फ्रांस एवं यूरोप में वह जाना-माना चित्रकार है। उसे सब ख़ूब प्यार भी करते हैं और ख़ूब नफ़रत भी। मुलहाउस की प्रदर्शनी में उसने भूमिका लिखी थी जिसमें कृष्णा से तुम्हारी पेंटिंग दी थी। मैं उससे सम्पर्क कर सकता हूँ या उनको इस पते पर सीधी चिट्ठी लिखी जा सकती है :

वाल्देमार जॉर्ज

५४ रु द सीन, पेरिस ६ई

दूसरी सम्भावना यह है कि तुम सभी चित्रकारों पर लिखो। मुझे पक्का लगता है कि बजाय इसके कि कोई स्थानीय बिना उनके पहलुओं को समझे कुछ भी बकवास लिखे तुम्हारा लिखना अधिक दिलचस्प होगा।

इससे पहले कि देर हो जाय क्या तुम बात कर लोगे?

हमने काम शुरू कर दिया है लेकिन बहुत बाधाएँ हैं और बहुत अनियमितता भी है। उम्मीद करता हूँ कि यह चलने वाला नहीं है। मैं यह भी उम्मीद करता हूँ कि घर से कुछ अच्छा समाचार आये; उसके बिना एकाग्र रह पाना इतना मुश्किल होता है।

तुम रहे उसकी हमारे पास बहुत यादगार स्मृतियाँ हैं। उनके बारे में सोच कर अच्छा लगता है और जब से हम आये हैं तब से उसके बारे में बातें ही कर रहे हैं। काम तो करना ही है लेकिन तुम जानते हो कि इसकी प्रक्रिया कितनी धीमी होती है।

रेणु कैसी है? तुम लोगों को और क़रीब से और गहरायी से जान पाना बहुत अच्छा लगा। यह साहचर्य मेरे लिए अमूल्य है। हम तुम्हारे यहाँ आने का इन्तज़ार करेंगे। तब तक, कृपया लिखना और हमें हर चीज़ के बारे में बताना—गैलरी ६३ की प्रदर्शनी के बारे में भी। अकबर का बहुत मन था न्यूयॉर्क की प्रदर्शनी में जाने का, लेकिन हम सभी चीन के आक्रमण के कारण दुखी हैं। यह कोई कम बड़ी बात नहीं है।

तुम दोनों को बहुत-बहुत प्यार

रज़ा

आख़िरकार पेरिस में रहना बहुत अच्छा लग रहा है!

ज़ानीन

OO

२० नवम्बर, १९६२
पेरिस

कृष्ण,

भारत से जो समाचार है वह बहुत तकलीफ़देह है। जिस अपमान का बोध हो रहा है उसका वर्णन नहीं किया जा सकता है। यहाँ जो भारतीय हैं, उनमें से कुछ को छोड़कर ऐसा लगता है कि वे सब कुछ स्वीकार कर लेते हैं। छोटी–सी बौद्धिक चर्चा, थोड़े से आँसू। यह सब देखकर बहुत निराशा होती है। इसे मुझे याद आता है कि जब अंग्रेज़ आये थे तब वाजिद अली शतरंज के खेल को लेकर परेशान थे।

साफ़ कहूँ, कृष्ण, तो मैं समझता नहीं हूँ। अजीब असहायता की हालत है। सिपाही होने के बारे में सोचना असम्भव है, भावुक होने का कोई अर्थ नहीं है। हालाँकि, कुछ किये जाने की ज़रूरत है। और जल्दी। मैं यहाँ बहुत सारे भारतीयों से मिला। विद्यार्थी चन्दा जुटा रहे हैं। अभी तक २०० न्यू फ्रैंक की राशि जमा हो गयी है। इतनी राशि से तो एक कम्बल भी नहीं ख़रीदा जा सकता है। लन्दन के विद्यार्थियों ने क़रीब ४० हज़ार पौंड की राशि जुटाई है। पदमसी और मैं यहाँ पेरिस में एक प्रदर्शनी आयोजित करने के बारे में सोच रहे हैं। सबसे अच्छी बात यह होगी कि जो बिक्री हो उसकी राशि को युद्ध राहत कोष या भारतीय रेड क्रॉस संस्था को दे दिया जाय। मैं आलोचकों, पत्रकारों एवं विविध संस्थाओं से सम्पर्क में हूँ। साथ ही अपने दूतावास से भी। अली यावर जंग का रवैया बहुत सहयोगी है। प्रदर्शनी या तो दिसम्बर या जनवरी में होगी।

मैंने क़रीब दस दिन पहले तुमको अन्तिम चिट्ठी लिखी थी। कृपया लिखना और मुझे बताना कि तुम्हारा विचार क्या है। क्या तुमको लगता है कि न्यूयॉर्क में बड़े पैमाने पर कुछ किया जा सकता है? क्या हम, उदाहरण के लिए, रद्द किये गये कैनवास को लेकर एक प्रदर्शनी गैलरी ६३ में

आयोजित कर सकते हैं और एक ऐसी प्रदर्शनी जिसकी बिक्री की आधी राशि भारतीय रेड क्रॉस को दी जा सके? एब से बात करना। भारतीय दूतावास से सम्पर्क किये बिना कुछ भी नहीं करना। यह भी ज़रूरी होगा कि भारतीय कलाकारों से यह पूछ लिया जाय कि अगर वे कर सकें तो कुल राशि का ५० प्रतिशत दान दे सकें।

मेरे पास तुम्हारे दो कैनवास हैं। अगर तुम हाँ भरो तो मैं उनको प्रदर्शित करके इस उद्देश्य के लिए उनकी बिक्री कर सकता हूँ। मेरे पास बाल की भी एक पेंटिंग है। अकबर के पास हुसेन की है। शायद कृष्णा अन्य कैनवास दे। सभी भारतीय कलाकार इसमें सहयोग दे रहे हैं। हम उम्मीद करते हैं कि इकॉल द पेरिस के कुछ फ्रेंच और विदेशी कलाकार भी हों। जैसी कि हमें उम्मीद है अगर सब कुछ उसी मुताबिक़ हो जाता है तो हम अच्छी राशि जुटा सकते हैं।

विस्तार से लिखना। गैलरी ६३ की प्रदर्शनी का क्या हाल है? बताना कि इसके अलावा तुम और क्या कर सकते हो? शनिवार २४ तारीख़ से लेकर रविवार २ दिसम्बर तक हमें बाहर जाना है। इसलिए तुम शनिवार १ दिसम्बर से पहले पोस्ट रेस्टौंट, मेंटन में हमारे साथ जुड़ सकते हो या बाद में पेरिस में। क्या तुमको किसी तरह से यह सम्भव दिखता है कि तुम अपनी एक या दो पेंटिंग भेज सको? मेरा मतलब वाटर कलर पेंटिंग से है जिन्हें कि तुम मोड़ सकते हो? समझ गये न जापानी काग़ज़ पर बनाये गये?

प्यार रेणु-कृष्ण,

रज़ा

○○

२ दिसम्बर, १९६२
न्यूयॉर्क से

मेरे प्रिय रज़ा,

जब से मुझे तुम्हारी चिट्ठी मिली है तभी से मैं तुम्हारे बारे में सोच रहा हूँ और अगर मुझे कुछ ज़रूरी काम नियत समय पर पूरा नहीं करना होता तो मैंने तुमको बहुत पहले ही लिखा होता, सबसे मुख्य काम था कि गैलरी ६३[१] की प्रदर्शनी के लिए पर्याप्त पेंटिंग बना सकूँ। मैंने २८ तारीख़ को गैलरी को पाँच पेंटिंग दी, रेणु और मैं २९ तारीख़ को न्यू लन्दन के लिए निकल गये और मैं तुमको वहीं से चिट्ठी भेज रहा हूँ। हम कल न्यूयॉर्क लौट जायेंगे और मुझे सन्देह है कि मैं इसको यहाँ पूरा नहीं कर पाऊँगा और वापस आते ही मैं पूरा कर लूँगा। मुझे इस कॉलेज में आकर यहाँ के ललित कला सप्ताह में हिस्सा लेने के लिए कहा गया है और मैं व्याख्यान दे रहा हूँ, कैलिफ़ोर्निया के प्रदर्शन से बहुत ही बेहतर। मेरे रेखाचित्रों की भी एक प्रदर्शनी आयोजित हुई, वह अच्छी लग रही थी, चाहे यह बात मैं ख़ुद ही क्यों न कहूँ।

१. समूह प्रदर्शनी : समकालीन भारतीय चित्रकार, गैलरी ६३, न्यू यॉर्क

OO

३ दिसम्बर

जैसा कि मुझे शक था मैं न्यू लन्दन में इस चिट्ठी को पूरा नहीं कर पाया और अब इसको ठीक से लिखूँगा क्योंकि अब हम लौट आये हैं और अब ध्यान भटकाने का मेरे ऊपर कोई तात्कालिक दबाव नहीं है। जाहिर है, चीन के साथ इस परेशानी के कारण अजीब तरह से भयानक सा महसूस हो रहा है, और जैसा कि तुमने कहा इसकी वजह से एकाग्र होने में मुश्किल आ रही है। लेकिन जैसा कि पण्डित जी ने कहा कि यह सब बहुत दिनों तक चलने वाला है और इसके साथ जीना सीख लेना चाहिए। तुम्हारे और अकबर की तरह मुझे भी बहुत दुःख हुआ और हालाँकि फ़िलहाल किसी तरह का वैमनस्य नहीं है लेकिन कोई यह मानकर नहीं चल सकता है कि भविष्य में भी नहीं होगा। मैं यक़ीनन यह नहीं कह सकता हूँ कि हमारी सरकार जल्दी ही फिर से फसाद न शुरू कर दे या फिर कुछ तैयारी के बाद जब उसको यह लगे कि उसने अब पर्याप्त शक्ति अर्जित कर ली है। जो भी हो, एक बात पक्की है कि हमारी आर्थिक प्रगति को इससे नुकसान होगा और प्रतिरक्षा के खाते में बहुत ख़र्च करना होगा। बहुत सारी सूक्ष्म बातें हैं जिनको ध्यान में रखना होगा, कम से कम इस अर्थ में कि वे दबाव और प्रभाव पैदा करेंगे। अगर हम कश्मीर को लेकर पाकिस्तान के साथ किसी सम्मानजनक समझौते पर आ सकें और उसको अपना दोस्त बना सकें तो इससे हम दोनों का ही फ़ायदा होगा। मुझे लगता है कि यह उतना आसान और उम्मीद भरा नहीं होगा जितना कि लोग सोचते हैं, ख़ासकर इसलिए क्योंकि दोनों देशों के बीच बहुत अधिक अविश्वास का माहौल है। दोनों ही तरफ़ के शिक्षित और समझदार लोग, मुझे यह कहना पड़ता है कि बहुत कम हैं। क्या तुम इस बात की कल्पना कर सकते हो कि पाकिस्तान हमें अपना सबसे बड़ा दुश्मन समझता है। और अब वे यह कह रहे हैं कि उन्हें साम्यवाद से कोई परेशानी नहीं है। दूसरे, चीन और रूस के बीच की जो टूट है वह बहुत

मायने रख सकता है। हमें एक निष्पक्ष देश बनना चाहिये (ताकि पश्चिम और रूस दोनों से ही फ़ायदा लिया जा सके) और ऐसा लगता है कि अभी जो हालत है उसमें पश्चिम भी हमारा साथ दे सकता है। अगर अधिक बड़ी टूट हुई जो बढ़ती जा रही है, तो चीन को पेट्रोल के बिना गुज़ारा करना पड़ेगा जो उसको रूस देता है। मुझे लगता है कि चीन ने इन्हीं पहलुओं को देखते हुए पीछे हटने का फ़ैसला किया। यह कोई हमारे प्रति उदारता के कारण नहीं था। मुझे यह नहीं लगता है कि चीन भारत को जीतना चाहता था या चाहता है। लद्दाख में ज़मीन के जिस टुकड़े के ऊपर वह दावा कर रहा है वह असल में किसी भी पक्ष का था ही नहीं, या फिर उसके लिए बढ़-चढ़कर दावे नहीं किये गये थे। इसलिए विवाद के वास्तविक कारण हैं। हालाँकि, कोई भी इस बात से सहमत नहीं हो सकता है कि चीन ने जो तरीक़ा अपनाया था वह उचित था। जहाँ तक हार के कारण अपमान को सहन करने की बात है तो मुझे लगता है कि हमारे बहादुर लड़ाकों एवं सिपाहियों के साहस के ऊपर कभी भी सवाल नहीं उठाया गया। अपने नेताओं के ऊपर मुझे गुस्सा आता है और मैं छला गया महसूस करता हूँ जब वे हमारी शक्ति को लेकर इतना हो हल्ला मचा रहे हैं, जबकि उनको भी पता है कि हम तैयार नहीं थे। ऐसा लगता है कि कम से कम एक बार पूरे देश में आम राय है और यहाँ तक कि साम्यवादियों ने भी खुलकर चीन के ऊपर हमला बोला है। तुमने और अकबर, दोनों ने, यह पूछा है कि हमें एक अच्छे नागरिक के रूप में क्या करना चाहिए—क्या हम सभी को सेना में शामिल हो जाना चाहिए? या पोस्टर बनाना शुरू कर देना चाहिये या हथियार बनाना चाहिए? मैं तुमसे पूछता हूँ, अगर हालात लम्बे समय तक ऐसे ही बने रहे तो क्या हम तैयार हैं (या क्या ऐसा सोचना सही भी है) कि हम कला छोड़कर सैनिक बन जायँ? अगर जवाब हाँ में है तो लम्बे समय तक चलने वाले संकट काल में कोई कलाकार रहना ही नहीं चाहिए। अगर राष्ट्रीय स्तर पर यह आह्वान किया गया कि हमारी आयु वालों को दो या तीन साल के लिए शामिल होना है तब ऐसा कोई सवाल ही नहीं है कि हमें क्या करना चाहिए। चूँकि हमारे राजनीतिक एवं आर्थिक भाग्य का निर्धारण हमारे नेताओं द्वारा किया जाता है, जिनका चुनाव जनतान्त्रिक तरीक़े से किया जाता है, उनको यह कहने दो कि क्या ज़रूरत है या क्या चाहिए। मैं यह नहीं मानता हूँ कि संकट के काल में समाज की गतिविधि को रोक दिया जाना चाहिए। इसके

विपरीत, उसको ऐसी गतिविधियों को जारी रखना चाहिये जो जीवन में हमारे मूल्यों के ऊपर बल देने वाले हों। मैं इस बात से सहमत हूँ कि हमें जितनी हो सके और जितनी जल्दी हो सके राशि जुटानी चाहिए। हमें सावधान रहना चाहिये कि जल्दबाजी में कुछ गड़बड़ न हो जाय। तुम मेरी दो पेंटिंग को उस प्रदर्शनी के लिए ज़रूर ले सकते हो जो तुम पेरिस में कोष जुटाने के लिए आयोजित करने वाले हो। अगर कृष्णा राजी है, और मुझे पक्का लगता है कि वह राजी हो जायेगी, तो उसके पास जो पेंटिंग है वह भी ले लो और उनको भी शामिल कर लो। तुम उसको मेरी तरफ़ से कह सकते हो कि मैं उसकी जगह उसकी पसन्द की दूसरी पेंटिंग दे दूँगा। इसके अलावा, अगर तुम काग़ज़ पर बनायी गयी मेरी पेंटिंग चाहते हो तो तुम उसको भी शामिल कर सकते हो, मैं तुमको भेज दूँगा, मुझे वह तिथि ज़रूर बता देना जिस दिन उसको वहाँ पहुँच जाना चाहिए। तैयब को भी एक पेंटिंग भेजने के लिए कह दो। जहाँ तक तुम्हारा यह सुझाव कि धन जुटाने के लिए यहाँ एक प्रदर्शनी का आयोजन किया जाय तो मैंने ज़रूरी पूछताछ की है और मुझे इन बातों का पता चला है :

१. मिसेज क्रास्ने ने गैलरी ६३ को छोड़ दिया है और फ़िलहाल मिसेज गर्स्त उसका कामधाम देखती हैं। उनके साथ कुछ भी तय कर पाना बहुत मुश्किल है। मैं तुमको इस बात से आश्वस्त करना चाहता हूँ कि वह तुम्हारी नज़दीकी दोस्त ममे लारा से भी बुरी हैं, १ हज़ार डॉलर से अधिक भारत से पेंटिंग लाने का ख़र्चा चुकाकर उन्होंने पेंटिंग हासिल की है, जिनको वह शायद ही छोड़ना चाहें। भारत से उनका कोई ख़ास लगाव नहीं है लेकिन पैसे से बहुत मोह है। पैंसठ या सत्तर पेंटिंग्स में से गैलरी महज़ २२ या २३ पेंटिंग्स को ही टाँग पायेगी। मुझे लगता है कि अन्त में यह होगा कि पेंटिंग्स को चलन्त प्रदर्शनी के लिए भेजा जायेगा या इंस्टिट्यूट ऑफ़ कंटेम्परी आर्ट्स में उसका प्रदर्शन किया जायेगा, और किसी तरह की बिक्री हुई तो गैलरी ६३ उसका ज़िम्मा उठायेगी।

२. हम कलाकारों को दो में से एक चीज़ करनी चाहिए, या दोनों, अगर हम सहमत हों और सच में करना चाहते हैं :

(क) बिक्री से जो भी आय हो हम सारी राशि कोष में दे दें।

(ख) आइसीए की प्रदर्शनी के बाद हम एक प्रदर्शनी का आयोजन करें

या प्रदर्शनियों की शृंखला का आयोजन करें और इस बात की स्पष्ट रूप से घोषणा कर दें कि हम कोष के लिए धन जुटाने के लिए ऐसा कर रहे हैं। यह प्रदर्शनी एक समिति के द्वारा आयोजित की जा सकती है इस उद्देश्य के लिए जिसका गठन हो चुका है। इसमें हमारे कौंसल जेनेरल, श्री सुनील राय, जो कि मेरे पुराने दोस्त हैं, गोपाल मेनन, एब वेसब्लाट, पॉल शर्बर्ट तथा भारत के कई पूर्व राजदूत हैं। अगर इस समिति द्वारा किसी प्रदर्शनी का आयोजन किया गया तो उसकी सफलता के ऊपर भरोसा किया जा सकता है।

मेरा एक और विचार है, तथा तुम और अकबर अगर इसके लिए तैयार हो, और पेरिस में कुछ और लोगों को इसके लिए तैयार कर सको तो, यह ज़रूर सफल हो जायेगी। योजना यह है कि हम तीनों हुसेन और अन्य कलाकारों की पेंटिंग, जो एब वेसब्लाट के पास है, अगर उससे हम ले सकें तो हम अपनी तरफ़ से प्रदर्शनी का आयोजन कर सकते हैं। मुझे पक्का लगता है कि वहाँ के राजदूत पेरिस से उसको लाने का इन्तज़ाम कर सकते हैं। इसके बारे में तुम क्या कहते हो? मुझे लगता है कि बजाय इन्तज़ार करने के कि योजना १ एवं योजना २ की सभी आवश्यकताएँ पूरी हो जायँ यह करना अधिक बेहतर होगा। अकबर से तत्काल सम्पर्क करो और मुझे बताओ। साथ ही उसको यह चिट्ठी भी दिखा देना। मैंने उसको लिखा था लेकिन बहुत जल्दबाजी में लिखा था इसलिए हो सकता है कि मैं अपनी बात को स्पष्ट नहीं कर पाया या हो सकता है कि मैंने उन बातों के ऊपर अधिक जोर दिया हो जिनकी कोई ज़रूरत नहीं थी।

चीन का यह सारा मामला कम से कम उलझन भरा तो है ही, और यह सब लिखने का कारण यह है कि मैं अपने दिमाग़ में यह साफ़ कर सकूँ कि मैं सोच क्या रहा हूँ। अकबर से भी मुझे लिखने के लिए कहना। वह एक ऐसा इन्सान है जिसके विचारों और मूल्यों को मैं सच्चा और सार्थक मानता हूँ।

आज मैंने गैलरी ६३ में यह पता करने के लिए फ़ोन किया कि क्या मैं इन पेंटिंग्स के चयन और उसको टाँगने में किसी तरह की मदद कर सकता हूँ तो मुझे न कह दिया गया; वे किसी तरह का हस्तक्षेप नहीं चाहते। साफ़ कहूँ तो मुझे के गैलरी से कोई ख़ास उम्मीद नहीं है। उनकी शुरुआत बेहद

कमज़ोर प्रदर्शनियों से हुई थी और मुझे लगता है कि हमारी प्रदर्शनी बहुत अच्छी होने वाली है। देखते हैं कि क्या होता है। वह बदमाश औरत मुझे दूसरों की पेंटिंग नहीं देखने देगी, इसलिए मुझे लगता है कि मैं भी उनको दूसरों की तरह उद्घाटन के मौक़े पर ही देख पाऊँगा। प्रसंगवश, जॉर्ज बुचर, जो कि भारत का विशेषज्ञ है, ब्रोशर उसी ने लिखा है, उसने अपने दोस्त अविनाश के कुछ जल रंग भी भेजे हैं, जिनको मैं अभी तक देख नहीं पाया हूँ। लक्ष्मी सहारे ने देखा है और उन्होंने ही मुझे उनके बारे में बताया था। वह वहाँ था और हमने उससे बहुत देर तक बातें कीं। वह मज़ेदार इन्सान है, उसको बस अपने आप को लेकर और अपने विचारों को लेकर बस थोड़ा गुमान है और कला इतिहास के सभी कट्टर लोगों की तरह प्रभाव की बात करने पर उसका पारा चढ़ जाता है। यह गतिविधि अच्छी है, और, लेकिन इसका नतीजा यह है कि मुझे कला का मूल्य समझ में नहीं आ रहा है। बहरहाल, वह एक प्रेरक व्यक्तित्व है। मैं उसके साथ आधुनिक कला के संग्रहालय में जा रहा हूँ और उसके बाद गुरुवार को हम प्रोफ़ेसर गोल्डवाटर का व्याख्यान साथ सुनने के लिए जायेंगे।

मैं स्वामी से भी मिल रहा हूँ। मैं उससे और उसकी उपलब्धियों से बहुत प्रभावित हूँ, हालाँकि मुझे लगता है कि वह अपनी पेंटिंग से कोई पद्धति ईजाद करने की दिशा में है। लेकिन वह बहुत अच्छे संवेदन वाला है। अजीब बात यह है कि चीन के आक्रमण की घटना का उसके ऊपर कोई प्रभाव नहीं पड़ा। यह उसको किसी भी तरह से प्रभावित नहीं करता। इसका क्या मतलब तुमको लगता है? अच्छा प्यारे बच्चे, इन घटनाओं और गुज़रते समय को लेकर इतने हताश नहीं हो, फ़ैशन में जो अस्थायी बदलाव होता है उससे ऊपरी चमक-दमक वाले तो बदल जायेंगे, लेकिन जो गम्भीर होंगे उनको अपने नज़रिये के ऊपर कायम रहना चाहिए। मैं पॉप कला से बहुत ऊब गया हूँ।

हम दोनों की तरफ़ से तुमको और ज़ानीन को बहुत सारा प्यार और लिखना ज़रूर—इससे मुझे और तुमको, दोनों को ही, मदद मिलती है।

सदा की तरह,

कृष्ण

○○

८ दिसम्बर, १९६२
पेरिस

मेरे प्रिय कृष्ण, मेरी प्रिय रेणु,

तुम्हारी चिट्ठी, जिसका बहुत बेताबी से इन्तज़ार था—आज सुबह ही मिली। जाहिर है, अकबर ने मेंटन से लौटने के बाद तुम्हारी चिट्ठी दिखायी थी। हमने दक्षिण में कुछ सप्ताह गुज़ारे जिससे हमको अच्छा लगा। हालाँकि, मेरे लिए, बुनियादी तौर पर कुछ भी नहीं बदला है। मुझे सकारात्मक रूप से यह लगता है कि यहाँ जितने भारतीय हैं उनको चीन के साथ युद्ध एक क्रूर सत्य की तरह लगता है, एक तरह से उस दर्द भरे अनुभव की तरह से जिससे किसी को गुज़रना पड़े। ख़ुशी की बात है कि ऐसे भी लोग हैं जो अधिक चिन्तित हैं। मेरे लिए चीन की लाल सेना का प्रदर्शन हताशा का कारण नहीं है, बल्कि हमारे अपने भीतर जो असहायता का भाव है। हालाँकि, ईमानदारी से कहूँ तो अगर कोई आह्वान करे तो सभी शामिल होने के लिए तैयार हैं। ऐसी एकता कभी नहीं रही है। यह इतना सहज लग रहा है, और हो सकता है कि यह इस दुखद कहानी का सबसे अच्छा पहलू है।

एक बार फिर, मेरे लिए हालात अधिक जटिल हैं। हम बस यही कर सकते हैं कि लगातार इसके बारे में जानकारी जुटा सकते हैं, ताकि और अच्छी तरह से समझ सकें। मुझे नहीं लगता है कि हम किसी तरह का निर्णय कर सकते हैं। जिन लोगों को इन कामों के लिए चुना गया है उनको वह निर्णय करने दो जो कि उनको सबसे अच्छा लगता है। निश्चित रूप से उनको अधिक पता है और वे अधिक सक्षम भी हैं। हम, पेंटर के रूप में, किसी भी तरह से पेंटिंग करना बन्द नहीं करेंगे। और हम कभी निष्क्रिय नहीं रहेंगे। हम लोगों को नियमित रूप से पेंटिंग करनी चाहिये और यह कोशिश करनी चाहिये कि हम ऐसे और काम भी करें जो कि

वर्तमान हालात में आवश्यक है। यह कोई बड़ा काम नहीं होने वाला है, लेकिन जो जागरूकता है वह अमूल्य है।

पिछली बार जब मैंने तुमको लिखा था उसके बाद से हालात बेहतर हुए हैं। बहुत सारी योजनाएँ हैं, सभी का लक्ष्य भारतीय रेड क्रॉस को मदद पहुँचाना है। भारतीय विद्यार्थी धन जुटा रहे हैं और शाम को गीत-संगीत आदि के कार्यक्रम आयोजित कर रहे हैं। १६ तारीख़ रविवार के दिन अकबर, भावनागरी, राजेश और हम दोनों फ़ॉयार देस आर्टिस्ट मोंतापेर्नास्से में १२० लोगों के लिए भारतीय खाने का रात्रि भोज आयोजित कर रहे हैं। हम सब भाग ले रहे हैं। ज़ानीन और मैं पोस्टर बना रहे हैं, टिकट बेच रहे हैं, सजावट कर रहे हैं। भारतीय राजदूत का रसोइया बहुत अच्छा खाना बनाता है। भारतीय लड़कियाँ भोजन परोसेंगी। राजदूत, रायबंड्स, क्य द ओसर्य और भारत के बहुत सारे मित्रगण इसमें हिस्सा लेंगे। मार्क वौक्स, जो कि कलाकार के दोस्त हैं और फ़ॉयार देस आर्टिस्ट के मालिक हैं, उन्होंने एक दिन के लिए मुफ़्त में रेस्तरां दे दिया है। यह विचार मूल रूप से अकबर का है।

दूसरी योजना पेंटिंग की प्रदर्शनी की है। यह प्रदर्शनी उन पेंटिंग्स की आयोजित की जायेगी जो भारतीय पेंटर्स द्वारा बनाये गये हैं और जो अपनी पेंटिंग को दान देने के लिए तैयार हैं। इसमें बिक्री से जो भी आय होगी वह भारतीय रेड क्रॉस को दी जायेगी। हम यहाँ रहने वाले फ्रेंच या अन्य विदेशी कलाकारों से सम्पर्क करके यह कह रहे हैं कि वे या तो अपनी पेंटिंग दें या जल रंग दे दें। बिक्री भारतीय दूतावास के घर पर आयोजित की जायेगी। जो पेंटिंग्स नहीं बिकेंगी उनको कलाकारों को वापस कर दिया जायेगा। हालाँकि, इस योजना को अभी अन्तिम रूप दिया जाना है और यह बहुत सारी अन्य बातों के ऊपर निर्भर करेगा। मुझे इस बात की ख़ुशी है कि तुम अपनी उन दो पेंटिंग्स को देने के लिए तैयार हो गये हो जो मेरे पास हैं। अकबर हुसेन की एक पेंटिंग देने की योजना बना रहा है। कृष्णा रायबंड तुम्हारे कैनवास को देने के लिए तैयार हो गयी है। लेकिन बहुत सारी बातें अभी तय होनी हैं। मैं तुमको बाद में लिखूँगा।

जहाँ तक न्यूयॉर्क में इसी तरह की प्रदर्शनी की बात है तो मुझे लगता है कि पिछली चिट्ठी में इस बात को लेकर स्पष्ट नहीं कर पाया था। मेरे कहने का मतलब यह नहीं था कि गैलरी ६३ को जो पेंटिंग्स पहले भेजे

जा चुके थे और जिनको वहाँ ले जाने का ख़र्च गैलरी द्वारा वहन किया गया है, हम उनको बेचें। मेरे कहने का मतलब यह था कि अगर गैलरी ६३ और कलाकार मान जायँ तो उसका कुछ हिस्सा दिया जा सकता है। हालाँकि, पेंटिंग को कस्टम ने छोड़ दिया है और इसमें किसी तरह का बदलाव नहीं हो सकता : बिक्री की राशि फ्रांस और उन शहरों में आनी चाहिये जहाँ से पेंटिंग्स भेजी गयी हैं। मैं यह पत्र इस बात को स्पष्ट करने के लिए लिख रहा हूँ। मुझे लगता है कि सबसे अच्छा यह रहेगा कि अगर ज़रूरत हुई तो एक अलग प्रदर्शनी का आयोजन किया जा सकता है, फ़रवरी १९६३ में न्यूयॉर्क में, जिसमें हम सभी शामिल हो सकते हैं। जाहिर है, अगर हम सब ने ऐसा फ़ैसला किया तो। इस उद्देश्य के लिए प्रदर्शनी अगर आयोजित होती है तो वह जनवरी में होगी। दोस्तों को लगता है कि इसको जल्दी आयोजित किया जाना चाहिए, लेकिन हम पिकासो और शागाल के साथ ही कुछ महत्त्वपूर्ण फ्रेंच पेंटर्स को बुलाना चाहते हैं, और इसलिए समय ज़रूरी होगा।

यह चिट्ठी अजीब तरह की पच्चीकारी जैसी है। उम्मीद करता हूँ कि यह पढ़े जाने लायक हो जाय। कल एब रात के खाने के लिए आ रहा है। मैं फिर लिखूँगा। गैलरी ६३ के समाचार के लिए शुक्रिया। मिसेज कोराजनर के बिना सब गड़बड़ होने वाला है। हमें विस्तार से सब बताते रहना।

प्यार,

रज़ा

○○

१९६३

मेरे प्रिय रज़ा,

जब तुम ४ दिसम्बर को गोर्बियो पहुँचोगे तो यह चिट्ठी तुम्हारे इन्तज़ार में रहेगी। काश! मुझे तब तुम्हारा पता पता होता तो यह सीधे वहीं गयी होती। चूँकि इसमें कोई ऐसी तत्काल वाली कोई बात नहीं है इसलिए मुझे लगता है कि यह ठीक ही है कि यह चिट्ठी वहाँ तुम्हारा और ज़ानीन का इन्तज़ार करती हुई मिले।

तुम दोनों मेरे दिमाग़ में अकसर आते रहे, हालाँकि मैंने कुछ नहीं लिखा जो इस बात को खण्डित कर देता है। मैं लिखना तो चाहता रहता था लेकिन काम से घिरा हुआ था। मैं बहुत अधिक पेंटिंग कर रहा हूँ और रेखांकन भी कर रहा हूँ। भाग्य अभी भी साथ दे रहा है और यहाँ मैंने दो बड़े तैल चित्र बनाये थे वे बिक गये, मैं और भी बेच सकता था लेकिन मेरी पेंटिंग की क़ीमतों ने उन लोगों को रोक दिया जो रेस में इतने पैसे हारने में दो बार भी नहीं सोचते। हालाँकि अभी तक दो बड़े तैल चित्र, इंक पेंटिंग्स (मोरिस ग्रेव्स) और एक रेखाचित्र बिक चुका है, जो दो महीने के प्रयासों के लिहाज़ से हतोत्साहित करने वाला नहीं है, ख़ासकर इसलिए भी कि मैंने उनको बेचने के लिए जरा भी कोशिश नहीं की। यह कोई बुरी बात नहीं है कि किसी का रात का खाना पका बना रहे।

मैं एक सुन्दर युवती से स्लाइड्स लेने गया था (मैं देख सकता हूँ कि तुम मुस्कुरा रहे हो), उससे मैं एक डिनर पार्टी में मिला था और जानते हो मैंने क्या देखा—१९५१ की बनायी रज़ा की पेंटिंग। वह इस बात से ख़ुश थी कि मैंने उसे पहचान लिया और जब मैंने उसको यह बताया कि मैं तुमको कितनी अच्छी तरह जानता हूँ तो हम अच्छे दोस्त बन गये। तो समझे बुजुर्ग इन्सान, मैंने अपने 'मशहूर दोस्त' का फ़ायदा उठा लिया। उसने मुझे बताया कि ममे कितनी बड़ी कमीनी है। लारा विंसी भी थी और किस तरह

से उन लोगों को एक तरह से गिड़गिड़ा कर कहना पड़ा कि वह उसको ख़रीद ले। वह पेंटिंग, जो मेरी पसन्दीदा पेंटिंग्स में नहीं थी, वह काग़ज़ के ढाई गुना आकार की थी और उसको ख़रीदने वालों का नाम था श्री और श्रीमती हैण्डलर। तब तक मैं यह पता कर लूँगा कि उन्होंने क्या क़ीमत दी।

पिछले कुछ दिनों से हालात बहुत हताशा भरे रहे हैं और लोगों को इस बात के लिए मजबूर किया जा रहा है कि वे आवश्यक रूप से पहचानें कि एक बर्बर और हिंसक समाज के ऊपर सभ्यता का पर्दा कितना हल्का है। दुखी होने का कोई मतलब नहीं है। जैसा कि जीसस क्राइस्ट ने कहा था, 'मृतक को दफ़ना कर मृतक को गुज़र जाने दो', हम लोगों को आगे बढ़कर काम करते रहना है।

राहत की बात यह है कि मुझे नियमित रूप से पढ़ाना नहीं पड़ता है। अभी तक मैंने एक ही व्याख्यान दिया है और बस एक कक्षा ली है, जिसका नतीजा यह है कि अभी तक मैंने क़रीब सात पेंटिंग बना ली है और काफ़ी सारा रेखांकन किया है। अभी भी मेरे पास कुछ कैनवास पड़े हुए हैं और बहुत सारा पेंट भी है। तुम जो पेंट की ट्यूब मेरे इस्तेमाल के लिए छोड़ गये थे वे अभी भी काम आ रहे हैं, यह सोचना अजीब है कि मैंने कितनी बार तुम्हारे पेंट्स, तुम्हारे कैनवास तथा तुम्हारे स्टूडियो का उपयोग किया है, लेकिन तुम्हारी प्रेरणा का नहीं!

मैं कोशिश कर रहा हूँ कि जब तक मैं यहाँ हूँ तब तक अकबर भी यहाँ आ जाय। इससे ख़र्च कम पड़ेगा और उसको मैं यहाँ कुछ मज़ेदार लोगों से मिलवा भी दूँगा। वाशिंगटन में २९ तारीख़ को उसकी प्रदर्शनी का उद्घाटन है, उस दिन मैं उसके लिए जा रहा हूँ।

वहाँ देश में कौंसिल की गतिविधियों में बहुत गड़बड़ी फैली हुई है। सभी—ऐसा लगता है कि—हुसेन के ऊपर निशाना साध रहे हैं तथा सभी बाल और गाय को बचाने में लगे हुए हैं, जिनमें लगता है कि न्यूयॉर्क में जो अगली भित्ति चित्रकारी होने वाली है, उसके लिए होड़ मची हुई है। साफ़ कहूँ, तो मैं इससे परेशान हो चुका हूँ, जबकि यह इस समय घर में हमारे जीवन का हिस्सा है। इसके बारे में मैंने विस्तार से अकबर को लिखा है। अगर तुम्हारी इसमें दिलचस्पी हो तो उससे मेरी चिट्ठी ले लेना।

मैं इस सबसे दूर रहकर पूरी तरह से ख़ुश हूँ और चुपचाप पेंटिंग कर रहा हूँ। मुझे यह जीवन पसन्द है, हालाँकि काश रेणु और बच्चे भी यहाँ आये होते। एक बात तो पक्की है—मुझे हमेशा ऐसे दौर चाहिये होंगे जिसमें मैं पूरी तरह से ख़ामोश रहूँ, मैं अपने आप में रहूँ और किसी भी तरह की दख़ल न हो उसमें। दुःख की बात यह है कि वैसे मुझे यह लगता है कि हम जहाँ रहते हैं वह जगह ठीक है लेकिन वहाँ शान्ति और काम करने के माहौल की वहाँ पूरी तरह से कमी है। हो सकता है जब तुम और अकबर लौट आओ तो मुझे और कुछ नहीं चाहिए। तुम्हारी छुट्टियाँ कैसी रही? उम्मीद करता हूँ कि तुम दोनों ही अच्छे हो। मेरी तरफ़ से ज़ानीन को दोनों गालों पर चूम लेना और तुमको जोर की झप्पी। मुझे जल्दी लिखना।

तुम दोनों को ढेर सारा प्यार,

कृष्ण

OO

१९ फ़रवरी, १९६३

मेरे प्रिय कृष्ण,

कोई ख़बर नहीं। यह साफ़ तौर पर उदास करने वाला है। क्या तुम ख़ूब पेंटिंग कर रहे हो या व्याख्यान दे रहे हो ? मुझे लगता है हमें इसका आदी हो जाना चाहिये कि सही समय पर छोटे-छोटे नोट्स भेजे जायँ, बजाय इसके लम्बी चिट्ठी लिखने के लिए मूड का इन्तज़ार किया जाय। तुम सहमत हो ? मुझे रोज़ कार्ड की याद आती है जिसका आविष्कार गाँधी जी ने किया था। उनको ज़रूर उसकी ज़रूरत महसूस हुई होगी। क्या हम उनके उदाहरण से प्रेरणा लेकर एक-दूसरे को एक पन्ने की छोटी चिट्ठियाँ उस तरह के काग़ज़ पर लिखें जिस तरह के काग़ज़ का मैंने आज इस्तेमाल किया है ? मुझे लगता है कि यह अच्छा रहेगा और भले ही इसे हम कायदा न बनायें।

सब कैसा है ? क्या तुमको मेरी पिछली चिट्ठी मिली थी ? क्या तुम एशिया सोसाइटी की प्रदर्शनी में प्रदर्शित कर रहे हो या अपनी प्रदर्शनी की तैयारी कर रहे हो ? अमेरिका में तुम कितने रहने वाले हो ? अगर मुझे सही सही याद है तो तुम मार्च या अप्रैल में फ्रांस आ रहे हो। एब की एक चिट्ठी आयी है जिसमें उसने लिखा है कि वह मार्च के पहले सप्ताह में यहाँ रहने वाला है।

अकबर बम्बई में है। कोई ख़बर नहीं। काश! वह लिखता। पहले मुझे घर की याद कभी नहीं आयी। भारत से अन्तिम मेहमान जो आया था वह राम कुमार था। अगर वह हमारा मेहमान नहीं बना होता तो मैं उसकी जान ले लेता। वह अजीब तरह का अहमक है : दम्भ का दिखावा करने वाला। हालाँकि, मैंने उसको थोड़ा अपना दिमाग़ दे दिया था और मुझे पक्का लगता है कि वह हमारे यहाँ अब कभी नहीं आयेगा।

ज़ानीन ने कहा कि मैं भावुक था। हमने तुम्हारे बारे में सोचा। तुमने भी

यही कहा होता। मैंने कहा कि ये लोग मुझे पागल कर देंगे। इससे अच्छा होता कि मैं कहीं बाहर होता। कुमार अमेरिका में और छः महीने रहने वाला है, इसलिए सावधान रहना। या बल्कि इसका ध्यान रखना कि उसके पैसों पर मज़े करो। निजी तौर पर, मैं बहुत चीज़ों का मज़ा नहीं ले सकता। इसमें कोई शक नहीं कि ख़ूब मज़ा आता है, लेकिन इससे वे सभी लोग जुड़े होते हैं आप जिनसे प्यार करते हैं; इसके अलावा चिढ़ होती है और तुम ख़ुद को कहने से रोक नहीं पाते।

लन्दन से बुरी ख़बर है : मैनुएल फर्नांडीज बहुत गम्भीर रूप से बीमार है। उसको मेनिनजाईटिस टी.बी. है और वह अर्ध-बेहोशी की हालत में पिछले दो सप्ताह से है। अस्पताल की विशेषज्ञता उस ख़ास तरह की बीमारी में है और राहत की यही बात है कि वह इससे बेहतर हाथों में नहीं हो सकता था। मैंने अपने भाई, फरीदा और कोएल्हो को कई चिट्ठियाँ लिखी हैं, जिनमें उसके स्वास्थ्य के बारे में जानकारी माँगी है। उसके अभिभावकों को बता दिया गया है। मैंने अकबर को भी लिखा है, उससे कहा है कि वह बाटलीवाला को सूचित कर दे। यह कहना बेकार है कि मैं बहुत दुखी हूँ और हर वक़्त मुझे उसका ख़याल आता रहता है। यह सच में दुःख की बात है कि वैसे शहर में रहकर उसने अपने स्वास्थ्य के प्रति लापरवाही बरती जहाँ चिकित्सा की सारी सुविधाएँ मुफ़्त हैं। डाक्टरों को यह उम्मीद है कि वे उसको बचा लेंगे लेकिन इलाज छः महीने या उससे अधिक समय तक चलेगा, अगर उसकी प्रतिरोधी क्षमता बेहतर हो जाती है। मैं बस यही कर सकता हूँ कि उम्मीद रखूँ और दुआ करूँ।

सिवाय गैलरी वन लन्दन के कोएल्हो की चिट्ठी के और कोई अच्छी ख़बर नहीं है, जिसने विस्तार से सब बताया है। इस बात की पूरी उम्मीद है कि उसको बचा लिया जाय। हालाँकि, उससे मिलने जो लोग भी जाते हैं वह उनको पहचान नहीं पाता है। उम्मीद करता हूँ कि यह चिट्ठी, जो बमुश्किल एक पन्ने की है वह, तुमको आमन्त्रित करती है कि जितनी जल्दी हो उतनी जल्दी जवाब देना। उम्मीद करता हूँ कि तुम और रेणु अच्छे होगे और मैं जल्दी ही तुमको बताऊँगा कि तुम कब यहाँ आने वाले हो। तुमको बैंक से कोई ख़बर मिली जिसने फातिमा को धन भेजा था? पैसे अभी तक मिले नहीं हैं। ये लोग इतने अविश्वसनीय हैं कि मुझे लगता है कि तुम्हारे पास बहुत पक्की सूचना होनी चाहिये और रसीद वग़ैरह ताकि

भविष्य में अगर ज़रूरत पड़े तो अपनी बात को साबित की जा सके। सारी मुश्किलों के लिए माफ़ी।

कृपया ज़रूर लिखना। हम तुम दोनों के बारे में लगातार सोचते रहते हैं।

प्यार,

रज़ा

OO

१४ मई, १९६३
होटल चेल्सिया, कमरा नम्बर २२४
२२२डब्ल्यू २३ स्ट्रीट
न्यूयॉर्क

मेरे प्रिय रज़ा,

मुझे तुम्हारा कार्ड मिला जो लगता है कि मेरी चिट्ठी से पहले तुमने भेजा था। मुझे इस बात की ख़ुशी है कि पैसे भेजने का मामला आख़िरकार सुलट गया; नहीं तो मैं ख़ुद को ज़िम्मेदार महसूस करता और दुखी रहता। मुझे इतनी जल्दी बताने के लिए शुक्रिया। अब तक मेरी योजनाओं ने रूपाकार ले लिया है। इन गर्मियों में मैं घर जा रहा हूँ और हो सकता है कि अगस्त में लौट कर आऊँ। मैं कुछ दिन और बढ़ाने के लिए कोशिश में लगा हूँ ताकि मैं यहाँ (वाशिंगटन में) अगले साल आऊँ, चाहे फ़रवरी में या सितम्बर में। इससे मुझे अपने परिवार के साथ रहने का अधिक समय मिल जायेगा, जिसकी बहुत ज़रूरत है। जहाँ तक ख़र्चों की बात है तो मैंने बहुत अच्छा किया है। मैंने अपनी सारी पेंटिंग्स बेच दी है, सारे रेखांकन और इंक पेंटिग्स भी, और अब मैं अपने माता पिता और बच्चों से मिलने जा सकता हूँ। रेणु १० को चली गयी, जैसा कि वह चाहती थी, उसको स्कॉटलैण्ड में अपने बहुत सारे दोस्तों से मिलना था। मैं यहाँ से २० तारीख़ को निकलकर उससे लन्दन में २१ मई को मिलूँगा। बीइए की फ्लाइट ३४४ से हम २४ मई को लन्दन से निकल लेंगे। लन्दन से १२ बजे निकलकर १ बजे पेरिस पहुँचूँगा। पेरिस आने का हमारा एक ही उद्देश्य है—तुमसे, ज़ानीन से, अकबर से मिलना और ज्यां एवं कृष्णा से भी मिलना, अगर वे वहाँ हुए तो। इसलिए बुज़ुर्ग इन्सान, कृपया क्या हमेशा की तरह आसपास में रहने के लिए कोई ठीक-ठाक सा ठिकाना ढूँढ़ दोगे? तुम्हारे साथ चार पूरे दिन बिताने के बाद हम २९ मई को पेरिस से

निकलेंगे। हमेशा की तरह बातचीत करने के लिए कितना कुछ है। क्या अकबर अभी तक लौट आया है? या अभिशप्त सरकार ने उसको वापस नहीं आने दिया? हम इस तरह की वाहियात चीज़ों का सामना करते हैं और इनको हम आज़ादी कहते हैं।

और बातें मिलने पर। अगर किसी कारण से तुम मुझसे सम्पर्क करना चाहो तो मुझे इस पते पर लिखना, द्वारा आर.टी.एफ. स्किनर, जी. ग्रेंज ग्रोव. कैनन बरी, लन्दन, जहाँ हम २० से २४ मई तक रहने वाले हैं। अगर तुमसे कुछ भी सुनने को न मिले तो मैं यह मान लूँगा (एक सच्चे भारतीय की तरह) कि हम तुम्हारे सुरक्षित हाथों में गिरने वाले हैं।

तुम दोनों को बहुत सारा प्यार। मुझे अभी भी स्टूडियो में बहुत कुछ समेटना है—बैग्स, बॉक्स आदि।

मिलने पर बहुत सारी बातें।

सदा की तरह,

कृष्ण

ज्यां और अकबर ज़ानीन की जो पेंटिंग लाये थे वह मुझे अच्छी लगी।

○○

१२ जून, १९६३
रवेंस देल
शिमला २

बहुत प्यारे रज़ा और ज़ानीन,

माफ़ करना कि जब से पेरिस से आया हूँ तब से तुमसे बातचीत नहीं हुई। एथेंस की उड़ान बहुत सुखद थी और वहाँ उतरने पर रेणु को देखना बहुत ही अच्छा था। मैं बुरी तरह से थका हुआ महसूस कर रहा था और मैंने सारा दिन बिस्तर में सोते हुए बिताया। शाम में हम एक ग्रीक त्रासदी का प्रदर्शन देखने के लिए गये जो एक्रोपोलिस की तलहटी में एक पुराने रोमन थियेटर में खेला जा रहा था। वह बहुत ज़बर्दस्त अनुभव था और अगर मैं उसको समझ पाया होता तो वह और भी अच्छा होता। हमने एक दिन कोरिन्थ में बिताया और वहाँ के खण्डहरों में रहे; उस जगह को देखा जहाँ सेंट पॉल ने पहली बार यूरोप में ईसाई धर्म का उपदेश दिया था। सब बहुत दिलचस्प था, लेकिन सच में, अगर मुझे खण्डहरों में बहुत समय बिताना पड़े तो मैं ऊब जाऊँगा और ख़ुद ही खण्डहर हो जाऊँगा।

यह बहुत अच्छा था, सच में बहुत अच्छा था, घर फिर से वापस आना। २ तारीख़ को ४.४० सुबह में मेरा जहाज बम्बई में उतरा, और निश्चित रूप से बाल वहाँ हमसे मिलने के लिए मौजूद था, साथ ही रेणु का भाई भी। हम ख़ूब गर्मजोशी से मिले और हमने बाल के साथ दिन बिताया। मैं यह कहना चाहता हूँ कि मैं उसके हालिया काम से बहुत प्रभावित हुआ—उसके पिछले दो कैनवास ज़बर्दस्त हैं और मुझे लगता है कि वह भारतीय पेंटिंग की एक महत्त्वपूर्ण शक्ति होने वाला है। गाय भी अच्छा है। लेकिन मुझे यह महसूस होता है कि पूरी जटिलता बहुत आसान है और काफ़ी नहीं है। लेकिन अपनी सीमा के भीतर वह नवोन्मेषी है और अग्रगामी भी। जैसा कि अकबर कहता है, ‘उसको आगे बढ़ाये जाने की आवश्यकता नहीं है, वह

इतना समकालीन है कि वह अपने आप बढ़ जायेगा।'

मैं दिल्ली में राम से नहीं मिल पाया क्योंकि वह श्रीनगर में है। सतीश गुज़राल और उसकी पत्नी यहाँ थे और मैंने उसके साथ पूरा दिन बिताया था। ख़ूब बातें हुईं, उसकी तरफ़ से अधिक मेरी तरफ़ से कम। एक तरह से यह इसलिए भी था क्योंकि मैं बाहर से आया था और मैं बोलने से अधिक सुनना चाहता था। वह एक जटिल इन्सान है, असल में बुरा इन्सान नहीं है, लेकिन उसकी जो विकलांगता है उसकी वजह से उसके अपने दिमाग़ में बिला वजह की ग़लतफहमी पैदा हो जाती है। मेरे ऊपर आरोप यह लगाया गया कि मैं हुसेन के साथ कुछ अधिक दोस्ताना हूँ और हम सभी उसको जन नायक बनाने के ज़िम्मेदार थे जो कि वह है। जबकि यह बात सही है कि हम दोस्ताना हैं, लेकिन मुझे यह नहीं समझ में आता है कि मैं या कोई और किस तरह से हुसेन को जनता में नायक बनाने के लिए ज़िम्मेदार हो सकते हैं। वैसे भी इस बात से हमें क्या फ़र्क़ पड़ता है? किस की सार्वजनिक छवि से क्या लेना-देना है? असल में यह सतीश की मुश्किल है, वह बहुत महत्त्वाकांक्षी है और दूसरों की सफलता से जलता भी है। मैंने उसको यह समझाने की कोशिश की कि हमारे बीच किसी तरह की गुटबाजी नहीं है। हमें बहुत सारी प्रदर्शनियों में भाग लेने के लिए कहा गया और हमने भाग लिया। वह यह जानना चाहता था कि उसको क्यों बाहर रखा गया और वह इसी नतीजे पर पहुँचा कि हम में से कोई यह नहीं समझता है कि वह अच्छा है।

जाहिर है, उसने हमारे साथ अपने विचारों का साझा नहीं किया। उसने यह भी कहा कि वह यह सुझाव देने वाला है कि जो भारतीय कलाकार भारत से बाहर रहते हैं उनको ललित कला अकादेमी की उन प्रदर्शनियों में शामिल नहीं किया जाना चाहिये जो कि वह विदेशों में आयोजित करती है। मैंने उससे जानना चाहा कि इसके पीछे उसका कारण क्या है तो उसने कहा कि जो कलाकार विदेश में रहते हैं वे अपने लिए मौक़े बना लेते हैं जो कि यहाँ रहने वाले पेंटर को उपलब्ध नहीं होते। मुझे ऐसा नहीं लगा कि यह किसी तरह का तर्क था और मैंने उसको यह कहा। विदेश में प्रदर्शनी आयोजित करने के पीछे मक़सद कलाकारों को मौक़े उपलब्ध करवाना नहीं होता बल्कि देश को अपना सर्वश्रेष्ठ प्रदर्शित करना होता है। सतीश ने कहा कि हमें निजी दोस्ती को एक तरफ़ करके ईमानदारी से

सोचना चाहिये कि वह अकबर और तुमसे बहुत दोस्ताना था लेकिन उसको यह भी लगता था कि अन्य कलाकारों को भी मौक़े मिलने चाहिए। मुझे लगता है कि इसके ऊपर ललित कला में विचार किया जायेगा। मुझे लगता है कि सान्याल भी इसी तरह से सोचता है। जितना हो सकेगा मैं उतना करूँगा ताकि इसके पीछे कोई औचित्य हो लेकिन ललित कला की समिति में मैं प्रमुख कलाकारों में नहीं हूँ, और सच कहूँ तो मैं चाहता भी नहीं हूँ। मैं अपने तरीक़े से काम करके ख़ुश हूँ। मैं तुमको यह सब इसलिए बता रहा हूँ ताकि तुमको यह पता रहे कि क्या कुछ चल रहा है। मुझे निजी तौर पर यह लगता है कि अगर भविष्य में सतीश को प्रदर्शनियों में शामिल कर लिया गया (भगवान जाने किस तरह) और उसको यह जता दिया गया कि कोई भी उसके ख़िलाफ़ नहीं है तो वह बहुत उपयोगी साबित हो सकता है। वह यह चाहता है कि हम सबको साथ मिलकर एक संस्थान बनाना चाहिये जो कि बाद में आधुनिक कला का संग्रहालय बने। उसने कहा कि वह दिल्ली के नगर निगम से दिल्ली के मध्य में ज़मीन ले सकता है, और हम सब मिलकर एक संग्रहालय के निर्माण में योगदान करें। ऐसे लोग और संस्थाएँ हैं जो इसके लिए योगदान देना चाहते हैं। यह विचार उससे अलग नहीं था जिसके बारे में हमने पेरिस में बातचीत की थी। इसके बारे में अकबर के साथ बात करना और मुझे अपने विचार से अवगत करवाना। मुझे ऐसा लगता है कि सिर्फ़ योजनाएँ बनाने के बजाय हमें कुछ करना चाहिए।

ऐसा लग रहा है कि कुनिका अब वहाँ से जाने वाली है। रिचर्ड, वैसे तो अच्छा है, लेकिन वह बहुत अक्षम है और गैलरी को चलाने के लिए उसके पास कोई नीति नहीं है। जबकि दूसरी तरफ़ कुमार बहुत अच्छा कर रहा है; वह सुलतान अली को भी बेच रहा है जो कि ललित कला में क्लर्क है। मुझे यह बताया गया कि इमरजेंसी के बावजूद पेंटिंग ख़ूब बिक रही हैं।

मैं द स्टेट्समैन और द टाइम्स ऑफ़ इण्डिया की कुछ कतरनें भेज रहा हूँ जिससे कि तुमको और अकबर को बहुत हैरानी होगी। लीसेस्टर की गैलरियों के बन्द होने के बारे में मैंने द स्टेट्समैन में एक पत्र लिखा था जो आज छपा है। मुझे पता नहीं कि अकबर को अपने बारे में वह टिप्पणी कैसी लगेगी जो कि उद्योगपतियों के परिवार से आयी हो। इसी तरह की टिप्पणी लोग मेरे और बैंक के बारे में करते हैं। मैं जल्दी ही अकबर को

भी लिखूँगा। तब तक के लिए उसको और सोलंजे को मेरा प्यार देना। मैं अयाज़ पीरभाय से बम्बई में नहीं मिल पाया। मैंने उससे फ़ोन पर बात करने की कोशिश की लेकिन कोई जवाब नहीं मिला, इसलिए मैंने कॉर्टेरियर्र कैटलॉग बाल के पास छोड़ दिये कि वह अयाज़ को दे दे, और मैंने शिमला पहुँचते ही उसको लिखा था। मैं उसकी चिट्ठी की प्रतीक्षा में हूँ। हो सकता है कि वह अकबर को सीधे लिखे। मैंने उसके साथ प्रदर्शनी में जाने का सवाल भी उठाया। सूज़ा ने बम्बई में गंध मचा दिया है और मैं जिससे भी मिला सब उसकी शोशेबाज़ी के बारे में बातें कर रहे थे। बहरहाल, ऐसा लगता है कि वह काम कर गया और उसकी प्रदर्शनी बिक गयी। इससे मुझे याद आया कि क्या तुम अकबर से कहोगे कि मुझे बुफ़े की पेंटिंग की तस्वीर भेज दे जिसको सूज़ा ने ब्लू प्रिंट की तरह से इस्तेमाल किया। मैं उसको अपने स्टूडियो में छोड़ आया। अविनाश चन्द्र भारत में अपनी सारी दोस्तियाँ तोड़ पाने में सफल हो गया है, उसने शायद यह कहा हो कि उसके अलावा कोई भारतीय पेंटर था ही नहीं जो एक रेखा भी खींच सकता हो।

मैं एक पखवाड़े के क़रीब बाल के साथ गुजारूँगा। मैंने अभी यह फ़ैसला नहीं किया है कि मैं पेरिस कब आऊँगा लेकिन सितम्बर की शुरुआत में कभी आऊँगा। उम्मीद करता हूँ कि तुम और कबर पेरिस में होंगे क्योंकि मेरे वहाँ आने का और कोई कारण नहीं है। मैं वहाँ क़रीब चार दिन रहूँगा, थोड़े दिन। कृपया मुझे बताना कि क्या उस दौरान तुम पेरिस में रहोगे। मैं उसी के हिसाब से योजना बनाना चाहता हूँ।

मैं कोई काम नहीं कर पा रहा हूँ जबकि मैं लगातार रेखाचित्र बना रहा हूँ।

बच्चों को फिर से देखना बहुत अच्छा रहा और हमारा ज़बर्दस्त स्वागत किया गया, मालाओं और फूलों के साथ। अब यह ख़त्म करता हूँ। यह समाचारपत्र की तरह हो गया है—कई बार यह भी उपयोगी होता है। मुझे कुछ अजीब से सवाल रमण की तरफ़ से मिले हैं जिनका मुझे जवाब देना है। तुमको भी यह करना है। तुम दोनों को बहुत प्यार।

हमेशा वही,

कृष्ण

OO

१० जुलाई, १९६३
पेरिस

मेरे प्रिय कृष्ण,

तुम्हारी चिट्ठी का शुक्रिया जिसका हम सभी ने समाचार जानने की भूख के साथ मज़ा उठाया। जिस दिन हमें यह चिट्ठी मिली उस दिन अकबर यहाँ दिन के भोजन के लिए आया था और इसको साझा करते हुए और इन विषयों को लेकर बातचीत करते हुए बहुत मज़ा आया। हालाँकि, उसके बाद से कई दिन बीत गये हैं और हम काम में बहुत व्यस्त रहे। कोलोन में मेरी प्रदर्शनी अच्छी शुरू हुई और मैं नवम्बर या फ़रवरी में सैन फ्रांसिस्को में अगली प्रदर्शनी की तैयारी कर रहा हूँ।

साथ ही, अगले सप्ताह हम गोर्बियो जाने की योजना बना रहे हैं—सोमवार १५ तारीख़ को। हम लोग क़रीब ३ अगस्त के आसपास लौट आयेंगे। नवम्बर या अगले साल अप्रैल में हमें उसकी मरम्मत की बड़ी योजना के ऊपर काम करना है। फ़िलहाल उसको साफ़ किये जाने की ज़रूरत है और पानी लगवाने की। एक-एक करके काम करने में बहुत मज़ा आयेगा, वैसे भी पेरिस से तीन हफ़्ते के लिए दूर रहना अच्छा बदलाव रहेगा और हम अपने जाने की राह देख रहे हैं। जिस पेरिस को हम प्यार करते हैं वह असम्भव होता जा रहा है। जो कुछ चल रहा है उसकी ज़द में रहने के लिए यहाँ रहना बहुत ज़रूरी है, और फिर विशुद्ध व्यावसायिक कारणों से भी। लेकिन गम्भीर काम बहुत कम सम्भव हो पाता है। मुझे लगता है कि काम करने के हालात बहुत मुश्किल हैं, स्टूडियो के लिए जगह की कमी है और बहुत अधिक बाधाएँ हैं। सबसे अच्छा यह होगा कि पेरिस से ५० क़िलोमीटर की दूरी पर एक फार्म हाउस ख़रीद लिया जाय, और उसके बाद गोर्बियो को बनाया जाय। ये दोनों जगहें बुनियादी रूप से काम करने के लिए होंगे न कि सम्पत्ति जुटाने के लिए। वैसे भी यह बहुत साधारण होंगे और जितने

में कोई किराये पर घर ले सकता है उससे भी सस्ता होगा। अगर मैं ऐसी चिट्ठी में इसके बारे में लिख रहा हूँ जिसको जल्दी लिखा जाना है, तो संक्षेप में ही लिख रहा हूँ क्योंकि मुझे यह लगता है कि फ़िलहाल यह मेरे लिए बहुत मायने रखता है। यह गम्भीर बात है जिसका सम्बन्ध काम से है। एक वैज्ञानिक के पास प्रयोगशाला होनी ही चाहिए।

अब कुछ व्यावहारिक बातों की तरफ़ लौटते हैं : मैंने तुम्हारे पत्र में यह पढ़ा कि तुम सितम्बर के आरम्भ में कुछ दिनों के लिए पेरिस आना चाहते हो। हम सब यहीं रहेंगे, अकबर भी। इसलिए जब हवाई जहाज का टिकट कटवा लो तो मुझे बता देना कि तारीख़ें क्या होंगी।

अकबर फ़िलहाल जॉर्ज बुचर के लन्दन भाग गया है। कोई ख़बर नहीं है, लेकिन गणपति जी के सोचने का अपना अलग ही ढंग है। सोचने और काम करने का और असल में इसको लेकर एक गहरा यथार्थ है। मुझे पक्का लगता है कि वापस आने पर वह हमसे सम्पर्क करेगा।

ईमानदारी से कहूँ तो दिल्ली की राजनीति से मैं दुखी हो गया हूँ (कला की दुनिया में)। इस बनिया मानसिकता की निन्दा की जानी चाहिए। किसी को भी हर वक़्त आर्थिक उद्देश्य से या अपने हित में ही काम नहीं करना चाहिये या सोचना नहीं चाहिए। इन्सान की एकमात्र तीव्रता होती है : यह पूर्ण होता है, अगर यह होता भी है तो।

रमण जो चाहता था वह लेख मैंने नहीं लिखा। उसके बजाय मैंने एक चिट्ठी भेज दी है। यह सच और साधारण है, और मुझे लगता है कि मेरे लिए यह सही तरीक़ा है अपनाने का। हालाँकि, यह एक दोस्ताना चिट्ठी है, जिसमें कुछ भी ऐसा नहीं है जो बुरा हो, और मुझे उम्मीद है कि रमण इस बात को समझेगा। मैंने सही समय पर जवाब दिया है।

मैं उम्मीद करता हूँ कि मैं भविष्य में अधिक से अधिक सख़्त होने की कोशिश करूँगा। चाहे जो हो जाय हमें समझौते से ख़ुद को बचाना चाहिए। हमें अपने आपसे कुछ बेहतर यह मूल्यवान है—मेरा जीवन है जैसे जियूँ।

काम कैसा चल रहा है?

जॉर्ज की तरफ़ से चुनौती बस यही रहेगी कि मैं इस साल पहले से भी

बेहतर काम करूँ। मैं लन्दन की प्रदर्शनी में हिस्सा लूँगा। अगर वह एक भद्र आदमी की तरह यह ज़ुबान देता है कि मेरी कलाकृतियों को सही तरह से प्रस्तुत किया जाय। गैलरी वन या गैलरी ६३ की चालाकी के लिए अब अनुमति नहीं दी जायेगी। मेरे पास शायद ही अलग से कोई पेंटिंग है। इस साल गर्मियों में मैं जो भी पेंटिंग बना रहा हूँ डॉ. फिडलर उन सबको पहले ही ख़रीद ले रहे हैं। मेरे पास लन्दन के अप्रैल प्रदर्शनी के लिए महज़ चार महीने हैं, और मैं नहीं चाहता कि बुद्धू बन जाऊँ।

क्या तुमने रेणु से कहा कि ज़ानीन और मैं इस बात से बहुत निराश हुए कि उसने हमारे दिल की गर्मजोशी की जगह ग्रीक आयलैण्ड जाना चुना? इसके अलावा, मुझे यह जानना चाहिये था कि तुम्हारी अमेरिका यात्रा के बारे में उसको क्या लगा?

विस्तार से लिखना। सभी समाचारों और समीक्षाओं में मेरी रुचि रहती है। राम के क्या हाल हैं? मैं ख़ुश हूँ कि तुमको बाल की पेंटिंग पसन्द आयी। मुझे उम्मीद है कि वह अधिकतर समय एक ही काम करता है, और यही उसकी सफलता का रहस्य है।

प्यार,

रज़ा

OO

६ अगस्त, १९६३

३बी मथुरा रोड,
जंगपुरा एक्सटेंशन
नयी दिल्ली

मेरे प्रिय रज़ा,

तुम्हारी चिट्ठी पाकर अच्छा लगा। हमेशा ही अच्छा लगता है, और मुझे इस बात को जानने में बड़ी दिलचस्पी है कि स्टूडियो बनाने की तुम्हारी योजना का क्या चल रहा है। मैं ख़ुद भी एक कमरे में काम कर रहा हूँ जो कि तुम्हारे कमरे से थोड़ा ही बड़ा है; वैसे मैं यह बात शायद ही कह सकता हूँ कि मैं काम कर रहा हूँ क्योंकि मैंने आने के बाद से एक भी पूरा कैनवस नहीं बनाया है। यह कोई मूड की बात नहीं है, बल्कि मैं अपने बच्चों और परिवार में ऐसा लगा रहा कि मेरे लिए पेंटिंग के बारे में सोच पाना भी असम्भव हो गया। हाल में ही मैं पेंटर और शिल्पकारों की एक समिति बनाने के काम में शामिल हुआ और देश के कलाकारों के सामान्य हितों का ध्यान रखा, और यह अकादेमी को इसके लिए रोक सकूँ कि वहाँ प्रोदोश गुप्ता और उनके जैसे लोगों का एकाधिकार न हो। हम लोग कोशिश यह कर रहे हैं कि इस महानुभाव द्वारा आई.ए.पी.ए. के अन्तरराष्ट्रीय सम्मेलन में जाने के लिए बनाये गये प्रतिनिधिमण्डल को जाने से रोका जाय, और सान्याल ने उस प्रतिनिधिमण्डल से इस्तीफ़ा दे दिया है, जो हमारे द्वारा अलग-अलग अख़बारों में लिखे गये पत्रों एवं अख़बारों द्वारा लिखे गये स्वतन्त्र सम्पादकीयों का नतीजा है। मैं बाक़ी लोगों के ऊपर दबाव बनाने वाला हूँ। मैं जानता हूँ कि तुम क्या सोच रहे होगे—इस सब राजनीति के बारे में। मैं तुमसे यह कह सकता हूँ कि मैं इसका आनन्द नहीं उठाता, लेकिन किसी को तो प्रभावी उपाय करने होंगे नहीं तो हम सभी कुचल दिये जायेंगे। मैंने अकबर को अपने सारे काम भेज दिये हैं, और

मुझे पक्का यक़ीन है कि वह अब तक तुमसे इसके बारे में बात कर चुका होगा। पहली बार एक कलाकार के काम को ठीक तरीक़े से संयोजित किया गया है और बजाय ख़राब हालत के बारे में बात करने के यह एक ठोस क़दम की तरह होगा। जब हम मिलेंगे तब मैं तुमको इसके बारे में बताऊँगा। जिससे मेरी इस यात्रा की बात आती है।

मैं ३१ तारीख़ को बम्बई से एडिनबर्ग के लिए हवाई जहाज पकड़ूँगा, जहाँ मेरी भेंट नारायण से होगी जो कि संगीतकारों के प्रतिनिधिमण्डल का नेतृत्व कर रहा है। मैं दस दिसम्बर को पेरिस आने की योजना बना रहा हूँ और वहाँ १४ तारीख़ तक रहूँगा। मुझे लगता है कि यह लम्बे समय की यात्रा करने से कहीं बेहतर होगा। क्या तुम मेरे ठहरने के लिए इन्तज़ाम कर दोगे ? तुम जानते हो कि मुझे कुछ तामझाम नहीं चाहिये और बस रात में सोने के लिए एक जगह ही चाहिए। मैं इसका इन्तज़ाम करने का ज़िम्मा तुम्हारे और अकबर के ऊपर छोड़ता हूँ। मैं लन्दन में जाकर यह तय करूँगा कि किस फ्लाइट से जाऊँगा और मैं या तो तुमको टेलीग्राम कर दूँगा या तुमको फ़ोन कर दूँगा, यह इस बात के ऊपर निर्भर करता है कि मेरे पास पैसे कितने हैं। मैं क़िस्मत वाला हूँ—रिज़र्व बैंक ऑफ़ इण्डिया ने मुझे विदेशी मुद्रा में ५०० दिये हैं, जबकि फ़िलहाल वे किसी को देश के बाहर जाने भी नहीं दे रहे हैं। मुझे कोई मुश्किल नहीं हुई और उन्होंने मेरे पैसों में कोई कमी नहीं की।

अगर तुम मुझसे सम्पर्क करना चाहो तो मेरा पता एवं मेरी तारीख़ें निम्नांकित है :

अगस्त २८-३१ बम्बई द्वारा/ बाल चड्ढा

सितम्बर १-४ द्वारा/ आर डब्ल्यू यंग, २७ मर्चिसटन गार्डेन, एडिनबर्ग १०

सितम्बर ५-८ द्वारा/ विलियम बरिज, ए-७, स्लोआने एवेन्यू मेंशन, स्लोआने एवेन्यू, लन्दन ५ डब्ल्यू३ टेलीफ़ोन : केन ३६७९

सितम्बर ८-१० द्वारा/ ए. बी. ब्रोड, ३६ ओम्दुर्मन रोड, हाई फील्ड, साउथ हैम्पटन। टेलीफ़ोन— ५७४८४

अगर ये तारीख़ें तुमको असहज लगें तो मुझे जल्दी से बता देना। यह अच्छा नहीं लगेगा कि पेरिस जाऊँ और वहाँ तुमको और अकबर को न

पाऊँ। मैं कृष्णा को भी लिख दूँगा और उससे यह कहूँगा कि मैं आ रहा हूँ।

तुम्हारे कॉलिन के कैटलॉग में तुम्हारी दो पेंटिंग्स को फिर से प्रस्तुत किया गया यह देखकर अच्छा लगा और मैंने उनको यहाँ के कुछ कलाकारों को दिखाया। उनके बारे में मैंने गाय और बाल से भी चर्चा की। वे उनको लेकर वैसे उत्साहित नहीं लगे। उनको और बहुत और उम्मीदें थीं; पेंटर अपनी अलग ही स्पष्ट दृष्टि विकसित करते हैं; वे किसी और तरह की पेंटिंग दृष्टि को देख पाने में असम्भव हो जाते हैं।

मैं इस चिट्ठी को भेजने के लिए चिन्तित हूँ। यह सन्तुष्ट करने वाला नहीं है। मुझे लगता है कि कई बार कोई लिख नहीं पाता, और इसलिए मैं माफ़ी चाहूँगा कि यह एक असंगत चिट्ठी हो गयी है और शब्दों का चुनाव सही तरह से नहीं किया गया है। रेणु ने एक स्कूल में पढ़ाना शुरू कर दिया है और वह उसमें व्यस्त रहती है। बच्चे अपने पिता के लिए पिता का चित्र बनाते हुए आनन्दित होते रहते हैं। ज़ानीन और तुम्हारे लिए प्यार!

सदा की तरह,

कृष्ण

OO

८ अक्टूबर, १९६३
वाशिंगटन

मेरे प्रिय रज़ा,

मैं तुम दोनों के बारे में लगातार सोचता रहा जबकि मैं अभी तक लिख नहीं पाया और मुझे डर है कि यह चिट्ठी भी ऐसी नहीं होने वाली है जो किसी एकमात्र उद्देश्य से लिखी गयी हो। इसलिए उसको वैसी चिट्ठी नहीं समझना जिसका इन्तज़ार करने का तुमको अधिकार है; एक या दो दिन में मैं इसके ऊपर विस्तार से लिखूँगा।

'उद्देश्य' यह है। २६ सितम्बर को मैंने अकबर को एक बहुत ज़रूरी विषय में चिट्ठी लिखी थी, और मैंने उससे यह ख़ासतौर पर लिखा था कि वह मुझे लिखकर यह बताये कि उसको उस पते पर मेरी चिट्ठी मिली, क्योंकि उसके बाद मैं उसको वे पैसे भेज पाऊँगा जिसकी उसको ज़रूरत है। मैंने जो पता लिखा था वह था ७ रु ला बुइस, गेरिस, १४ इ। क्या तुम कृपया उससे यह पता लगा लोगे कि उसको मेरी चिट्ठी मिली या नहीं और क्या उस पते पर पैसे भेजने ठीक रहेंगे। सच्चाई यह है कि मैंने उसको भारत से जो तीन चिट्ठियाँ लिखीं वे उसको नहीं मिलीं और इससे मुझे इस बात का शक होता है कि या तो उसके भारत का या फ्रांस का पता बदल गया है। क्या मैं तुम्हारे पते पर पैसे भेज दूँ? मैंने उसको मदद करने का वादा किया था, अब मैं यह नहीं दिखाना चाहता हूँ कि मैं भूल गया था मैं अपने बात से हट रहा हूँ, इसलिए इस मामले को सुलझा दो। इसलिए कृपया या तो उसको लिखने के लिए कहो या तुम ही लिख दो।

जब से मैं यहाँ आया हूँ तभी से काम कर रहा हूँ। मैंने पाँच चित्र बनाये हैं : दो, मुझे लगते हैं कि अच्छे हैं। मैंने अभी तक विद्यार्थियों के साथ काम करना शुरू नहीं किया है, जो कि ठीक है। तुमसे और ज़ानीन से मिलने में मज़ा आया था जबकि वह मुलाक़ात बहुत छोटी रही। प्रसंगवश,

c/o The Art Dept. — The American University — Mass. + Nebraska Aves.
Washington 16, D.C.
8th Oct. 1963.

My dear Raza.
I have thought of you both constantly
though I havent as yet been able to write + I'm
afraid that even this is not going to be a good
letter as it is designed for a single purpose.
Therefore dont consider it as a letter which you
are rightly expecting from me + I shall write
to you at length in a day or two.
The "purpose" is this. I wrote to Akbar
regarding a matter which he is most
concerned with, on the 26th September + I
specifically asked him to write and let me
know if he received my letter at that
address as this would then enable
me to send him some money which he
requires. The address I used was
7 Rue le Bouis, Paris 14e. Would you please
contact him on receiving this and find
out from him if he got my letter + if
it would be in order for me to use the
same address to send the money. The
fact that he never received three of my
letters from India made me suspect
that his mail is being tampered with
either in India or in France. Should I
send the money to you at your address?
Having agreed to help him out I dont
want to appear that I have now
forgotten or am going back — so
please sort this out + either get him,
or write to me as soon as you can.
I am working away +
since coming have painted five
pictures — two are good I think. I
havent started on the students yet
what is just as well.

कृष्णा रिबोंड या अनिल को मेरे यहाँ रहने के बारे में मत बताना और मेरे पेरिस में वापस लौट आने से पहले तुम उनसे मिलने वाले नहीं हो।

उम्मीद है कि एब और उसके परिवार के साथ उस शाम बहुत मज़ा आया होगा। मैं यही सोच रहा था कि काश मैं भी वहाँ होता। इसमें कोई शक नहीं कि अकबर ने तुमको ऑर्ली के प्रसंग के बारे में बताया हो। अगर वे वहाँ नहीं होते तो मुझे नहीं पता कि मैंने क्या किया होता।

उम्मीद करता हूँ कुछ दिनों में तुम्हारी या अकबर की चिट्ठी आये।

ख़ूब सारा प्यार और ज़ानीन के लिए चुम्बन,

कृष्ण

○○

१७ अक्टूबर, १९६३

मेरे प्रिय रज़ा,

अलग-अलग इंक को इस तरह से मिलाना बुरी बात है, लेकिन इसके लिए मुझे माफ़ करना, जिस पेन से मैं लिखता था वह ख़राब हो गया है। मुझे तुम्हारी चिट्ठी पाकर ख़ुशी हुई, हालाँकि वह छोटी थी। मेरी चिट्ठी मिलने के बाद तुमने जिस तरह से प्रयास किये उसके लिए धन्यवाद। जैसा कि तुमने कहा,अकबर ने जो चिट्ठी तुमको लिखी थी ग़लती से डाक में वह चिट्ठी तुम्हारे पास चली गयी है और मैंने जो चिट्ठी तुमको लिखी थी वह कहीं और। मैंने इस बात का ध्यान रख लिया है और जब तक यह चिट्ठी तुम तक पहुँचेगी अकबर के पास चेक पहुँच चुका होगा। इतवार को मैं दो तीन दिनों के लिए न्यूयॉर्क गया था और वहाँ मेरी भेंट हुसेन से हुई। हम दोनों ने सोमवार का ज़्यादातर समय साथ ही बिताया। मेरे ख़याल से मेरा मूड ख़राब था और मैंने अधिक रुचि नहीं दिखायी। दूसरी तरफ़, मैंने महसूस किया कि मेरे और उसके बीच दूरी आ गयी थी, ख़ासकर इसलिए कि उसने वे सारी बातें नहीं बतायीं जो कि उसके लिए बहुत मायने रखती थीं। अगले दिन वह मुझसे मिलने वाला था लेकिन मैंने उसके आने की उम्मीद नहीं की थी। उसने मुझे बताया कि उसने दिल्ली में विश्व स्वास्थ्य संगठन के लिए भित्ति चित्र बनाया था। पता है रज़ा, अचानक मुझे यह बात सूझी कि इस सब बात का कारण यह है कि वह अपना ज़्यादातर समय ऐसे लोगों के साथ बिताता है जो किसी काम के नहीं होते और वे और कुछ नहीं उसकी झूठी तारीफ़ें करते रहते हैं। मुझे यह बात लगती है कि मुझे जो लगता है उसको महसूस हो जाता है। मैं किसी भी निर्णय तक पहुँचने के लिए सक्षम स्थिति में हूँ क्योंकि मैं भी इस तरह के लोगों की सोहबत में रहता था, लेकिन अब मैं इस तरह के लोगों से ऊब चुका हूँ। यह बात तुमको अजीब लग सकती है, और तुम

ही मुझे इस बात के लिए चेतावनी देते हो कि मैं लोगों के बारे में मज़ाक़ की बातें न करूँ, और अभी मुझे इस बात के लिए चिढ़ाते हो कि मैं अरब के ऊँटों को आकर्षित करता रहता हूँ।

शायद तुम मेरे उससे बेहतर दोस्त हो जिस तरह मैं हुसेन का हूँ। मैंने कभी यह सोचा भी नहीं कि तुमने मेरी कृतियों के बारे में कुछ भी ग़लत कहा हो या इन्सान के रूप में मेरे बारे में, तब मुझे ऐसा लगेगा कि मुझे धोखा दिया गया हो। मुझे हालाँकि इस बात का कोई डर नहीं है, और मैं शुक्रगुज़ार हूँ कि मेरे कुछ ईमानदार दोस्त हैं। असल में हुसेन ने अपनी पेंटिंग्स के बारे में कभी भी मेरी राय नहीं माँगी, कम से कम पिछले चार-पाँच सालों में तो नहीं ही माँगी है जिसका मतलब यह है कि मेरी राय जानी हुई है और उसकी कोई ज़रूरत नहीं है। इसलिए मैं अपना बड़ा मुँह क्यों खोलूँ! तुमने जो कहा उससे उल्टा यह कहना चाहता हूँ कि तुमको आकर्षित कर पाने के लिए...मेरे प्यारे बच्चे इस बात को मान लो कि मैं यहाँ आसपास की औरतों में दिलचस्पी नहीं रखता। क्या तुम मुझे उस रूप में याद कर सकते हो जब मैं १९५४ में पेरिस में था? तुमने यह शपथ ली थी कि मैं जाल में फँस जाऊँगा लेकिन मैं उसी आत्मविश्वास के साथ यह कह सकता हूँ कि मैं अब भी नहीं फँसूँगा। मैं किसी सन्त या मोरारजी देसाई की तरह से बात नहीं करना चाहता, लेकिन मैं आकर्षित नहीं होता। ऐसा नहीं है कि मेरी सेक्स की इच्छा नहीं होती, लेकिन मैं अभी भी अपनी पत्नी से बहुत प्यार करता हूँ। सबसे बढ़कर, मेरी दिली रुचि अपने काम में है और वही मेरी सारी ऊर्जा ले लेता है। मेरी बात का यक़ीन करो, मैं हर दिन थक जाता हूँ। हालाँकि, मैं तुमको यह नहीं जताना चाहता हूँ कि मैं किसी आश्रम में रहता हूँ। मैं ऐसी स्थितियों में रहा हूँ जो बहुत उत्तेजक रही हैं, और मैं एक भारतीय अकेला पुरुष, मुझे तो ख़ुशियों के सातवें आसमान में रहना चाहिये था। अब चूँकि मैं उस तरह का जानवर नहीं हूँ इसलिए मुझे इस तरह के हालात से निकलने के रास्ते ढूँढ़ने चाहिए।

मैं धीरे-धीरे काम कर रहा हूँ, अच्छा काम कर रहा हूँ और फ़िलहाल मैं प्रदर्शनी या बेचने के बारे में सोच भी नहीं रहा। यह सब मुझे लगता है कि अपने आप हो जायेगा। जिस महीने में यहाँ आया था उस महीने मैंने पाँच पेंटिंग्स की, जिनमें से दो तो ऐसे हैं जो कि बहुत अच्छे हैं, जहाँ तक मेरी सन्तुष्टि का प्रश्न है। बहुत सारे लोग हैं जो कि ख़रीदना चाहते हैं, लेकिन

मैं उसके बारे में बाद में सोचूँगा। शुक्र की बात यह है मुझे पढ़ाना नहीं है और मैं पूरी तरह से अपने साधनों के ऊपर ही निर्भर हूँ। मैंने एक व्याख्यान सह प्रदर्शन किया था जो बहुत सफल रहा। जो लोग पढ़ाते हैं वे अच्छे हैं और बहुत तेज़ भी, हालाँकि मैं उनमें से सभी को कलाकार नहीं मानता। उनके पास बस सिद्धान्त हैं जिनको वे पेंट करना चाहते हैं। इस अर्थ में, इसलिए उनकी पेंटिंग अगर पेंटिंग होती भी हैं तो उनमें किसी सिद्धान्त या विचार का रेखांकन होता है। पेंटिंग बस करना होता है, सिद्धान्त बनाने का काम बुद्धिजीवियों का होता है और पेंटिंग एक तथ्य के रूप में मान्यता प्राप्त है। यह मज़ेदार था और मुझे इस बात की ख़ुशी है कि तुम उसको देखने के लिए यहाँ थे, नहीं तो मुझे उसका अन्त कभी नहीं सूझा होता। जब मैंने अपना व्याख्यान समाप्त किया तो विद्यार्थी आगे आये और बोले कि क्या वे पेंटिंग्स आदि वापस स्टूडियो तक ले जा सकते थे, और उनमें से एक लड़की ने कहा कि क्या मैं अपना रेखांकन बेचना चाहूँगा। यहाँ मेरे पास दो कमरे हैं, बाथरूम और किचन के साथ, और मेरे पास सभी ज़रूरी सुविधाएँ हैं (सिवाय पत्नी के)। एक कमरे को मैंने अपना स्टूडियो बना लिया है। यह बड़ा है और इसमें बहुत अच्छी रौशनी है। मैं अकेला हूँ और ऐसे रहने में समर्थ हूँ।

न्यूयॉर्क में मेरी सावन्त से मुलाक़ात हुई। मुझे ऐसा महसूस हुआ कि उसको सफलता का थोड़ा गुरूर आ गया था। दिसम्बर में वर्ल्ड हाउस गैलरी में उसकी प्रदर्शनी है और जो मुझे पता चला उससे यही लगता है कि वह दो साल और यहाँ रहना चाहता है। मुझे नहीं लगता है कि वह कभी भारत वापस जायेगा, और अगर उसको जाना पड़ा तो वह नाख़ुश हो जायेगा। यहाँ का जीवन बहुत प्रतिस्पर्धा वाला है और जब आर्थिक हितों की बात आती है तो जंगल का क़ानून ही चलता है। इसी को अमेरिकी चूहा दौड़ कहते हैं। सभी का लक्ष्य सफलता पाना है। सफलता की देवी उनकी लक्ष्मी है। मुझे इस माहौल में हमेशा रहना पड़े तो दुःख होगा, और अच्छी बात यह है कि मुझे सदा रहना नहीं होगा। सावन्त को यह सब अच्छा लगता है, वह न्यूयॉर्क के इस माहौल का हिस्सा है। मुझे लगता है कि सफल होने से भी अधिक ज़रूरी काम हैं, और तमाम कमियों के बावजूद मुझे लगता है कि हमारा माहौल अधिक अनुकूल है। मुझे लगता है कि तुम भी इस बात से सहमत होगे। तुमने सान्याल के बारे

में जो लिखा था मैं वह पढ़ना चाहता था। वह एक अच्छा आदमी है, लेकिन कमज़ोर और स्वार्थी है। अगर उसमें जरा भी ईमानदारी होती तो वह न्यूयॉर्क के सम्मेलन में कभी नहीं आया होता। यह, जैसा कि सामने आया, कि अन्य देशों के इसी तरह के प्रतिनिधिमण्डल के साथ समझौता था। मुझे ख़ुद यह लगता है कि हमें उसके या दूसरों के बारे में परेशान नहीं होना चाहिए। हमारा ध्यान ज़्यादा अपने काम पर ही होना चाहिए। इस अर्थ में मैं ख़ुश हूँ कि मैं सबसे अलग हूँ और अपने आप में हूँ, हालाँकि रेणु की मुझे बहुत याद आती है। माफ़ करना स्टूडियो की योजना सफल नहीं रही, लेकिन मुझे पक्के तौर पर यह लगता है कि तुम्हारे लिए कुछ और आ जायेगा।

तुमको और ज़ानीन को ढेर सारा प्यार,

कृष्ण

OO

२१ जनवरी, १९६४
वाशिंगटन १६ डीसी

प्यारे रज़ा,

मैंने तुमको बहुत समय से नहीं लिखा है। यह बहुत अच्छा लगा कि तुम्हारा कार्ड इस कविता के साथ मिला। काश! तुम यह भूल जाते कि मैं जन्म से हिन्दू हूँ, मैं हिन्दी का एक शब्द भी नहीं पढ़ सकता, केवल उर्दू पढ़ पाता हूँ और इसलिए मुझे इस कविता का कुछ समझ में नहीं आया। यह कितनी घिनौनी बात है? तुमको मैं यह बताना चाहता हूँ कि मेरी प्रदर्शनी १९ तारीख़ से वाटकिंस गैलरी में है और मैंने कुछ तैलचित्र और चार छोटी पेंटिंग्स अच्छी क़ीमत में बेचीं। अपनी छोटी पेंटिंग्स २०० से ३०० डॉलर के बीच की क़ीमत में बेची है, और बड़ी पेंटिंग ७०० से एक हज़ार डॉलर के बीच की क़ीमत में।

मैं उम्मीद करता हूँ कि ७ से ८ मार्च के बीच मैं पेरिस में रहूँगा, और मैं वहाँ एक सप्ताह रहना चाहता हूँ। चूँकि यह दो-एक दिन से अधिक समय तक का है इसलिए मैं तुम्हारे काम में बाधा बनना नहीं चाहता। इसके अलावा, पिछली बार मैं कृष्णा से नहीं मिल पाया था, यह मैं इस बार नहीं कर सकता। उसने मुझे कहा है कि मैं उन लोगों के साथ रहूँ और मुझे लगता है कि मैं ऐसा ही करूँगा। हम लोग, जैसी तुम्हारी इच्छा होगी, उसके हिसाब से मिलते भी रहेंगे।

मुझे यह डर लगता है कि लिखित शब्द हमेशा वह नहीं कह पाते हैं जो हम कहना चाहते हैं या सोचते हैं। तुम्हारे और अकबर जैसे लोगों के बारे में जब हम बात करते हैं तो मेरा मतलब यह है कि यह कितने दु:ख की बात है कि तुम लोग भारत में नहीं हो; क्योंकि जो लोग बहुत कम बुद्धि वाले हैं उनकी ही बात चलती है; अगर तुम यहाँ रहे होते तो हालात निश्चित रूप से अलग रहे होते। मैं अकेले कुछ भी नहीं कर सकता।

इतनी दूर बैठकर, मैं हालात को अधिक निष्पक्ष रूप से देख सकता हूँ और जिसकी वजह से मुझे यह कहने में कोई हिचक नहीं है कि हमारे देश में सभी औसत हैं। जाहिर है, उम्मीदें भी रहती हैं, लेकिन मैं उनको सिर्फ़ इसलिए नहीं मान लूँगा क्योंकि वे मेरे दोस्त हैं। मैं तुमसे और अकबर से इस बात से सहमत हूँ कि अपना भाव बढ़ाने के लिए किसी को दिल्ली में रहने की ज़रूरत नहीं है, और मुझे और भी यह बात लगने लगी है कि मुझे संस्थाओं की परवाह नहीं करनी चाहिये और चुपचाप अपने आप में काम करना चाहिए। ४२ पेंटिंग्स एवं रेखांकनों की मेरी प्रदर्शनी से मुझे ख़ुशी हुई। मेरी एक निश्चित दिशा है जो कि दिखायी देती है, लेकिन जिसे मुझे अपने काम में ज़बर्दस्ती नहीं डालना चाहिए। मुझे लगता है कि यह इसी तरह से होना चाहिए। काश मैं यहाँ और समय रह पाता। दूसरी तरफ़ रेणु के लिए मेरी तड़प बढ़ती जा रही है। मैंने इस शहर की रंग रौनक में ख़ुद को भुला नहीं लिया है। जब हुसेन पेरिस आया था तब तुम उससे मिले थे? वह न्यूयॉर्क वापस आ गया है और वहाँ भारतीय दूतावास में उसकी एक प्रदर्शनी है। मैं इसके पक्ष में नहीं हूँ क्योंकि मुझे लगता है कि अब वे दिन पूरे हो गये हैं जब हमें एलियोंस फ्रेंके जैसी संस्थाओं का सहारा मिलता था, और इस तरह की शरण कायरता की निशानी है। उसको कोई गम्भीरता से नहीं लेगा। लेकिन उसका यही रुख़ है।

तुमको और ज़ानीन को बहुत सारा प्यार। मुझे लिखना : द्वारा/आर्थर एण्ड जैकोब्स, ४५ ग्रावर्सीपार्क नार्थ, न्यूयॉर्क २०।

सदा,

कृष्ण

○○

१४ फ़रवरी, १९६४
पेरिस

मेरे प्रिय कृष्ण,

तुम्हारी दो चिट्ठियाँ हमें समय पर मिल गयीं। वे बहुत सम्मोहक क़िस्म की थीं और उनको पढ़ने में बहुत मज़ा आया। एक बार फिर मुझे इस बात के लिए माफ़ करना कि मैं देर से जवाब दे रहा हूँ, लेकिन बहुत सारी चीज़ें हो रही हैं और यह बहुत मुश्किल है कि इस तेज़ भागते समय के साथ संगति बिठाते हुए चला जाय। मैं बस यही उम्मीद करता हूँ कि यह चिट्ठी तुम्हारे न्यूयॉर्क छोड़ने से पहले लिखी और भेजी जाती।

मैं पहले से ही तुमसे फिर से मिलने की राह देख रहा हूँ, हालाँकि हमें इस बात का दुःख है कि तुम हमें निराश करोगे और रिबोंड्स के साथ ठहरोगे। हम पिछली गर्मियों में साथ थे लेकिन उसके बाद से हम मिल नहीं पाये हैं। और जाहिर है कि हमने उनको अक्टूबर महीने में तुम्हारी एक भागती हुई सी यात्रा के बारे में नहीं बताया था। हमें यह बताना कि तुम्हारी योजना क्या है और अगर रिबोंड्स कहीं और व्यस्त हैं तो कृपया हमें बताना क्योंकि हमारा घर तुम्हारे लिए सदा खुला रहता है।

हाँ, हुसेन ने फ़ोन किया था। और इस बार मुलाकात दोस्ताना और सहमतिपूर्ण रही। कोई लुकाछिपी नहीं और किसी तरह की घबराहट नहीं। बातचीत खुलकर हुई और दोस्ताना ढंग से हुई और मुझे इस बार ख़ुशी हुई। लेकिन वह यहाँ महज़ एक दिन रहा, यह एक ऐसी विलासिता है जो केवल देशभक्त भारतीय ही वहन कर सकते हैं। हर आदमी के अपने-अपने सुख होते हैं। जहाँ तक 'देशभक्तों' की बात है तो हम जब मिलेंगे और तुम्हारा मन होगा तो बात करेंगे। मैंने वीकली में तुम्हारा लेख पढ़ा जिसमें नयी दिल्ली की सड़कों की ख़ुशबू है, लेकिन मुझे

उम्मीद है कि अब तक तुम ख़ुद को बाहरी समझने लगे हो!!! बुज़ुर्ग कृष्ण, मैं तुमसे प्यार करता हूँ।

क्या तुमने न्यूयॉर्क में हुसेन की प्रदर्शनी देखी थी ? मैं इस बात को मानता हूँ कि दूतावासों में प्रदर्शनी कोई गम्भीर बात नहीं होती। लेकिन अब बहुत सारे लोग हैं जो हर बात को बहुत गम्भीरता से लेते हैं। और पेंटिंग ? क्या गम्भीर पेंटर्स इस बात में सही में दिलचस्पी लेते हैं कि पहले गम्भीर लोगों को ध्यान में रखा जाना चाहिए ? असल में, यह आज के समय की विडम्बना है कि जो गम्भीर लोग हैं वे सबसे अन्तिम होते हैं जो रुचि दिखाते हैं और गम्भीर कामों से अवगत हो पाते हैं। सबसे बुनियादी ढाँचा पैसा है; और अगर टाइम पत्रिका की रुचि हुई तो सब कुछ हो जायेगा।

तुम्हारे बारे में सबसे अच्छी बात जानते हो क्या है कृष्ण, और यही मैं अकबर के बारे में भी सोचता हूँ, कि तुमसे सच में बात की जा सकती है। तत्काल प्रतिक्रिया होती है और सच का जो खट्टापन होता है उसका बाद वाला स्वाद बहुत शानदार होता है। असल में, अन्ततः, यह मनुष्य से मिलने का सार होता है। मैं थोड़ा बेवक़ूफ़ी कर रहा हूँ या दार्शनिक हो रहा हूँ, लेकिन कोई नहीं। यह छोटी-सी चिट्ठी कल सुबह रवाना होगी। रात के ११ बज रहे हैं। ज़ानीन अभी भी पेंटिंग कर रही है। पाँच कैनवास २१ फ़रवरी से शुरू होने वाली एक नयी प्रदर्शनी 'स्कीम्स' के लिए भेजे जाने हैं। उसके पास तीन कैनवास हैं जो 'रियालिट्स नौवेलेज' में हैं और हम दोनों ही मार्च में 'कोम्परिजंस' में प्रदर्शनी कर रहे हैं, जो एक बार फिर मॉडर्न आर्ट म्युज़ियम में है। हम मोस्को के राबा में जाने वाले थे जहाँ हमें बायना में आमन्त्रित किया गया था, लेकिन मेरा जाने का मन नहीं हुआ। मैं बूढ़ा हो रहा हूँ। मैं लन्दन प्रदर्शनी की तैयारी कर रहा हूँ और अगर वह दोस्ताना रहा तो बुचर की प्रदर्शनी में हिस्सा लूँगा। स्टूडियो की कोई ख़बर नहीं है लेकिन किसी भी दिन कुछ भी हो सकता है। उम्मीद करता हूँ कि यह हो। मुझे काम करने के लिए शिद्दत से किसी जगह की ज़रूरत है।

तुम्हारी बनायी हुई शानदार मिनियेचर पेंटिंग हमारे बेडरूम में है। हर सुबह हम सबसे पहले वही देखते हैं, और मेरा यक़ीन करो, वह निरन्तर ख़ुशी का स्रोत है।

लिखना और हमें बताना कि तुम कब आओगे।

हम दोनों की तरफ़ से प्यार,

सदा की तरह,

रज़ा

○○

१ मार्च, १९६४
न्यूयॉर्क

मेरे प्यारे रज़ा,

तुम्हारी चिट्ठी पाकर हमेशा ख़ुशी मिलती है और जब भी वे मुझे मिलती हैं तो एक तरह से मेरा दिन ही बन जाता है। मैं तुमसे और ज़ानीन से मिलने की राह देख रहा हूँ, और जाहिर है, बुज़ुर्ग इन्सान अकबर से भी। मुझे ठीक से तारीख़ों का पता नहीं है लेकिन हम इस महीने के अन्त तक निश्चित रूप से न्यूयॉर्क से विदा हो रहे हैं, और निश्चित रूप से तुम्हारे साथ कुछ वक़्त बिताऊँगा। यह अकल्पनीय है कि मैं पेरिस में आऊँ और कुछ देर के लिए ही सही, तुम्हारे साथ न रहूँ। मेरी योजनाओं को लेकर अनिश्चितता का एक कारण यह भी है कि मैं आजकल एक बार फिर गुलामों की तरह से काम कर रहा हूँ। मैं इसको बता नहीं सकता, लेकिन मैं पागलों की तरह सारा-सारा दिन और हर दिन पेंटिंग करता रहता हूँ। इसीलिए मैं महीने के अन्त तक यहाँ रहना चाहता हूँ और एक दोस्त के पास बहुत सारा काम छोड़कर जाना चाहता हूँ जो किसी भी गैलरी से अधिक मेरे हितों का ध्यान रखता है। इसके अलावा, एक बहुत छोटी गैलरी ने मुझ से कहा है कि क्या मैं अक्टूबर में प्रदर्शनी आयोजित कर सकता हूँ, उसने मुझे एकल प्रदर्शनी के लिए आश्वस्त किया है। लेकिन मैं एक बहुत आला दर्जे की गैलरी के लिए प्रयास कर रहा हूँ, जो सबसे अच्छी छह गैलरियों में एक है, और इस बात की सम्भावना भी है कि मैं शायद क़िस्मतवाला साबित होऊँ। वाशिंगटन में मेरी प्रदर्शनी (बर्कले में जो तुम्हारी प्रदर्शनी हुई थी वैसी) बहुत ही अच्छी रही। शायद मैंने तुमको पहले ही बताया था मेरी एक पेंटिंग फिलिप्स कलेक्शंस द्वारा ख़रीदी गयी है, जो कि देश में सबसे महत्त्वपूर्ण संग्रहों में एक है। मैं तस्वीरों और स्लाइड्स के साथ तैयार होकर आऊँगा, जिससे कि तुम ख़ुद ही यह देख सको कि मैं अपना समय नष्ट नहीं कर रहा।

जहाँ तक भारतीयता की बात है—भाड़ में जाय! मुझे पता नहीं कि मैंने इलस्ट्रेटेड वीकली में क्या कहा था। मुझे बस यही लगता है कि तुम और अकबर (और मैं सूज़ा और चन्द्रा के बारे में शोर नहीं मचाता) और तैयब जी भारत में होते तो माहौल सम्पूर्ण होता। जहाँ तक 'भारतीय' पहलुओं की बात है तो सच कहूँ मुझे कोई परवाह भी नहीं है। जो सबसे ज़रूरी बात है वह यह है कि पेंटिंग को अपने पेंटिंग के रूप में सच्चा होना चाहिए; बाक़ी सारी बातें भावनात्मक, राजनीतिक, आर्थिक या साहित्यिक, और इसलिए पूरी तरह से बाह्य हैं।

मैं तुम्हारी इस बात से पूरी तरह से सहमत हूँ जब तुम यह कहते हो कि सच्ची मुलाक़ात का मतलब यह होता है कि जिसमें अपने आत्म को दूसरे के सामने पूरी तरह रख दिया जाय, और मैं तुम्हारी और अकबर की दोस्ती को महत्त्व देता हूँ क्योंकि हम दोनों बिना अपनी दोस्ती को ख़तरे में डाले सहज बातचीत कर सकते हैं। किसी तरह, मैं हुसेन को लेकर इतने निर्मम तरीक़े से सच्चा नहीं हो सकता। ऐसा नहीं है कि मैं उसको लेकर गर्मजोशी महसूस नहीं करता, क्योंकि वास्तव में मैं करता हूँ। मुझे लगता है कि हाल में उसकी यहाँ की यात्राओं में हम पास आये। काश! मैं यह कह सकता कि मुझे उसकी पेंटिंग पसन्द आयी। वे जल्दबाजी में बनायी गयी थीं, अलंकारिक थीं और उनमें पुरानी रोटी सा बासीपन था। वह अपनी पेंटिंग में सुरक्षित तरीक़े से काम कर रहा है, उसी तरह से जिस तरह से वह अपने जीवन में।

कौन जानता है कि एक दिन हम भी अपने जीवन में शायद यही करते पाये जायें। बढ़ती उम्र ने किसी को भी नहीं बख़्शा, सिवाय पिकासो के। बहरहाल, मैं फ़िलहाल ऊर्जा से भरपूर हूँ और असावधानी से बिलकुल नहीं डर रहा। कृपया अकबर से मेरी तरफ़ से पूछना कि क्या उसको और पैसे चाहिए। यहाँ भी मेरी पेंटिंग काफ़ी अच्छी तरह से बिकी हैं। मैं कब आ रहा हूँ इसके बारे में तुमको बताऊँगा, मेरा ढेर सारा प्यार तुमको और ज़ानीन को।

सदा,

कृष्ण

○○

१० मार्च, १९६४
पेरिस

मेरे प्रिय कृष्ण,

स्टूडियो के लिए यह जो संघर्ष है इससे मुझे हमेशा फ़िल्म 'दो बीघा ज़मीन' की याद आती है। केवल मैंने हवा के साथ बहना चाहा और उम्मीद की कि सफल हो जाऊँ। अगर क़िस्मत ने साथ दिया होता तो सब कुछ अच्छी तरह से हो गया होता। एक घटना के बाद दूसरी घटना होती गयी, और मुझे उम्मीद है कि मेरे पास जल्दी ही अपना स्टूडियो होगा : चालीस वर्ग मीटर का।

कल म्युज़ियम ऑफ़ मॉडर्न आर्ट में 'सलॉन कम्पैरिजन्स' के उद्‌घाटन में बहुत सारे लोग आये : प्रति व्यक्ति पाँच फ्रैंक, ज़्यादातर पेंटिंग भड़कीले थे, औसत समूह थे, बासी चेहरे और जाहिर है, बहुत सारी सुन्दर लड़कियाँ...कुछ बहुत अच्छी पेंटिंग भी थीं। जो कुछ भी कहा गया वह वस्तुनिष्ठ कथन था न कि इस बात के बारे में बढ़-चढ़कर कि हम बेहतर कर रहे हैं।

वहाँ अकबर भी था। मैंने उसको ख़ासतौर से आने के लिए लिखा था ताकि मैं उसको तुम्हारा सन्देश दे सकूँ। उसने कहा कि उसको और पैसों की ज़रूरत नहीं है और अगर मैं तुमसे यह कह दूँ तो ठीक रहेगा। उसने यह भी कहा कि वह तुमको चिट्ठी लिखेगा, लेकिन मैं जानता हूँ कि वह चिट्ठी लिखने के मामले में कितना बुरा है, इसलिए पहला मौक़ा मिलते ही मैं स्वयं तुमको लिख रहा हूँ। मुझे उम्मीद है कि तुमको मेरी पिछली चिट्ठी मिल गयी होगी और मैंने जो ५०० डॉलर के बारे में लिखा था वह भेज सकते हो।

जितनी जल्दी हो उतनी जल्दी लिखना और यह बताना कि यह सम्भव है

या नहीं। मुझे २६ मार्च के आसपास स्टूडियो को पैसे देने हैं और मैं इस बात को पक्का करना चाहता हूँ कि पैसे मेरे पास काफ़ी पहले ही हो जायँ।

न्यूयॉर्क में प्रदर्शनी की योजना के बारे में भी बताना और लन्दन एवं पेरिस की यात्रा की योजनाओं के बारे में भी।

हम सभी तुम्हारे मिलने के इन्तज़ार में हैं।

ढेर सारा प्यार,

रज़ा

पुनः : मिस्टर और मिसेज जैकोब्स को हमारी याद कहना।

OO

१४ मार्च, १९६४
वाशिंगटन डीसी

मेरे प्रिय रज़ा,

यहाँ आने से ठीक पहले तुम्हारी चिट्ठी मिल गयी थी, और मैं जल्दी से जवाब दे रहा हूँ। मैं यहाँ बस सप्ताहान्त के लिए आया हूँ और कल मैं न्यूयॉर्क वापस जा रहा हूँ। सबसे पहले, उसके बारे में जो पैसे तुमको चाहिए। मुझे इस बात की ख़ुशी है कि तुमने मुझे इतना क़रीबी समझा कि मुझसे इसके लिए कहा, जो यह बात भी है जो मुझे इस बात की अनुमति देता है कि मैं साफ़-साफ़ खुलकर कहूँ। मैं ख़ुशी के साथ तुमको पैसा देना चाहूँगा क्योंकि मेरे पास हैं, लेकिन मैं यह बात भी जोड़ना चाहता हूँ कि मैं भी वही सब कुछ कर रहा हूँ जो तुम करना चाहते हो, यानी एक स्टूडियो बनाने की कोशिश जिसमें मैं काम कर सकूँ। तुम इतना बड़ा स्टूडियो क्यों ख़रीद रहे हो? वैसे भी क्या तुम कभी उसको गर्म करोगे? मुझे दिल्ली में अपना बनाना है, और इसको चलाने के लिए पैसे चाहिए। अकबर के साथ मेरा इन्तज़ाम यह है कि मुझे निकी द्वारा तत्काल बम्बई में भुगतान कर दिया जायेगा, ताकि इस तरह से मैं उसकी मदद कर सकता हूँ और ख़ुद भी किसी तरह से बाधित महसूस नहीं कर सकता। हालाँकि, मैं दिल्ली पहुँचते ही स्टूडियो बनाने का काम नहीं शुरू कर दूँगा और इसकी शुरुआत में मैं एक महीने या कुछ और समय लूँगा।

मैं एक स्टूडियो बनाने के लिए बेचैन हूँ क्योंकि मैं छोटे कमरे में काम नहीं करना चाहता : मेरी पेंटिंग का आकार बड़ा होता जा रहा है। क्या तुम मुझे महीने या छः हफ़्ते के समय में इन पैसों को रुपये में दे सकते हो? मेरा मतलब है कि क्या तुम मुझे भारत में ये पैसे दे सकते हो? या दूसरा विकल्प यह है कि यहाँ भी मेरी कुछ देनदारी है। क्या तुम डॉलर में वे पैसे यहाँ मेरे एक दोस्त को दे सकते हो? वैसे में, मैं उसको अभी नहीं दूँगा

और तुम उसको दे सकते हो। तुम क्या सोचते हो? इसका मतलब यह है कि मैं २८ की सुबह वहाँ होऊँगा (मैं एयर इण्डिया की फ्लाइट नम्बर ११० से उड़कर आ रहा हूँ)। क्या तुम मुझसे मिल सकते हो? जो मैंने कहा उसके मुताबिक़ अगर तुम एक योजना तैयार कर सकते हो तो इससे फ़िलहाल तुमको मदद मिल जायेगी और मैं भी अपनी योजनाओं में नहीं फसूँगा। मैं आकर तुमको पैसे दे दूँगा। देर तो नहीं हो जायेगी? मुझे तत्काल बताना, मैं जानता हूँ कि तुम मेरी हालत को समझोगे, एक कलाकार के रूप में भी और एक क़रीबी दोस्त के रूप में भी। मुझे कोई लम्बा स्पष्टीकरण नहीं देना है। बातें सबसे अच्छी तभी रहती हैं जब वे पूरी तरह ईमानदारी से कही जाती हैं।

बैंक की नौकरी छोड़ने के बाद मैंने जो ज़मीन ख़रीदी है उसके अलावा मेरे पास कोई जमा पूँजी नहीं है सिवाय पेंटिंग के जरिये होने वाली आय के। शुक्र की बात यह है कि अब तक सब ठीक चल रहा है और मैं सब कुछ अच्छी तरह से सँभाल रहा हूँ। अगर तुमको सुविधा हो तो मैं जब आऊँगा तुम्हारे साथ एक दिन रुकूँगा। तुमको पता है कि यह मुझे बहुत अच्छा लगता है। मिलने पर मुझे बहुत सारी बातें करनी हैं। क्या तुम लारा विंकी को छोड़ने के लिए तैयार हो? मुझे यह बात पक्के तौर पर लगती है कि तुम यहाँ अच्छा कर सकते हो। ज़ानीन और तुमको ढेर सारा प्यार।

सदा की तरह,

जल्दी लिखना और मुझे बताना,

कृष्ण

OO

७ अप्रैल, १९६४
३बी मथुरा रोड,
जंगपुरा एक्सटेंशन
नयी दिल्ली १४

रज़ा और ज़ानीन, प्यारे लोगो, हेलो,

यह बस एक छोटी-सी चिट्ठी यह बताने के लिए है कि मैं लौट आया हूँ। कस्टम ने मुझे महज़ पाँच मिनटों में जाने दे दिया, इतनी जल्दी कि बुज़ुर्ग बाल, जिसने यह अनुमान लगाया था कि मुझे कस्टम वाले कम से कम एक घण्टे के लिए रोकेंगे, को आने में देर हो गयी, और वह मुझसे मिल नहीं पाया। बाद में मैं उससे उसके फ़्लैट में मिला। उसके ठीक बाद गायतोण्डे आया, फिर राम कुमार और उसके बाद हुसेन। यह बहुत अच्छी मुलाक़ात रही और जिससे मैं ताज़ा समाचारों और गतिविधियों से अवगत हुआ तथा मैंने अपने बारे में भी बताया जिससे उन लोगों को बहुत हैरानी हुई। गाय प्रशंसा करने में अधिक भावुक था और बुज़ुर्ग बाल को यह लगा कि यह सब अलग से तय था। राम ने मुझे यह सुझाव दिया कि मैं बहुत तेज़ी से बदल रहा था और उसने यह इशारा किया कि मैं बहुत अधिक प्रभाव ग्रहण कर लेता हूँ, जबकि वह धीरे-धीरे चलने में ही ख़ुश था। यह वही पुराना राम है- मद्धम, स्थिर, उच्च मूल्यों वाला और साधारण। राम १५ अप्रैल को दिल्ली आ रहा है और मुझे उम्मीद है कि मैं तब उससे मिलूँ।

मैंने अभी तक काम करना शुरू नहीं किया है। मेरे अन्दर इतनी नींद भरी हुई है कि मैं कुछ भी नहीं कर पा रहा हूँ। कल पहली बार मैंने अपने स्टूडियो को ठीक-ठाक करना शुरू किया। मैंने इस घर के तीन कमरों को ठीक-ठाक किया है और अपने पेंट और स्ट्रेचर्स आदि को फैलाना शुरू कर दिया है। मैं सुमी में अधिक पेंट करने के बारे में सोच रहा हूँ और मेरे

दिमाग़ में बहुत बड़ी पेंटिंग है।

रेणु बहुत अच्छी लग रही है और एयरपोर्ट पर उसे और बच्चों को देखकर मैं झूम उठा। मेरा स्वागत बहुत प्यारे अन्दाज़ में किया गया—फूल-मालाएँ, और सब कुछ, दिल को छू गया। रेणु के लिए जो तोहफ़ा ज़ानीन ने भेजा था उसको देखकर वह बहुत ख़ुश हो गयी और वह उसको जल्दी ही लिखेगी। वह अपने स्कूल में बहुत बुरी तरह से व्यस्त है। तुम्हारा टिम्बर पोस्ट हमारे लिविंग रूम में है, ऊपर लगा हुआ है। वह अच्छा लगता है। मुझे हाल में ही एयर इण्डिया से एक चिट्ठी मिली जिसमें मुझ से यह कहा गया है कि मैं उनके कैलेण्डर के लिए एक पेंटिंग भेजूँ। वे एक हज़ार रुपये देंगे और शायद पेंटिंग भी ख़रीद लेंगे। मैंने जल कोवासजी से यह कहा है कि वह चाहे तो तुम्हारी पेंटिंग भी ले सकता है।

यह चिट्ठी छोटी है लेकिन उम्मीद करता हूँ कि तुम समझोगे। तुम दोनों से मिलना बहुत ख़ुशी का अनुभव रहा। काश हम लोग एक-दूसरे से अधिक मिले होते, लेकिन हर बार अगली बार भी होता है। तुम दोनों को मेरा प्यार और तुम्हारी ऊष्मा, दिल खोल कर किये गये आतिथ्य तथा दोस्ती के लिए शुक्रिया। मेरे लिए वे सबसे अधिक मायने रखते हैं।

सदा की तरह,

कृष्ण

पुनः : रायबंड्स में मेरे लिए एक चिट्ठी आयी थी जिसे उन्होंने मुझे भेजा है। दिन में थोड़ी देर से, लेकिन सुघड़ता और किस तरह आ सकती है!

OO

२४ अप्रैल, १९६४
पेरिस

मेरे प्रिय कृष्ण,

१६ तारीख़ को लिखी गयी तुम्हारी चिट्ठी के लिए शुक्रिया जो मुझे आज सुबह ही मिली। यह अच्छा दिन है और मैं इसका फ़ायदा उठाकर तत्काल जवाब दे रहा हूँ।

सबसे पहले, एयर इण्डिया कैलेण्डर की बात : मुझे उनकी एक चिट्ठी मिली है जिसमें मुझसे यह कहा गया है कि मैं एक पेंटिंग जमा करूँ जिसे वे अपने अगले साल एक कैलेण्डर में प्रस्तुत करना चाहते हैं। पेंटिंग क्षैतिज होनी चाहिये और उसमें किसी भारतीय त्यौहार का चित्रण होना चाहिए। मुझे पता है कि मेरी ऐसी बहुत सारी पेंटिगें हैं जिनमें उत्सवधर्मिता है—जैसे होली या दिवाली या मुहर्रम की, लेकिन केवल उनके लिए जिनकी संवेदना परिपक्व है। अन्य लोग इनको अमूर्त कहकर बच सकते हैं। इसलिए, मुझे डर इस बात का है कि मैं कहीं अपने कुछ अच्छे स्लाइड्स को न खो दूँ, मैंने अभी तक कोई जवाब नहीं दिया है। लेकिन अब, तुम्हारी चिट्ठी के बाद मैं उत्साहित हुआ हूँ कि उनको भेजूँ और ऐसी एक पेंटिंग को खोजने की कोशिश करता हूँ जो उनकी इस योजना के अनुरूप हो। मैं कोवासजी को लिख रहा हूँ क्योंकि मुझे श्री मोदी की तरफ़ से कोई चिट्ठी नहीं आयी है। मुझे इस बात की बहुत ख़ुशी होगी कि समय-समय पर मेरी पेंटिंग भारत में छपती रहें जिससे मेरे दोस्तों को मेरी याद आये। इसके अलावा, चूँकि इसमें तुम और अकबर भी हो इसलिए मुझे यह पक्के तौर पर लगता है कि वह असल में 'आर्ट कैलेण्डर' साबित होगा, न कि सामान्य तौर पर जो आलंकारिक छवियों वाले कैलेण्डर की तरह या दुबली रक्तविहीन लड़कियों वाले या ख़ाली बर्तन-भाड़े वाले कैलेण्डर की तरह का।

आज अकबर दिन के भोजन के लिए आ रहा है। मैं उसको कहूँगा कि तुमको जवाब लिखे। अगर यह हो जाय तो बहुत अच्छा रहेगा। अगर इन लोगों से तुम्हारी भेंट हो तो मेरा सुझाव यह है कि तुम इस बात के ऊपर जोर देना कि कभी-कभार उनको असली आधुनिक कैलेण्डर बनाना चाहिए। समय आ गया है। अगर इस साल के लिए वे मेरी पेंटिंग का चुनाव करते हैं तो मैं उनसे यह आग्रह करूँगा कि उसको छापने के एवज़ में जो राशि बने वह तुमको दे दें, क्योंकि मुझे लगता है कि वे फ्रांस की मुद्रा फ्रैंक में भुगतान नहीं कर सकते।

मैं स्टूडियो में दिन में १२ घण्टे काम कर रहा हूँ। पेंटिंग नहीं कर रहा हूँ, साफ़-सफ़ाई और रख-रखाव का काम कर रहा हूँ। सहमति के मुताबिक हमें १५ अप्रैल को वह मिल गया और हमने पाया कि बहुत सारी चीज़ें करने की ज़रूरत थी। हमने दीवारों को साफ़ किया, वे पथरीले थीं। जो नक़ली छत लगी हुई थी हमने उसको भी हटा दिया ताकि छत की शहतीरें दिखायी दें। यह बहुत अच्छा लग रहा है। मैं इतना ख़ुश हूँ कृष्ण कि अन्ततः मेरा अपना स्टूडियो हो गया। मैं विधाता और अपने प्यारे दोस्तों का शुक्रगुज़ार हूँ कि उनकी वजह से मेरा यह सपना पूरा हुआ।

स्टूडियो बनाने में ज़ानीन भी मेरी मदद कर रही है। हमें तुम्हारा पिछला पत्र मिल गया और रेणु की लिखी चिट्ठी भी मिली। कृपया उसको ढेर सारा प्यार देना और उससे कहना कि मैं जल्दी ही उसको अलग से लिखूँगा। मैं राम को भी लिख रहा हूँ। अगर वह अभी दिल्ली में है तो उससे कहना कि वह श्रीमती पुष्पा चोपड़ा, २०, किचेन रोड, डिप्लोमैटिक एन्क्लेव, नयी दिल्ली से ज़रूर मिल ले, फ़ोन नम्बर- ३३७७८। वह रेवा ग्रोवर की माँ हैं और उनकी रुचि पेंटिंग में है। अगर तुमको समय मिले तो तुमको भी उनसे मिलना चाहिए।

मुझे इतनी ख़ुशी है कि बम्बई के दोस्तों को तुम्हारी बड़ी सुमी पसन्द आयी। क्या तुम और भी करने वाले हो? लन्दन भेजने से पहले तुम दिल्ली में दोनों को यह नहीं दिखाते हो? अब इस चिट्ठी को ख़त्म करता हूँ हालाँकि मुझे और भी बातें लिखनी हैं। अब सब अगली में। आज दिन बहुत अच्छा चमकीला है, जो कि यहाँ के लिए बहुत दुर्लभ बात है, और इसलिए मैं काम करूँगा।

हम दोनों की तरफ़ से तुम दोनों को ढेर सारा प्यार।

रज़ा

○○

मेरे प्रिय कृष्ण,

तुम्हारी कोई चिट्ठी नहीं आयी, जबकि मैंने तुमको और रेणु दोनों को ही लिखा था। फौट्रियर रेट्रोस्पेक्टिव म्युज़ियम ऑफ़ मॉडर्न आर्ट में होने वाला है। दृष्टि है और वैधता भी, लेकिन यह तुम्हारे उत्साह को ठण्डा कर देने वाला है। शायद वह तीव्रता कम है, तो भी यह साधारण है, सीधी और ताज़गी से भरपूर। यह तुमको कैसा लगता है? कृपया लिखना।
तुम दोनों को बहुत सारा प्यार,

रज़ा

○○

५ जून, १९६४
रवेंस डेल
शिमला ईस्ट

मेरे प्रिय रज़ा,

मुझे इसके लिए माफ़ करना कि तुमको जल्दी जवाब नहीं दे पाया। मुझे लगता है कि मैंने अभी से यह आदत विकसित कर ली है कि मैं दैनन्दिन के जीवन में बुरी तरह से संलग्न रहता हूँ और सामने के जो अनुभव होते हैं वे ऐसा लगता है कि वे प्राथमिकता में आ जाते हैं। ऐसा नहीं है कि मैं अपने दोस्तों को भूल गया हूँ या उनके बारे में मैं कम सोचता हूँ। ऐसा लगता है कि सोचना कितना आसान होता है, या किसी की दोस्ती के बारे में सोचना कितना सहज होता है बजाय काग़ज़ पर विचारों को रखने के। दिल्ली में धूल और धूप के साथ लगातार युद्ध जारी है और इनके कारण पेंटिंग के लिए होने वाली समस्याओं से। मुझे ऐसा डर है कि मैं सुस्त हो गया हूँ, जिसके कारण मैं मौसम को अपने ऊपर हावी होने दे रहा हूँ। एक तरह से यह डर मुझसे और मेहनत करवाता है। गर्मी जितनी होती है, मौसम जितना ही विपरीत होता है मैं उतना ही काम करना चाहता हूँ। वापस आने के बाद से मैंने कई अलग-अलग आकारों के तैल चित्र बनाये हैं, एक बहुत बड़ा सुमी और कई छोटे-छोटे। मैं रेखांकन भी लगातार कर रहा हूँ। इस बात को मानो या नहीं लेकिन मैं बहुत कम लोगों से मिला हूँ। मुझे ऐसा लगता है कि कई रूपों में मैं बदल चुका हूँ, और लोगों से मेरा मिलना-जुलना भी मेरा एक पहलू है जो कि बदल गया है। मैं ऐसे लोगों की परवाह नहीं कर सकता हूँ जो कला पर स्कूली कक्षा जैसा पाठ पढ़ना चाहते हैं, न ही मुझे ऐसा लगता है मुझे अपने कार्यों को और अधिक समझाने की ज़रूरत है। कुछ अच्छे बुद्धिमान दोस्त हों, बस, मुझे यही चाहिए। दुर्भाग्य से दिल्ली में ऐसे बहुत लोग हैं नहीं। राम और मैं हर दस

दिन या ऐसे ही अन्तराल में मिलते रहते हैं, और काम के ऊपर चर्चा करते हैं। जाहिर है, बहुत सारे आकर्षक लोग हैं लेकिन अभी तक मैं उनसे दूर रहने में सफल रहा हूँ।

रेणु और मैं यहाँ दो दिन पहले आये। पूरे परिवार के साथ रहना बहुत आनन्ददायक होता है। मेरे भाई और बहनें भी यहाँ अपने बच्चों के साथ आये हुए हैं। मेरा स्टूडियो बहुत अच्छा है और उम्मीद करता हूँ कि जल्दी ही कुछ काम करूँ। बहुत सारा पेंट और कैनवास हैं, बहुत सारा इंक और राईस पेपर भी। माहौल बहुत अच्छा है और आसपास ग़ज़ब। मेरा स्टूडियो घर से कुछ दूरी पर है और यह शान्ति का स्वर्ग है। मैं वहीं इसमें बैठा हुआ हूँ, तुमको यह चिट्ठी लिख रहा हूँ। केवल चिड़ियों की चहचहाने की आवाज़ें और दूर से आने वाली कुत्तों के भौंकने की आवाज़ें ही मेरे कानों तक आ रही हैं। डूबते सूरज की रौशनी दूर पहाड़ी पर पड़ रही है, ऐसा लग रहा है जैसे सोते में साँस ले रही है। इस पल को कठिन ज़िन्दगी के सख़्त क्रूर तथ्यों की तुलना में सोच पाना भी मुश्किल है, जिस तरह की आपाधापी, ख़ूनख़राबा जो कि दुनिया में लगातार हो रहा है।

हमने भी आपदा देखी है। पण्डित जी की मृत्यु हम सब के लिए ही बहुत बड़ा नुकसान है। उस समय मैं और रेणु दिल्ली में थे और हम भी देश के अलग-अलग कोनों से आये असंख्य लोगों की भीड़ में शामिल हुए थे जो उस आदमी को श्रद्धांजलि देने के लिए जुटे हुए थे जिसने अपना सारा जीवन देश की सेवा में बिताया। मेरा यक़ीन करो, वह दिल को छू लेने वाला अनुभव था। अब यह अशोभनीय सवाल इतनी अश्लीलता से बार-बार पूछा जा रहा है : 'नेहरू के बाद कौन?' लेकिन उचित सवाल होने के कारण यह अशोभनीय और अश्लील नहीं लग रहा है। मुझे लगता है कि यह नेहरू का बहुत बड़ा योगदान है कि उन्होंने हमारी राजनीतिक संस्थाओं को स्थापित किया और मजबूत बनाया। जिस तरह से शास्त्री को निर्वाचित किया गया वह तारीफ़ के क़ाबिल है। सत्ता के लिए कोई पागलपन भरी होड़ नहीं है, और सरकार अधिक स्थिर और परिपक्व हो चुकी है। तुम इसके लिए शुक्रगुज़ार महसूस कर सकते हो। मुझे लगता है कि हमारे या किसी और के लिए यह बहुत ग़लत होगा कि यह उम्मीद करें कि शास्त्री या कोई भी आने वाला नेता नेहरूजी जैसा हो। अब जो बात अधिक मायने रखती है वह यह है कि अब सत्ता किसी एक आदमी

के हाथ में नहीं होगी बल्कि एक संस्था के हाथ में होगी, और यह आगे की दिशा में बहुत अच्छा क़दम होगा।

मैंने कुछ समय पहले अकबर को लिखा था लेकिन कोई जवाब नहीं आया। अगर तुम उससे मिलो तो कृपया उससे यह पूछना कि मैंने रेखांकनों की प्रदर्शनी के लिए जो प्रस्ताव दिया था उसके बारे में उसके क्या विचार हैं। काश! तुम्हारे भी रेखांकन होते, ख़ासकर दिखाने के लिए, क्योंकि बिलाशक हमें तुम्हें अपने साथ प्रदर्शनी में रखकर बहुत अच्छा लगता।

मुझे जॉर्ज बुचर का एक संक्षिप्त पत्र आया है जिसने यहाँ रहने का अपना समय बढ़ा लिया है और लन्दन में प्रदर्शनी की तारीख़ आगे बढ़वा लेने में सफल हो गया है। मुझे उसकी अलग-अलग तरह की प्रतिक्रियाएँ मिली हैं और पेंटिंग के बारे में उसके विभिन्न विचार भी। राम के मुताबिक, वह सही में औसत पेंटिंग से बहुत अधिक प्रभावित है। मैं जुलाई में उससे मिलने की उम्मीद कर रहा हूँ। क्या तुमने उसको मेरी पेंटिंग दी? यह पक्का कर लेना कि यह तुम्हारी गैलरी की तरफ़ से ही जाय। बम्बई में केकू की गैलरी सच में बहुत बढ़िया कर रही है, जबकि पीरभाय का कोई अस्तित्व ही नहीं है। सितम्बर के पहले सप्ताह में गायतोण्डे फ्रांस की सरकार की स्कॉलरशिप पर पेरिस जा रहा है, इसलिए उससे तुम मिलोगे। बाल अच्छी तरह से परिपक्व हो गया है और बहुत अच्छा काम कर रहा है। सतीश के बारे में समाचार यह है कि न्यूयॉर्क में उसकी प्रदर्शनी में सारी पेंटिंग बिक गयी और म्युज़ियम ऑफ़ मॉडर्न आर्ट ने उसकी एक पेंटिंग ख़रीदी है। मैंने यह समाचार कुछ समय पहले 'द हिन्दू' अख़बार में पढ़ा। उसमें यह भी लिखा था कि उसने पहली बार किसी भारतीय पेंटर की पेंटिंग ली है, जो कि मैं जानता हूँ कि झूठ है। सावन्त और गायतोण्डे की पेंटिंग उससे पहले ख़रीदी जा चुकी है। सहगल के बारे में क्या ख़याल है? मुझे नहीं लगता है कि वह पेरिस के म्युज़ियम ऑफ़ मॉडर्न आर्ट में प्रदर्शनी करने का इन्तज़ाम कर पायेगा, या कर लेगा? अगर वह कर भी लेता है तो इससे वह कोई अच्छा शिल्पकार नहीं बन जाता है, बस एक चतुर जुगाड़ू।

मैंने हाल में नौ सुमी पैनल पेंट किये हैं जिनको एक साथ जोड़कर बड़ी संख्या में स्वतन्त्र पेंटिंग के रूप में बनाया जा सकता है। यह मज़ेदार है। मैं अगली चिट्ठी में तस्वीर भेजूँगा। मुझे लिखना और बताना कि तुमने

काम शुरू किया या नहीं और तुम्हारा और ज़ानीन का क्या हालचाल है। उसको और तुम दोनों को ढेर सारा प्यार।

सदा,

कृष्ण

OO

१६ सितम्बर, १९६४
पेरिस

मेरे प्रिय कृष्ण,

बहुत दिनों से तुमको चिट्ठी नहीं लिख पाया और इस देरी के पीछे काम ही एकमात्र कारण रहा। पिछले दो महीने बहुत सरगर्मी के रहे और मुझे लगता है कि इसी की वजह से परिणाम भी बेहतर रहे। स्टूडियो एक नये तरह का आयाम देता है। बाक़ी सारी पेंटिंग पोस्टकार्ड आकार की लगती हैं। मैं बड़े कैनवास के ऊपर काम कर रहा हूँ और जिनके ऊपर मैं बहुत दिनों से काम करना चाहता था। काम के लिए जगह को पाकर बहुत अच्छा लगता है और इससे अपने मर्ज़ी से पेंटिंग का रुख़ मोड़ पाने का सामर्थ्य आता है। वैसे यही बात नहीं है। प्रदर्शनी की तिथि[१] पास आती जा रही है इसलिए इस छोटी चिट्ठी के लिए माफ़ करना। मैं तुमको सबसे ज़रूरी और ख़ास बात बताऊँगा।

सबसे पहले, जान को हमारा प्यार और शुभकामनाएँ देना और कार्ड भी संलग्न है। २७ को उसका जन्मदिन है और मेरे ख़याल से एब और जान दोनों ही दिल्ली में होंगे। हम चाहते हैं कि इस दिन अपने साझा दोस्त के साथ रहें। एब कह रहा था कि दिल्ली में प्रदर्शनी के उद्घाटन के मौक़े पर सभी गिजर्स लोग रहेंगे। क्या वह रेखाचित्रों की है? अकबर ने मुझे उसके बारे में बताया था लेकिन मुझे माफ़ करना मुझे ऐसा कुछ ख़ास भेजने लायक नहीं लगा।

मुझे यह जानकार ख़ुशी हुई कि गाय पेरिस आ रहा है। उम्मीद करता हूँ कि वह यहाँ छः महीने से अधिक समय तक रहे और उसको यहाँ रहना अच्छा लगे। तुम कब आने की योजना बना रहे हो? न्यूयॉर्क में तुम्हारी अगली प्रदर्शनी फ़रवरी ६५ में है न?

अकबर ने लिखा था कि जॉर्ज बहुत सारी पेंटिंग का चयन कर रहा है और

यह प्रदर्शनी राष्ट्रमण्डल के स्तर पर होगी। कितना अजीब और औचक प्रकृति है... ख़ैर जाने दो और काम करें।

आने वाले दिन बहुत मज़ेदार होने वाले हैं। हम ऐसी चीज़ों को देखेंगे जिनके बारे में न तो देखा गया था न ही सुना गया था। पृथक्, अहमकाना— नयी पीढ़ी का लक्ष्य यही पाना है। हैरानी की बात यह है कि 'रियलेट्स नूवेलस' या जेने बुचर की गैलरियों में भी आकृतिमूलक पेंटिंग प्रदर्शित की जाने लगी है, जो अभी तक उनके धर्म में प्रतिबन्धित हैं। एक तरह से यह अच्छा है, क्योंकि पेंटिंग केवल पेंटिंग की वैधता का सवाल होता है न कि किसी वर्ग की समस्या होती है। मेरे ऐसे थे जो यह देखकर हैरान थे कि बुफ्फे और अब्बों हमारे घर में अगल-बगल टँगे हुए थे। साथ ही, यह देखकर दु:ख होता है कि लोग अमूर्त कला के ऊपर सन्देह करने लगे हैं क्योंकि बड़ी गैलरियाँ और संग्राहक पीछे हट रहे हैं। अच्छा है, इस गिरावट को देखना मज़ेदार होगा क्योंकि इससे बहुत सारे लोगों के संकल्प या संकल्प की कमी का पता चल जायेगा।

ज़ानीन ने काग़ज़ कोलाज में काम किया है : जहाँ तक मुझे लगता है ज़बर्दस्त काम है। शुरुआत में वह एक समूह प्रदर्शनी में जॉक मैसल में प्रदर्शित कर रही है। बाक़ी हम लोग ठीक हैं और व्यस्त हैं। रेणु और दोस्तों को हमारा प्यार देना। लिखना।

रज़ा

१. गैलरी लारा विंसी में एकल प्रदर्शनी, १९६४

OO

३० अक्टूबर, १९६४
३ बी मथुरा रोड
जंगपुरा एक्सटेंशन
नयी दिल्ली–१४

मेरे प्यारे रज़ा,

तुम्हारी चिट्ठी पाकर ख़ुशी हुई। जब तुम्हारी चिट्ठी मिली थी तब मैं यह सोच रहा था कि मुझे तुमको लिखना चाहिए, और यह कि बिना किसी तरह की बातचीत के कितना सारा समय निकल गया। इसलिए इसे पाकर ख़ुशी हुई और यह जानकर कि तुम काम की वजह से ही नहीं लिख पा रहे थे किसी और वजह से नहीं। मेरे साथ भी वही बात है। पहले, रेखांकनों की प्रदर्शनी, फिर न्यूयॉर्क में मेरी प्रदर्शनी, फिर कुमार दिसम्बर में मेरी प्रदर्शनी आयोजित करना चाहता है। इसलिए तुम समझ सकते हो कि मैं गर्दन तक काम में डूबा हुआ हूँ, लेकिन इसके हर पल का आनन्द ले रहा हूँ। जान और एब के लिए तुम्हारी चिट्ठी कुछ देर से आयी, और मुझे यह चिट्ठी उनको डाक से भेजनी पड़ी, साथ में मैंने अपना एक छोटा रेखांकन भी भेज दिया जो वे ख़रीदना चाहते थे, लेकिन जिसको लेकर मैंने यह कहा कि मैं उनको जन्मदिन के तोहफ़े के रूप में देना चाहता हूँ। जब एब यहाँ था तब उसने प्रदर्शनी से मेरी एक इंक पेंटिंग ख़रीदी थी, और उसी शाम उसने मेरा एक बड़ा तैल चित्र ख़रीदा जो मैंने तभी पूरा किया था। यह अभी तक का मेरा सबसे अच्छा काम था और मुझे इस बात की बहुत ख़ुशी है कि उसके पास यह है। जल्दी ही मैं तुमको कुछ तस्वीरें भेजूँगा। मुझे इधर फ़ोटो लेने का समय ही नहीं मिला।

गाय को न्यूयॉर्क से एक वृत्ति का प्रस्ताव मिला, वही जो मुझे मिली थी, जिसे उसने पेरिस जाने के लिए ठुकरा दिया। अकबर जब तुमसे मिलेगा तब वह तुमको इसके बारे में बतायेगा। मेरे ख़याल से वह और गाय १०

नवम्बर के आसपास जाने की योजना बना रहे हैं और गाय पेरिस में कुछ दिनों के लिए रहने वाला है। इस बात की अच्छी सम्भावना है कि अकबर इस साल बसन्त में न्यूयॉर्क रहे। इसलिए हमारा समय मज़ेदार रहने वाला है। काश! तुम भी वहाँ होते। मेर्क कनिंघम की नृत्य मण्डली के साथ रॉबर्ट रौशेनबर्ग यहाँ आया हुआ है। वह प्रकाश और साज-सज्जा का काम देख रहा है। मैं कल रात उससे अक्तावियो पाज़ (जाने-माने मेक्सिकन कवि) के घर पर मिला था, और तब तक हम लोग बहुत पी चुके थे, हम (मैं, रेणु और वह) हम काफ़ी मुश्किल बहस में उलझ गये जो कि २ बजे रात तक चलती रही। वह अमेरिका के बारे में काफ़ी बढ़-चढ़ कर बोल रहा था और वैसे वह अच्छा बोलता है, लेकिन मैंने पाया कि वह मुँहफट क़िस्म का इन्सान है, जिसके लिए ऐसी कोई भी बात, जिसमें कुछ विचार शामिल होता है या जीवन की गहराई की बात होती है, उसको वह सन्देह से देखता है जिसको वह जाली या सन्देह की वस्तु समझता है। वह दूसरे लोगों के सामने हर बात को लेकर अपनी जागरूकता को झाड़ता रहता है। हम सब दूसरे लोगों के बारे में जानते हैं लेकिन वे हमारे स्टूडियो के माध्यम से हमारी आत्मा में क्यों घुसपैठ करें। ये जो पॉप पेंटर हैं ये ख़ुद को लेकर बहुत चौकन्ने होते हैं तथा वे शब्दों का चुनाव इस तरह से करते हैं जिससे वे जिन वस्तुओं को चुनते हैं या जो पेंट करते हैं उसको महिमामण्डित करने के लिए जो ज़रूरी होता है। इससे बहुत उलझन पैदा हो जाती है, और जिसकी वजह से इन सबके बारे में बात कर पाना आसान हो जाता है—ज़्यादा आसानी से बजाय ऐसी पेंटिंग को देखने के जिनमें कुछ ख़ास मूल्य हों—लोगों में यह प्रवृत्ति होती है कि वे आसान एवं अधिक सनसनीखेज तरीक़ा निकाल लेते हैं। अजीब बात यह है कि रुचेनबर्ग का कुछ तो दिलचस्प है और वह आदमी पेंट करना जानता है जिससे वस्तुओं के साथ खेलने में उसको ताक़त मिल जाती है। बेतुकापन तभी होता है जब आप किसी चीज़ को तार्किक के सन्दर्भ में रखकर देखें; बेतुकेपन की अवस्था अपने आप में नहीं होती है। मुझे लगता है कि पेरिस में तुम पॉप के दबाव को महसूस कर रहे होगे। शुक्र की बात यह है कि यहाँ हम लोग अभी तक उससे प्रभावित नहीं हुए हैं, कम से कम अभी तक। एक तरह से यह अच्छा ही है। ख़राब पेंटर पॉप पेंटर बन जायेंगे। मुझे असल में इस बात की परवाह नहीं है। मेरी दिलचस्पी मेरी अपनी ही गतिविधियों में है और यही मेरे लिए मायने भी रखता है। उम्मीद करता

हूँ कि तुम्हारी प्रदर्शनी अच्छी रही होगी। मुझे एक कैटलॉग भेजना और यह बताना कि सब कुछ कैसा है। ज़ानीन कैसी है? उसको प्यार देना, तुमको भी प्यार, हम दोनों की तरफ़ से।

सदा,

कृष्ण

○○

मेरे प्रिय कृष्ण,

यह प्रिंट तुम्हारे लिए कोई नया तो नहीं है लेकिन मेरी हस्तलिपि में ग़ालिब की शायरी सुपाठ्य होनी चाहिए। हालाँकि मेरी उर्दू इतनी बुरी है कि यह कोशिश करके देखने लायक नहीं है। इसलिए मिलने तक के लिए इन्तज़ार करो, हमारे बीच बातचीत के लिए एक और बात होगी।

मुझे तुम्हारी दो चिट्ठियाँ मिलीं, कृष्णा का आकर्षण। लेकिन अर्जुन सवाल ही पूछता नहीं रह सकता, उसका दिमाग़ बेचैन है। काम करने वाले आदमी की अपनी ज़िम्मेदारियाँ होती हैं, लेकिन सबसे महत्त्वपूर्ण बात दिमाग़ में ही चलती है।

चूँकि पेरिस न्यूयॉर्क और दिल्ली के बीच में है, इसलिए तुम जानते हो कि तुम्हारा यहाँ आना कितना ज़रूरी है। पेरिस में अकबर के अपार्टमेंट की कुछ समस्या थी इसलिए वह गया नहीं। उसके यहाँ होने से जीवन समृद्ध है। लेकिन मैं यह जानता हूँ कि एक दिन वह लौट जायेगा, अपार्टमेंट हो या नहीं हो।

हम गोर्बियो गये थे और ९ दिसम्बर को लौटकर आये। मैंने हाल में बहुत कम काम किया है, जिससे कि मैं उससे कुछ अधिक घबराहट में हूँ जितना कि रहता हूँ। मैं बहुत बेताबी से एक स्टूडियो की तलाश में हूँ, और यह बहुत ज़रूरी है, वैसे ऊपर से यह बहुत बेतुका लग सकता है। मैं इस बात को बहुत गम्भीरता से ले रहा हूँ, लेकिन दुर्भाग्य से, क़िस्मत साथ नहीं दे रही, अभी तक कुछ भी नहीं हो पाया है। कई बार...मैं कितना हठी हूँ...

मेरे प्रिय कृष्ण, तुम्हारी चिट्ठियों से मुझे बहुत ख़ुशी मिलती है। मुझे उनको पढ़ने में आनन्द आया। माफ़ करना कि इस छोटी-सी चिट्ठी में मैं उनके जवाब नहीं दे रहा हूँ लेकिन नये साल की बधाई के रूप में मैं तुमको ख़ूब सारा प्यार भेज रहा हूँ। मैं बाद में लिखूँगा। बहुत सारी बातें करनी हैं। प्रवासी होने को लेकर कुछ बातें, जो मैंने फिर से वीकली में पढ़ीं। मुझे

हैरानी होती है कि तुम इतनी छोटी-छोटी चीज़ों में कितने अच्छे से घुलमिल जाते हो। लेकिन इसके बारे में बात करने के लिए हमें और समय चाहिए। हो सकता है कि मेरी बात से तुम भड़क जाओ, लेकिन जिन दोस्तों को मैं बहुत प्यार करता हूँ उनसे मैं ऐसी बातें कह देता हूँ जो कहना चाहता हूँ।

कुछ दिन बाद एक बड़ी चिट्ठी। अगर मन हो तो लिखने में हिचकना नहीं।

तुम दोनों को ढेर सारा प्यार,

रज़ा

○○

१३ जनवरी, १९६५
पेरिस

मेरे प्रिय कृष्ण,

नया साल आने वाला है और उम्मीद है कि मैं तुमको बिना लिखे एक और दिन नहीं गुज़रने दूँगा; मैंने बहुत दिन से तुमको चिट्ठी नहीं लिखी है और मैं तुम्हारे साथ जिन घटनाओं को साझा करना चाहता हूँ वे बहुत अधिक हो चुकी हैं।

सबसे पहले, हमारी सबसे प्यारभरी शुभकामना स्वीकार करो। हम यही उम्मीद करते हैं कि साल की शुरुआत अच्छी हुई है और यह हमारे लिए शान्ति, ख़ुशी तथा काग करने के लिए ख़ूब सारी ऊर्जा लिए आयेगा इस गतिविधि को लगातार खोजने के कारण बहुत अधिक सन्तुष्टि मिलती है।

तुम्हारी चिट्ठी हमें समय पर मिल गयी थी। मुझे यह जानकर बहुत ख़ुशी हुई कि तुम्हारी प्रदर्शनी बहुत अच्छी हुई। कुमार को लेकर तुम्हारे विचारों से मैं सहमत होने लगा हूँ। उसमें वह समझ है और उस तरह से आगे बढ़कर पहल करने की आदत जिसको हम यहाँ सही ही आर्ट डीलर कहते हैं। भारत में जो दूसरे लोग गैलरी चला रहे हैं उनका दिमाग़ व्यवस्थित नहीं है और वे उतने सक्रिय भी नहीं हैं। मुझे रवि कुमार और उसका रुख़ अच्छा नहीं लगा, न तो दिल्ली में, न ही यहाँ, जहाँ मैंने उसको कई बार देखा है। उसका भाई काफ़ी अलग क़िस्म का आदमी है, कम से कम मैं तो ऐसा ही सोचता हूँ। लेकिन असली बात यह है कि हम एक लगातार बदलती हुई दुनिया में रह रहे हैं, और लोग, यहाँ तक कि हालात भी, बहुत अप्रत्याशित हो जाते हैं। कोई आदमी यही कर सकता है कि ध्यान से रहे और अपनी क्षमता भर जीवन को देखने की कोशिश करे।

हम भारत की अपनी अगली यात्रा के बारे में सोच रहे हैं, जो उम्मीद है

कि नवम्बर १९६५ में हो। सदा की तरह, मैं साढ़े पाँच महीने रहने की योजना बना रहा हूँ, और उम्मीद करता हूँ कि १९५९ के मुक़ाबले कम तकलीफ़ वाली बात हो। मुझे पक्का लगता है कि ज़ानीन को इस यात्रा में मज़ा आयेगा। हम काम करेंगे, यात्रा करेंगे और इस दौरान जो काम करेंगे उसको प्रदर्शित करेंगे। इस बात को समझना सच में दिलचस्प होगा कि पहले औचक रूप से प्रभावित हों और महीनों इकट्ठी की गयी सामग्री के बाद उनके ऊपर काम करें।

हाँ, यहाँ जो मेरी प्रदर्शनी हुई वह उम्मीद से अधिक सफल रही। बेहद संकट के इस काल में प्रेस ने बहुत ध्यान दिया, म्युज़ियम ऑफ़ मॉडर्न आर्ट ने एक और पेंटिंग ख़रीदी। पहली बार पेरिस प्रेस में मेरी चार कॉलम की समीक्षा आयी तथा आर्ट जर्नल्स ने मेरी प्रदर्शनी को अच्छी तरह से जगह दिया। एक महीने के बेहद भाग-दौड़ भरे सामाजिक जीवन के बाद—वही कॉकटेल और डिनर—अब मैं काम पर वापस जा सकता हूँ। कुछ हफ़्तों में एक और प्रदर्शनी रखी गयी है, लेकिन नवम्बर में भारत आने से पहले मैं पेरिस में एक बार फिर से प्रदर्शनी करूँगा।

लन्दन में जो 'इण्डिया पेंटिंग टुडे' प्रदर्शनी है, जैसा कि मुझे पहले ही लग गया था, दो लोगों की प्रदर्शनी हो गयी है। मुझे यह पक्के तौर पर लगता था और मैंने जॉर्ज बुचर को इसके बारे में तब चेतावनी दी थी जब वह यहाँ आया था। मुझे अफ़सोस है कि उसको मेरी यह स्पष्ट और दोस्ताना राय अच्छी नहीं लगी। मुझे पता है कि सूज़ा और चन्द्रा ने चालाकी की है, हमेशा की तरह बेईमान, सब कुछ इस तरह से योजनाबद्ध तरीक़े से किया गया था कि उनको फ़ायदा पहुँचे। मैंने बुचर से बस यही माँग की थी कि भारतीय पेंटर का सच्चा प्रतिनिधित्व होना चाहिये तथा यह प्रतिनिधित्व एवम् उपलब्ध जगह के आधार पर होना चाहिये न कि पक्षपात के आधार पर। गैलरी वन की प्रदर्शनी का अनुभव इतना बुरा है कि उसको भुलाया नहीं जा सकता। वही बात फिर से हुई और पान पेंटर की प्रदर्शनी में २५ पेंटिंग सूज़ा की थी, चन्द्रा के ५० रेखांकन, पाँच हुसेन के, पाँच तैयब जी के और चार सामन्त के।

यह मैं जानता हूँ कि जॉर्ज के बिना हुआ। मुझे अभी विस्तार से पता नहीं चला है। बस, जॉर्ज तथा अकबर की एक चिट्ठी मिली है : अस्पष्ट सी, हालाँकि उससे इस बात का खुलासा हो जाता है कि आर्ट कौंसिल के साथ

रिश्ते में जटिलता है। कुछ भी स्पष्ट नहीं था, और हमें उम्मीद लग रही थी, कि एक बार फिर से प्रदर्शनी रद्द हो जायेगी। हम लोग जिस तरह के हैं, वैसे में हम लोग आर्ट कौंसिल में ऐसी हालत में कभी भाग नहीं लेना चाहेंगे अगर उसने जॉर्ज को नज़रअन्दाज़ करने की कोशिश की। लेकिन मुझे उनकी तरफ़ से कुछ भी पता नहीं चला और हाल में ही मेरे भाई इमाम ने प्रदर्शनी के बारे में कुछ भेजा और आर्चर ने जो आमुख लिखा था वह भी।

जानते हो कृष्ण, अगर मैं इस घटना को महत्त्व दे रहा हूँ तो केवल इस कारण से क्योंकि मुझे उम्मीद थी कि गाय, सामन्त, तुमको, अकबर और मुझे सही तरीक़े से प्रतिनिधित्व दिया जायेगा और पहली बार सच में मुक़ाबला होगा। इससे सच में सूज़ा–चन्द्रा ने झूठमूठ का जो मिथक बना रखा है उसके ऊपर प्रभाव पड़ता। शुद्ध गल्पात्मक बातों की शक्ति के सामने कुछ भी नहीं टिक सकता, और मुझे निजी तौर पर यह लगता है कि लन्दन में ऐसे पर्याप्त लोग हैं जिन्होंने उसका आनन्द उठाया होता और स्वीकार किया होता जो हम कहना चाहते हैं। आज जो भारतीय पेंटिंग है लन्दन में भारतीय पेंटिंग उससे बहुत अलग है। जैसे मेक्सिको में, 'सोशलिस्ट रियलिस्ट' की प्रशंसा में बहुत सारा बकवास लिखा गया है। इस तरह के मसलों के ऊपर लिखना उतना ही आसान होता है जिस तरह से छद्म धार्मिक, पत्रकारीय एवं सेक्स के वर्णनों को लिखना। कोई हर बात को भारतीय दर्शन से जोड़ दे सकता है। लेकिन दृष्टि की वैधता के बारे में क्या है, जो पेंटिंग में बहुत गहरे रूप से आन्तरिक होना चाहिए?

अवसर जा चुका है। मुझे और दुःख इस बात का हुआ जब मुझे यह बताया गया कि जॉर्ज पेंटिंग जुटा रहा था तथा अभी तक उसकी सूची में ३० पेंटर जुड़ चुके थे। साथ ही, एक खण्ड लोक कला के ऊपर भी था। यहाँ भी मुझे पहले ही यह लग गया कि प्रदर्शनी असफल होगी। आज ज़रूरत इस बात की नहीं है कि बड़े पैमाने पर प्रदर्शित किया जाय बल्कि समकालीन भारतीय पेंटिंग में जो महत्त्वपूर्ण पहलू हैं उनको दिखाया जाय। उदाहरण के लिए, हर पहलू के दस चित्रों को प्रस्तुत किया जाय।

मुझे ख़ुशी इस बात की है कि कम से कम सामन्त वहाँ चार कैनवास के साथ था। मुझे पक्का यह लगता है कि वह लोगों को सोचने के लिए मजबूर करेगा।

मुझे इसके बारे में और विस्तार से बताना और मुझे यह पक्का लगता है कि इसके बारे में तुम मुझसे और अकबर से अधिक जानते हो।

मुझे बहुत ख़ुशी है कि तैयब जी दिल्ली में है और वह वहाँ रहकर काम कर सकता है। साथ ही, यह जानना बहुत सुखद है कि पॉल जेन्किन्स ने भी उसकी एक पेंटिंग ख़रीदी है। यह कितनी बड़ी बात है कि भारत में जो भी दिलचस्प आदमी आता है तुम लोग उससे मिल लेते हो। अकबर से रौशेनबर्ग की भारत यात्रा के बारे में अकबर से सुनकर मुझे बहुत ख़ुशी हुई। तुमने मुझे कभी नहीं बताया कि तुमने क्या बात की, लेकिन अकबर ने मुझे विस्तार से बताया कि बम्बई में जो नाटक हुआ था उसने उसकी साज-सज्जा किस तरह से की थी। केवल दो कैनवास और प्रिंट के साथ उसकी प्रदर्शनी जारी है। पेंटिंग अच्छे हैं, लेकिन मुझे प्रिंट की परवाह नहीं है।

पॉप पेंटिंग वालों का बुरा समय चल रहा है। अन्य स्थानों पर उनके प्रभाव बहुत कमाल के रहे हैं, उनके विचारों को तुरन्त ही उठाकर व्यावसायिक रूप से इस्तेमाल किया जाता है। लेकिन ऐसा लगता नहीं है कि यह आन्दोलन ठहर पा रहा है, और दुबारा सोचने पर जो पहली प्रतिक्रिया होती है वह ऐसा लगता है कि ग़ायब हो जाती है, जैसी कि उम्मीद थी। इसलिये हम सब निरन्तर और धीरे-धीरे काम करने की कोशिश करते हैं। ख़ुशी की बात है कि यहाँ कला की दुनिया में पूरी स्थिरता आ गयी है, लेकिन यह शायद कहने के लिहाज़ से बहुत जल्दी है, क्योंकि बहुत सारी जटिल बातों को एक साथ कर दिया गया है।

तो तुम कब आ रहे हो ? तुमको ज़रूर पेरिस होते हुए जाना चाहिए, हमारे साथ रहना चाहिए, चाहे वह हमेशा की तरह तुम्हारा सप्ताहान्त का आना ही हो।

मेरी प्रदर्शनी[१] को जनवरी के अन्त तक के लिए बढ़ा दिया गया है।

आख़िरकार सहगल ने अपने वास्तुशिल्पों की प्रदर्शनी के लिए म्युज़ियम ऑफ़ मॉडर्न आर्ट में इन्तज़ाम कर लिया है—चालू आदमी है—लेकिन भारत फ्रांस की मित्रता का स्तर बहुत अच्छा है। उसका उद्घाटन १५ जनवरी को है।

बहुत सारी अन्य बातें हैं करने को लेकिन मैं इस बड़ी चिट्ठी को समाप्त

करूँगा। कृपया लिखना। जॉर्ज और तैयब जी को मेरी शुभकामना देना। तुम उनको यह चिट्ठी दिखा सकते हो। उनको भी कहना कि लिखें।

एक बार फिर, तुमको नये साल की शुभकामनाएँ एवं तुमको और रेणु को बहुत सारा प्यार।

सदा की तरह,

रज़ा

१. समूह प्रदर्शनी : Realite's Nouvelles, Paris.

OO

९ मार्च, १९६५
पेरिस

मेरे प्रिय कृष्ण,

मुझे एक बड़ी ख़बर के साथ शुरुआत करने दो : आख़िरकार अकबर को न्यूयॉर्क से आमन्त्रण मिल गया! पोर्टर मैक्रे की चिट्ठी में यह घोषणा की गयी, उसके बाद एक और चिट्ठी उसके दफ़्तर से आयी जिसमें फॉर्म वग़ैरह हैं, जिनको भरकर भेजा जाना है। इस ख़बर के बाद हमने कैसोलुत में दिन की दावत उड़ाई और शाम के पाँच बजे तक बातचीत की। यह चिट्ठी पिछले इतवार को ही आयी थी इसलिए उम्मीद करता हूँ कि अकबर ने अब तक तुमको लिख दिया होगा।

हम सभी इस बात से बहुत ख़ुश हैं कि उसको इस यात्रा का मौक़ा मिला। यह ख़बर एक तरह से अप्रत्याशित थी क्योंकि इस वृत्ति को लेकर हम सभी अनिश्चित थे। अकबर ख़ुद भी बहुत ख़ुश था और सोलान्जे भी। इस बार पतझड़ के मौसम में न्यूयॉर्क की कला दुनिया बहुत उत्साहित करने वाली होने वाली है। बहुत सारी चीज़ें होने वाली हैं। यह अच्छा है कि अकबर वहाँ रहेगा और हमें सारे समाचार देगा। वैसे भी इस साल गर्मियों में, तुम सब साथ होगे—गाय, अकबर और तुम—और कौन जानता है, शायद बाल भी। मुझे उसको भी लिखना चाहिए। लेकिन, वल्लाह, सर्दियों में तुम सभी को भारत लौटना होगा क्योंकि वहाँ हमारी योजना है और इस बार काफ़ी गम्भीर भी है। अकबर और मुझे जो चिट्ठी तुमने लिखी थी वह समय से मिल गयी थी, और हमेशा की तरह से हमें अच्छी अच्छी ख़बरें सुनकर बहुत मज़ा आया। मुझे इस बात की ख़ुशी है कि तुमने लन्दन और दिल्ली में प्रेस को लिखा। शायद तुम अकेले ही हो जिसने कुछ किया। यह ज़रूरी था। काश! मैं भी ऐसा कर पाता, लेकिन लिखने का काम मुझे बहुत मेहनत भरा लगता है। इसमें मुझे इतना समय

लगता है और अक्सर मुझे डिक्शनरी लेकर बैठना पड़ता है। इसके अलावा, अनुभव यह बताते हैं कि अगर कोई यह छटा है कि सकारात्मक नतीजे मिलें तो उसको हथियार का इस्तेमाल करना चाहिए। ख़राब चिट्ठी क्या लिखना? लेकिन मैंने यह खेल किसी से भी अधिक साफ़ तरीक़े से देखा है, इस प्रदर्शनी के लिए जो पाँच पेंटिंग मैंने तैयार रखी हुई थी वह मेरे अपने बचाव में है। पता नहीं है कि अब हालात कैसे हैं।

मैं इसके लिए तैयार हूँ कि भारत में टीम के रूप में प्रदर्शनी का प्रस्ताव दिया जाय। इसलिए नहीं कि सूज़ा का मुक़ाबला करना है या उसकी बराबरी करनी है—यह कोई मुश्किल उठाने लायक बात ही नहीं है—बल्कि ऐसे पहलू हैं जो हमको क़रीब लाते हैं और हम बिना किसी झूठे प्रचार के एक गम्भीर प्रदर्शनी कर सकते हैं। इसकी योजना मार्च १९६६ के लिए रखी जाय। हम उम्मीद करते हैं नवम्बर के अन्त में आयेंगे और हमारे पास कुछ जगहों पर घूमने और काम करने के कई महीने होंगे। अकबर और गाय की पेंटिंग न्यूयॉर्क से हवाई जहाज से मँगवाई जा सकती हैं। मुझे निश्चित रूप से लगता है कि न्यास मदद करेगा। इसके अलावा, हम लोगों को गम्भीरता से समकालीन कला को लेकर एक संस्थान खोलने के बारे में विचार करना चाहिए। अकबर और मैं महासचिव बनना चाहते हैं। यह एक तरह का बलिदान होगा जो हम तुमसे इस हित के लिए चाहते हैं, और हुसेन से भी, अध्यक्ष बनने के लिए किसको कहा जाना चाहिए। मुझे यह निश्चित रूप से लगता है कि गाय, बाल, राग, तैयब जी तथा अन्य दोस्त इससे सहमति जतायेंगे। या फिर वे कोई नये विचार देंगे। लेकिन फ़िलहाल इस तरह एक संस्थान की बहुत ज़रूरत है। प्रदर्शनी आयोजित करने के लिए यह एक प्रभावी कलाकार संगठन हो सकता है, इसका अपना पुस्तकालय हो सकता है, प्रदर्शनी कक्ष और यहाँ तक कि एक कला स्कूल भी, जो बिलकुल आधुनिक ढंग का हो। मैंने और अकबर ने इसके बारे में बात की थी और उम्मीद करता हूँ कि जब तुम यहाँ आओगे तब इसके बारे में बात करेंगे। स्थानीय हालात इतने ज़रूरी होते हैं कि कोई इतनी दूर से सब कुछ को लेकर इतना निश्चित नहीं हो सकता।

हम सब तुमसे मिलने के लिए बहुत बेचैन हैं। हमें यहाँ आने की तारीख़ और न्यूयॉर्क में अपनी प्रदर्शनी की तारीख़ों के बारे में बताना। क्या रेणु भी आ रही है? उससे फिर से मिलना बहुत अच्छा रहेगा। वैसे कला की

दुनिया में बहुत उलझन जैसी हालत बनी हुई है यहाँ बहुत सारी चीज़ें हो रही हैं। हम जमकर काम कर रहे हैं। मेरी अगली प्रदर्शनी नवम्बर में पेरिस में होगी, तब तक मेरी जर्मनी में एक और प्रदर्शनी है, लेकिन यह सब इस बात के ऊपर निर्भर करता है कि मैं काम किस तरह का करता हूँ।

हमें यह पता चला है कि बम्बई में तैयब जी की प्रदर्शनी हुई थी जो बहुत अच्छी तरह से बिक गयी। क्या वह पेंटिंग करता रहा है? वह कभी नहीं लिखता है, न ही गाय। चित्रों के साथ तुम्हारा कैटलॉग पाकर बहुत ख़ुशी हुई। मुझे पुनर्प्रस्तुतियाँ अच्छी लगीं और मुझे इस बात की ख़ुशी है कि प्रदर्शनी अच्छी तरह हो गयी। क्या इस बार कुछ मूल देखने को मिलेगा? हलके पेंट के साथ ये कैनवास कितनी अच्छी तरह मुड़ जाती है।

OO

११ मार्च, १९६५

यह चिट्ठी भेजने में देरी हो गयी। मेरे दिमाग़ में और और चीज़ें चल रही थीं। मैं तुमको हम लोगों के बारे में और कुछ समाचार देना चाहता था, पेरिस के बारे में, लेकिन अब मैं तुम्हारे आने तक के लिए इन्तज़ार करूँगा। अकबर ने कहा कि तुम मार्च के आख़िर में आ रहे हो। १६ से २६ अप्रैल के बीच गोर्बियो जाना पड़ सकता है। लेकिन यह अभी पक्का नहीं है।

अगले पत्र में और भी। तुमको और रेणु को हमारा प्यार।

सदा,

रज़ा

OO

१९ जून, १९६५
पेरिस

मेरे प्रिय कृष्ण,

मैं काफ़ी दिन से तुमको लिखने के लिए इन्तज़ार में रहा हूँ, और इस देरी के लिए मुझे माफ़ करना। कल अकबर और सोलंजे के जाने से पहले हमने रात का खाना रखा था। मेरा भाई इमाम, जो कि पेरिस में ही था, हमारे साथ आ गया और हम सभी ने उस शाम का भरपूर आनन्द लिया। अकबर और सोलंजे मंगलवार २२ तारीख़ को जा रहे हैं और मुझे लगता है कि यह बहुत जल्दी है। चेल्सिया में बहुत मज़ा आया।

अकबर ने मुझे तुम्हारे बारे में नयी बातें बतायीं। मुझे इस बात की बेहद ख़ुशी है कि तुम्हारी प्रदर्शनी बहुत सफल रही। क्या तुमने कैटलॉग बनवाया था? तुम्हारी बड़ी सुमी पेंटिंग में से कम से कम एक की श्वेत-श्याम तस्वीर मुझे चाहिए।

मुझे ख़ुशी है कि तुम पेरिस आ रहे हो। मुझे लगता है कि इस बार तुम रायबंड्स के साथ रहने की योजना बना रहे हो। हालाँकि, तुमको बस यह बताना चाहता हूँ कि अगर वे शहर से बाहर हुए या कोई अन्य कारण हुआ तो यह जान लो कि हमेशा की तरह हमारा घर तुम्हारा है, और अगर तुम हमारे साथ ठहरे तो हमें बहुत अच्छा लगेगा। वैसे कोई बात नहीं है। बस, मैं तुमको इस बात की याद दिलाना चाहता हूँ कि हम इस सप्ताहान्त बाहर हैं। इसलिए बेहतर है कि सप्ताह दिनों में आने की योजना बनाओ।

अकबर की प्रदर्शनी बहुत सफल रही। उसका काम बहुत अच्छा था और उसके कुछ कैनवास बिक गये, जो पेरिस के आज के हालात में बहुत बड़ी बात है। मैं सच में इस बात से ख़ुश हूँ कि उसके लिए सब कुछ इतनी अच्छी तरह से हो रहा है। मुझे निश्चित रूप से यह लगता है कि अमेरिका

यात्रा से उसका और भी भला होगा।

हम तुम्हारी दोस्त लैला लैंगहलिन से मिले थे। वह बहुत अच्छी लड़की है और ज़ानीन को भी उससे मिलना बहुत अच्छा लगा। पॉल जेन्किन्स ने हालाँकि कभी फ़ोन नहीं किया। हो सकता है कि वह अपनी प्रदर्शनी में व्यस्त रहा हो। मैंने उसकी प्रदर्शनी देखी और मुझे लगता है कि गैलरी में उसके लिए लिखना चाहिये और जिन दिनों तुम आओ तो उसको उन दिनों में आने के लिए कहना चाहिए।

गाय के क्या हाल हैं? ऐसा लगता है कि एब और जान भी कुछ समय के लिए न्यूयॉर्क जाने वाले हैं। उनको हमारा बहुत अभिवादन कहना। आज शनिवार है। हम दिन के खाने के बाद सेंट फ़ार्जय जाने की योजना बना रहे हैं इसलिए मैं अब यह चिट्ठी भेज दूँगा। जब हम मिलेंगे तो और बातें। कृपया लिखना और बताना कि तुम कब आ रहे हो।

हम दोनों की तरफ़ से प्यार के साथ,

रज़ा

२२ जून, १९६५
४५ ग्रेनरी पार्क नार्थ
न्यूयॉर्क १०

मेरे प्रिय रज़ा,

तुम्हारी चिट्ठी पाकर बहुत अच्छा लगा और मैं इस बात से बहुत ख़ुश हुआ कि तुम इतनी उदारता से अपनी दोस्ती और प्यार देते हो। तुम बहुत दुर्लभ क़िस्म के दोस्त हो। तुम इस बात को जानते हो कि तुम दोनों के साथ मैं कितना सहज महसूस करता हूँ और मैं तुम्हारे घर बहुत स्वाभाविक रूप से आऊँगा, जैसे पहले मैं करता रहा हूँ। इस बार मुझे कृष्णा और ज्यां ने अपने साथ ठहरने के लिए कहा था और मुझे लगा कि न नहीं कहना चाहिए। इसका मतलब यह नहीं है कि वहाँ रहते हुए मैं तुम लोगों से काफ़ी नहीं मिलूँगा। मैंने अपना टिकिट करवा लिया है और मैं एयर इण्डिया से ७ जुलाई को ११ बजे सुबह पहुँच जाऊँगा (जो कि बुधवार है), मेरा फ्लाइट नम्बर है १०४। मैं दिल्ली के लिए शनिवार १० जुलाई को सुबह ११.४५ की फ्लाइट से वापस आऊँगा, एयर इण्डिया की फ्लाइट संख्या ११० से। इससे पेरिस में मेरे पास तीन स्पष्ट दिन होंगे; यह सच में अधिक नहीं है, लेकिन मुझे करना क्या है। मैं तीन महीने से रेणु से दूर हूँ और वापस जाने के लिए तड़प रहा हूँ। हो सकता है कि अगली बार मैं पेरिस ही आऊँ। कौन कह सकता है!

मेरी प्रदर्शनी उससे कहीं अधिक अच्छी रही जितना कि मैंने सोचा था। अभी तक मैं सात पेंटिंग बेच चुका हूँ, और अभी भी इस बात की सम्भावना है कि कुछ और बिक जायँ, जिसमें एक म्युज़ियम ऑफ़ मॉडर्न आर्ट के लिए भी हो सकता है। लेकिन तुमको इस बारे में नहीं पता है कि संस्थान में कितनी अफ़सरशाही हो चुकी है, एक मैं राजदूत के माध्यम से बेच सकता था लेकिन मैं इस तरह से नहीं करना चाहता हूँ।

मैं अकबर के यहाँ आने के इन्तज़ार में हूँ हालाँकि यह बहुत कम समय के लिए ही होने वाला है। मैं यहाँ बुरी तरह से व्यस्त हूँ, काश मैं यहाँ पहले ही आया होता।

इस छोटी चिट्ठी के लिए माफ़ करना क्योंकि बात करने के लिए कितना कुछ है, सदा की तरह। मेरी तरफ़ से ज़ानीन के दोनों गालों को चूम लेना।

तुम दोनों को ढेर सारा प्यार,

कृष्ण

OO

१४ अक्टूबर, १९६३
पेरिस

मेरे प्रिय कृष्ण,

जिस दिन तुम्हारी चिट्ठी मिली उसी दिन मैं अकबर से मिला। उसका पता : ७ रु लेबोयस, पेरिस १४वाँ, सही है। ऐसा लगता है तुमने मुझे जो चिट्ठी लिखी थी और उसकी चिट्ठी में हेर-फेर हो गया। मुझे निश्चित तौर पर लगता है कि तुमको उसकी चिट्ठी मिल चुकी है और सब कुछ सही चल रहा है।

तुम्हारी ख़बर पाकर अच्छा लगा। तुम शायद ही कभी कहते हो कि माहौल कैसा है—तुम्हारे पास अपार्टमेंट है या नहीं, क्या तुमने व्याख्यान दिया या नहीं, आदि। क्या आसपास काफ़ी लड़कियाँ हैं? अपने आकर्षण का इस्तेमाल करो नहीं तो पछताओगे। मैं जानता हूँ कि मेरी राय कहने लायक नहीं है—अगर तुम सहारा में चले गये तो वहाँ ऊँटों को भी आकर्षित कर लोगे।

काम कैसा है?

हम ज्यां और एब से मिले : हमेशा की तरह शानदार। उन्होंने एक ज़ानीन का, एक अकबर का और दो रज़ा के चित्र ख़रीदे। सभी छोटी-छोटी पेंटिंग थीं, लेकिन मैं उनको उसके नये घर में देख सकता हूँ। हमने तुम्हारी कमी महसूस की। मैं कृष्णा, रायबोंड या अनिल से अभी तक नहीं मिला हूँ और इसलिए मैं उम्मीद करता हूँ कि तुमने ३६ घण्टे पेरिस में क्या किया, जो कि असल में क़ानूनी रूप से रहने के लिए दिये गये समय से अधिक था।

हम सान्याल से भी मिले। ठण्डा-गर्म व्यवहार रहा, लेकिन मेरी अपनी समझ यह है हम उसको लेकर थोड़े अधिक सख़्त रहे हैं। वह बाक़ी कई

अन्यों की तुलना में बेहतर है, और वह असल में बहुत अच्छा कर रहा है। हालाँकि, दिल्ली से बाहर रहने के कारण मुझसे बहुत सारी चीज़ें छूट गयीं। लेकिन मुझे अपनी दृष्टि-क्षमता के ऊपर भरोसा है और मुझे यह समझ में आ जाता है।

मेरे स्टूडियो की परियोजना, जिनमें हम साथ गये थे, इसके बावजूद रह गयी कि मैंने सारी शर्तें मान ली थीं।

मैं बाद में विस्तार से लिखूँगा। तुम भी यही करने की कोशिश करना।

हम दोनों की तरफ़ से प्यार,

रज़ा

○○

२७ अक्टूबर, १९६५
३ बी मथुरा रोड, जंगपुरा एक्सटेंसन
नयी दिल्ली १४

मेरे प्रिय रज़ा,

पिछली बार जब पेरिस में तुमसे मिला था उसके बाद से तुमसे कुछ भी सुनने को नहीं मिला, मैंने तुमको कम से कम दो बार लिखा है। यह हो सकता है कि हाल कि झड़पों के कारण डाक विभाग में बाधा आ गयी हो। बहरहाल, मैं कुछ चिन्तित हूँ और ईमानदारी से इस बात की उम्मीद करता हूँ कि तुम दोनों ही अच्छे हो और जमकर काम कर रहे हो। मैं हमेशा की तरह यह सुनना चाहता हूँ कि तुम क्या करते रहे और यह कि क्या ज़ानीन को कोई गैलरी मिली। मैंने कुछ तस्वीरें मिस स्पेयर को भेज दी हैं और मैं उनके जवाब का इन्तज़ार कर रहा हूँ।

हाल के युद्ध ने तुमको ज़रूर दुखी कर दिया होगा। मुझे निश्चित रूप से यह नहीं लगता है कि जो भी हुआ उसके बारे में तुमको सही समाचार और विचार मिलता भी है या नहीं। निश्चित रूप से ब्रिटिश एवं अमेरिकी प्रेस ने शुरुआत में पाकिस्तान का समर्थन किया था लेकिन अब वे धीरे-धीरे अधिक सकारात्मक और वस्तुनिष्ठ तरीक़े से रिपोर्टिंग कर रहे हैं। यहाँ किसी को भी इस बात का सन्देह नहीं है कि युद्ध की शुरुआत पाकिस्तान ने की थी। चीन से घुसपैठ के तरीक़े को सीखकर उन्होंने प्रशिक्षित करके बहुत सारे लोगों को कश्मीर में इसलिए भेजा ताकि वे वहाँ जन विद्रोह करवा सकें। बहरहाल, उन्होंने बुरी तरह से मुँह की खाई, और हाल में तैयब, हुसेन, राम और मैं बहुत सारे सीमाक्षेत्र पर यह देखने के लिए गये थे कि २० दिनों के युद्ध में हमारे लिए क्या हुआ। हमें इस बात में कोई शक नहीं है कि हमारा उत्साह और हमारी योग्यता वही नहीं है जो कि १९६३ में थी।

काश! तुम यहाँ होते। वह बहुत दिल को छू लेने वाला अनुभव था जिसने हमें गहरे रूप से प्रभावित किया, और एक तरह से उसने हमारे नज़रिये को बदल कर रख दिया। मेरा मतलब यह है कि यह विशुद्ध रूप से मानवीय अर्थों में। कम से कम मेरे लिए, इसने मेरी पेंटिंग में एक मोड़ लिया है। मैं पूरी तरह कला से सम्मोहित नहीं हूँ, भावनात्मकता की भी उपेक्षा नहीं की जा सकती है। आप कोई सिर या कोई आकृति दुर्घटनावश पेंट नहीं करते हैं बल्कि अपनी इच्छाशक्ति की बदौलत करते हैं। फिर व्यक्ति की कृत्रिम गतिविधियाँ सामने आ जाती हैं। जो मैं महसूस करता हूँ उसको कहने का यह बहुत संक्षिप्त रूप है लेकिन मैं यह कहना चाहता हूँ कि शुद्धता मेरे लिए कोई पूर्णकालिक पहलू नहीं है। मैंने पेंटिंग की नीलामी आयोजित की और जवानों की राहत के लिए २१ हज़ार ५ सौ रुपये जुटाये।

तुम आ कब रहे हो? क्या तुमने अपनी योजना बदल ली है? कृपया मुझे लिखना।

मेरी तरफ़ से तुम दोनों को प्यार,

कृष्ण

OO

११ नवम्बर, १९६५
पेरिस

मेरे प्रिय कृष्ण,

तुम्हारी भेजी सभी तीन चिट्ठियाँ समय पर पहुँच गयीं। मैं व्यस्त रहा और कई कारणों से निराश भी और इसके लिए मुझे माफ़ करना कि मैं जवाब नहीं लिख पाया। हाल में मैं अपनी भारत यात्रा को लेकर इतना अनिश्चित हूँ कि मुझे लिखना और भी मुश्किल लग रहा था। हालाँकि, इसमें देर इतनी हो चुकी थी कि मैंने यह तय पाया कि आज तुमको ज़रूर लिखना चाहिये और हमारी ख़बर देनी चाहिए।

मैं सबसे मुख्य सागस्या से शुरू करूँगा। गर्मियों के समय से ही मैं अपनी दायीं आँख को लेकर बहुत परेशान हूँ। तुमको बताऊँ कि मैं बहुत ध्यान रख रहा था, मैंने चश्मा भी ख़रीदा था, और आँखों के कुछ डाक्टरों से भी मिला था, जिससे यह पता चला कि मेरी दायीं आँख में बहुत अधिक तनाव था। वे इसको 'हाइपोटोनिक ओक्युलर' कहते हैं। मुझे यह सलाह दी गयी कि आराम करूँ और हम अपने गाँव गोर्बियो गये, जो फ्रांस के दक्षिण में है। हमने वहाँ रहकर क़रीब ढाई महीने आराम किया। लेकिन ओह, मेरी आँख में अब भी तनाव २९ के आसपास है, जबकि सामान्य १८ (इसका रक्तचाप से कोई सम्बन्ध नहीं है) होता है। मुझे यह कहा गया कि अगर यह इसी तरह रहता है तो बुद्धिमानी इसी में होगी ऑपरेशन करवा लिया जाय। यह कहना व्यर्थ है कि हम बहुत डर गये और हमने यह फ़ैसला किया कि इस समस्या का ध्यान यहीं रखा जाय। इसलिए काफ़ी सोच-विचार के बाद हमने यह तय किया कि इन सर्दियों में भारत यात्रा को रद्द कर दिया जाय।

मैंने पेरिस की अपनी प्रदर्शनी को भी आगे बढ़ा दिया है और बहुत ख़ामोश जीवन जी रहा हूँ। गोर्बियो वरदान की तरह है और मैं क़िस्मत का शुक्रिया अदा करता हूँ कि हमने सही समय पर घर ख़रीदा। पेरिस के जीवन की

भाग-दौड़ से दूर वहाँ मुझे काफ़ी अच्छा लगता है। लेकिन उसके बाद युद्ध की ख़बर आयी। हम लोग बहुत चिन्तित हो गये, और रेडियो सुनते रहते थे या समाचार पत्र में खोजते रहते थे कि हर सम्भव ख़बर मिल जाय।

शुरू-शुरू में यूरोप का प्रेस भारत के पक्ष में बिलकुल नहीं था, लेकिन बाद में उनका लहजा बदला, हालाँकि बहुत धीरे-धीरे। मुझे लगता है कि हमारे सम्मान की बात पहले से कहीं अधिक है इस समय और यही कारण है लाहौर में कार्रवाई करने के निर्णय का। यह बहुत बड़ा क़दम था और इस स्तर पर अगर यह निर्णय नहीं लिया गया होता तो माहौल दमघोंटू हो गया होता। हालाँकि, इसका दुखद नतीजा यह रहा कि सेना की कार्रवाई हमेशा दण्डात्मक होती है, और उसने सब कुछ बदल दिया। यहाँ तक कि यहाँ भी आम धारणा यही है कि भारत की स्थिति पहले से बेहतर हुई है। साथ ही, ख़ासतौर पर इस बात की तारीफ़ की गयी कि देश कुल मिलाकर एक है।

इस दौरान हम गोर्बियो में रहे, असहाय महसूस करते हुए। बेहद उत्तेजना और चिन्ता की दशा थी। मैंने एक बहुत बड़ी स्याह पेंटिंग बनायी—गोर्बियो में मैंने जो पाँच कैनवास बनाये उनमें शायद यही सबसे अच्छी रही—जो कुछ भी अभिव्यक्त नहीं करता सिवाय आन्तरिक वातावरण के।

मैं उत्सुक हूँ, बहुत उत्सुक हूँ, यह देखने के लिए कि राम और हुसेन के साथ अलग-अलग मोर्चों पर जाने के बाद तुमने क्या पेंटिंग बनायी। एब यहाँ था और वह तुम्हारी पेंटिंग को लेकर बहुत उत्साहित था। मैं यह देखने के लिए बहुत उत्सुक हूँ कि उन अनुभवों के प्रभाव में तुमने किस तरह के बदलाव देखे, और किस हद तक भावनाओं ने नये रूपों के गठन में तुम्हारी मदद की, वह भी सुमी के अनुभव की बिना अवज्ञा किये। सुमी में युद्ध से भी बहुत कुछ अधिक होता है। लेकिन इस सबको ईमानदारी से बता पाना बहुत मुश्किल होता है—सिवाय पत्रकारों के।

अकबर जब से गया है तब से मुझे उसकी एक भी चिट्ठी नहीं मिली है। सोलंजे आ गयी है लेकिन अभी हम उससे मिले नहीं हैं। मैंने रेणु के भाई से फ़ोन पर दो बार बात की। यह सहमति बनी कि वह स्टूडियो में आयेगा, लेकिन आख़िरी पल में उसने इस मुलाकात को रद्द कर दिया। कोरिना की भी कोई ख़बर नहीं है।

पेरिस के स्टेट म्युज़ियम ने मेरे बड़े कैनवास 'समर' को ख़रीद लिया है। इस साल म्युज़ियम ऑफ़ मॉडर्न आर्ट द्वारा ख़रीदी गयी मेरी यह दूसरी पेंटिंग है। ज़ानीन ने भी एक बड़ी पेंटिंग बनायी जो कि सेंट गेर्में देस प्रे की एक फ़ैशनेबल दूकान में टँगी हुई है। वह बहुत अच्छी लग रही है। हम धीरे-धीरे काम कर रहे हैं और सब कुछ चल रहा है। मेरी प्रदर्शनी अप्रैल या मई के लिए नियत की गयी है, और हम उम्मीद कर रहे हैं कि उसी दौरान कुछ महत्त्वपूर्ण लेख भी प्रकाशित हों। बहरहाल, मैं उम्मीद करता हूँ कि प्रदर्शनी के लिए कुछ बेहतर चित्र बना सकूँ।

मेरी गतिविधियाँ जोर-शोर से चल रही हैं। पेरिस ट्रायनेल कम दिलचस्प रहा। फ्रेंच पॉप पेंटर ऊपर नीचे कर रहे हैं। कुछ भ्रम तो है लेकिन गम्भीर काम हो रहे हैं। हमने हाल में ही केवल अमूर्त चित्रों की एक शानदार प्रदर्शनी आयोजित की। हालाँकि, कुछ बहुत बड़ा दिखायी नहीं दे रहा है।

हमें सच में अपनी यात्रा को टालने का बहुत दुःख है। आने की मेरी बहुत इच्छा हो रही है, लेकिन एक निर्णय लेना ही था। सकारात्मक ढंग से देखूँ तो मुझे लगता है कि अगला साल बेहतर होने वाला है, क्योंकि तब तक गाय और अकबर वापस आ चुके होंगे और हम सब साथ होंगे। इस साल मुझे उनकी कमी खली।

यहाँ ठण्ड है। हम अपार्टमेंट और स्टूडियो को गर्म रखते हैं। मैंने उम्मीद की थी कि इस साल सर्दियों से बच जाऊँगा, लेकिन बच नहीं पाया।

कृपया मेरी आँख की समस्या को समझना। इसके अलावा, यह भी हो सकता है कि ऑपरेशन न करवाना पड़े। मैंने इसके बारे में बहुत नज़दीकी दोस्तों से ही बताया है।

कृपया ज़रूर लिखना। तुम्हारी चिट्ठियों को पाकर हमेशा ख़ुशी होती है और हमें घर से समाचार पाकर हमेशा ख़ुशी होती है।

तुमको और रेणु को प्यार,

रज़ा

OO

१६ नवम्बर, १९६५
३ बी मथुरा रोड
जंगपुरा एक्सटेंशन
नयी दिल्ली १४

मेरे प्रिय रज़ा,

मुझे न जाने क्यों यह सन्देह होने लगा था कि तुम्हारी लम्बी चुप्पी अच्छा शगुन नहीं थी और बहुत दिनों बाद आयी तुम्हारी चिट्ठी से मेरा डर सही साबित हुआ। तुमको आँख में हो रही परेशानी की बात जानकर मैं और रेणु बहुत दुखी हुए और हम पूरी उम्मीद करते हैं कि तुम ऑपरेशन से बच जाओगे। भगवान का शुक्र है कि तुम अपने स्वास्थ्य को लेकर सजग हो और जो भी सावधानियाँ लेनी चाहिये थीं तुमने वह सारी लीं, इस मामले में तुम मेरे एकदम विपरीत हो। मैं इस डर से डाक्टरों से भागता हूँ कि वे कहीं कुछ बता न दें। यह बहुत राहत की बात है कि तुम्हारी देवी जैसी पत्नी है जो तुम्हारी देखभाल करती है। इस मामले में हम एक समान भाग्यशाली हैं। बहरहाल, अगर ऑपरेशन करवाना ज़रूरी हुआ तो तुम हिचकना मत। इन दिनों सब कुछ बहुत आसानी से हो जाता है। हम इस बात से ख़ुश हो सकते हैं कि हम मध्यकाल में नहीं पैदा हुए; हम उनकी कला, उनके ज्ञान की तो तारीफ़ करते हैं लेकिन उस दौर में चिकित्सा की हालत वैसी नहीं थी।

तुम्हारी चिट्ठी के साथ अकबर और कोरिना की चिट्ठी भी मिली। उसने बताया कि उसने तुमको फ़ोन करने की कोशिश की लेकिन उसको कोई जवाब नहीं मिला और अब मैं सही ही इस नतीजे पर पहुँच गया कि तुम उस समय गोर्बियो में थे। ऐसा लग रहा है कि अकबर न्यूयॉर्क में पूरे जोश में है। मुझे यह बताया गया है कि उसने अभी कुछ ख़ास काम नहीं किया है। उसको लय में आने में कुछ समय लग जाता है। मॉन्ट्रियल में उसकी

प्रदर्शनी[1] नियत हो गयी है और मुझे ऐसा लगता है कि यह बहुत अच्छी बात होगी। मुझे यह भी महसूस होता है कि उसको न्यूयॉर्क में किसी गैलरी से जुड़ जाना चाहिये और इससे उसको मूल्यवान आधार मिलेगा जिसके बल पर वह पेरिस की गैलरियों को सँभाल सकेगा। उसने बताया है कि सूज़ा और चन्द्रा दोनों ही वहाँ वृत्ति पर गये हुए हैं। उनको शुभकामनाएँ। इस बात को लेकर परेशान होने की कोई बात नहीं है कि किस तरह कुछ औसत क़िस्म के कलाकार अपने आप को बहुत महत्त्वपूर्ण बना लेते हैं। किसी को अपने मूल्यों, दोस्तों, आलोचनात्मक विचारों आदि की अपनी दुनिया बना कर रखनी चाहिए। एक बात निश्चित है कि आप लोगों की आँखों के ऊपर सदा के लिए पट्टी बाँधकर नहीं रख सकते। सूज़ा जब पिछली बार दिल्ली और बम्बई आया था तब जिस ठण्डेपनके साथ उसका स्वागत किया गया था उसको उसकी उम्मीद नहीं रही होगी।

मुझे इस बात की ख़ुशी है कि इसके बावजूद कि तुमको मजबूरन आराम करना पड़ा लेकिन तुमने काम किया। मुझे उन तीन बड़ी पेंटिंग को देखना अच्छा लगता जो तुमने बनायी हैं। मुझे लगता है कि तुम्हारे जो बड़े कैनवास हैं वह छोटे कैनवास से अधिक सफल होते हैं, और इस कारण मुझे सन्देह है कि बड़ी पेंटिंग में रूप अधिक निश्चयात्मक रूप से संघटित होकर उभरता है—छोटी पेंटिंग ऐसे लगते हैं कि अधिक बिखरे हुए होते हैं और अपने आप में पूर्ण रूप से बयान नहीं होते हैं। विल द पेरिस में एक और पेंटिंग बेचने के लिए बधाई।

मैं धीरे-धीरे काम कर रहा हूँ और मेरे पास प्रदर्शनी के लिए सोलह सुमी हैं। मेरी प्रदर्शनी की शुरुआत कुमार में २७ तारीख़ की हो रही है और पन्द्रह दिन तक चलेगी। भगवान् ही जानता है कि स्थानीय लोग, जिनकी पसन्द थोड़ी संकीर्ण है, वे किस तरह से प्रतिक्रिया देंगे। सदा की तरह, मैं किसी भी तरह की बिक्री न होने के लिए तैयार हूँ। जहाँ तक बिक्री की बात है तो इस सीजन की शुरुआत बहुत उत्साहजनक नहीं रही है और सब कुछ बहुत फीका है। कुमार ने अनुबन्ध के लिए जो पैसे दिये थे और इस साल के शुरू में मैंने जो बेचा था उसी से गुज़ारा चला रहा हूँ लेकिन मैं चिन्तित नहीं हूँ और अभी भी मेरे अन्दर यह उम्मीद है कि सब कुछ ठीक हो जायेगा। मैंने कुछ तैलचित्र इस साल बेचे हैं और पिछले सप्ताह रूडी ने एक रेखांकन ख़रीदा था। एक तरह से यह अच्छा ही हुआ कि तुमने

अपनी यात्रा को अगले साल तक के लिए मुल्तवी कर दिया। केकू गाँधी तुमसे मिला या नहीं। मेरी सलाह मानो तो उससे किसी तरह का वादा मत करना। वह व्यापारी है और पेंटिंग के बारे में वह कुछ भी नहीं समझता है। तुमको करना यह चाहिये कि नवम्बर १९६६ के लिए ताज आर्ट गैलरी को बुक कर लो, जो मैं भी कर रहा हूँ। और अगर तुम परेशानी उठाना नहीं चाहते हो तो श्रीधरणी गैलरी को बुक कर लो, उसमें तुम कुमार या धूमिमल गैलरी (इसकी सलाह मैं नहीं देता) या कैमोल्ड कुनिका (इसकी सलाह और भी कम) के माध्यम से जा सकते हो। लेकिन तुम अभी से इसके बारे में सोचना शुरू कर सकते हो, इसमें बहुत देर मत करो।

अगर तुम यह चाहते हो कि मैं तुम्हारे लिए कुछ करूँ, तो मुझे करने के लिए कहना। हम लोग तुम्हारे यहाँ आने का बहुत इन्तज़ार कर रहे हैं, और तुम्हारे न होने की कमी को हम महसूस करेंगे साथ ही ज़ानीन के स्वागत का मौक़ा भी; लेकिन अगले साल हम फिर से शानदार तरीक़े से मिलने के इन्तज़ार में हैं। मैं बहुत सारे आकृतिमूलक तैलचित्र बना रहा हूँ। मैं उससे बहुत ख़ुश हूँ लेकिन अभी बहुत कुछ किया जाना बाक़ी है। मैं उनको दिखा नहीं रहा हूँ, जबकि मैं जानता हूँ कि मैं उनको बेच सकता था। तैयब मेरे पड़ोस में है, वह भी अच्छा पेंट कर रहा है और उसकी प्रदर्शनी जनवरी में है। अर्नेस्ट वान लीदेन यहाँ आया हुआ है। हम उससे कल मिले थे और उससे काफ़ी मिलने वाले हैं। वह अच्छा आदमी लगता है। क्या तुमको कुछ पता है कि रायबंड आ रहा है या नहीं? मैडम ने मेरी चिट्ठी का जवाब नहीं दिया।

तुम दोनों को ढेर सारा प्यार, ज़ानीन के दोनों गालों पर प्यार,

सदा की तरह,

कृष्ण

१. म्यूज़ियम ऑफ़ कंटेम्पेररी आर्ट, मॉन्ट्रियल में एकल प्रदर्शनी, १९६६

OO

२७ जनवरी, १९६७
बम्बई

मेरे प्रिय कृष्ण,

२२ जनवरी को लिखी तुम्हारी चिट्ठी के लिए शुक्रिया।

मुझे इस बात की ख़ुशी है कि मेरे तर्क तुमको सार्थक लगे और यह कि त्रिनाले में मेरी पहली भागीदारी अधिक कारगर होने वाली है। कल मैंने एक चिट्ठी सान्याल और एक सुलतान अली को भेजी, उनको विस्तार से बताने के लिए; उन्होंने मुझसे तत्काल कैटलॉग की माँग की, जो छप रहा है। मैं तुमको उसकी एक प्रति संलग्न कर रहा हूँ। दो पेंटिंग पहले ही कैमोल्ड गैलरी में पहुँच चुके हैं और, जिनको अन्य पेंटिंग्स के साथ, दिल्ली भेजा जाना है।

तुम्हारे ऊपर मुझे पूरा विश्वास है कृष्ण। समस्या कुछ और है। इसका सम्बन्ध महज़ चयन की प्रक्रिया से है, जो शायद उन समस्याओं एवं मान्यताओं से प्रभावित थीं जिनके बारे में मुझे पता नहीं है। हालात को जानने के लिए मैं निश्चित रूप से मिलने का इन्तज़ार करूँगा। इस बीच, मैं तुमको दो पेंटिंग भेज रहा हूँ : मटमैला लैण्डस्केप जो मैंने यहाँ आने के बाद बनाया था और दूसरा है 'तृष्णा १९६८', उसी आकार का जिस आकार की नेविल वाडिया की पेंटिंग है। मैं १९६२ की पेंटिंग भेजने के लिए ख़ुद को तैयार नहीं कर पाया, जो कि बिलकुल ही अलग अन्दाज़ का है क्योंकि आजकल दिमाग़ में धुँधलापन है। अगर तुमको ये पसन्द न आयें तो इनको मत दिखाना। मैं बस यही कह सकता हूँ, हालाँकि मुझे इस बात का आत्मविश्वास है कि तुमको और दासगुप्ता, दोनों को ही, मेरे नज़रिये की वैधता नज़र आयेगी।

व्यावहारिक कारण से मैंने दूसरी वाली पेंटिंग का शीर्षक 'तृष्णा' रखा है।

विषय वही है और आकार भी, १५०×१५० सेंटीमीटर। सारा नाटक जीवनदायी सूरज के नीचे ही होता है, जो लाल से काला हो गया है और उसने आसपास की जगह को भी अपने जैसा बना लिया है। इसलिए उनको ख़ुद से देखना।

मेरा और ज़ानीन दोनों का ही आने का मन है। बाल, गीत, गाय और हम दोनों ही ७ फ़रवरी को दिल्ली आने के बारे में सोच रहे हैं। यह अभी तक तय नहीं हुआ है और जब पक्का हो जायेगा तो मैं फिर से लिखूँगा। पहली यात्रा में हम लोग एस.ए. कृष्णन के साथ रहेंगे। तुम्हारे आमन्त्रण के लिए शुक्रिया; हम लोगों के पास निश्चित रूप से अन्य अवसर आयेंगे। फ़िलहाल हम लोग सच में पेंटिंग में व्यस्त हैं और बहुत सारे दिलचस्प लोगों से मिलने में। बम्बई एक बार फिर बहुत कृपालु है।

मैं तुमसे और रेणु से मिलने के लिए तड़प रहा हूँ, और जाहिर है तुम्हारी पेंटिंग देखने के लिए।

प्यार के साथ,

रज़ा

○○

२८ नवम्बर, १९६७
पेरिस

मोस्योर ल्य क्मसयेर एवं चेर अमी,

१५ नवम्बर की लिखी तुम्हारी चिट्ठी समय पर मिल गयी थी। मुझे माफ़ करना कि मैं अभी तक जवाब नहीं लिख पाया, ख़ासकर इसलिए क्योंकि मेरी योजना अनिश्चित थी। मैं सान्याल की चिट्ठी का जवाब भी नहीं दे पाया। इस साल गर्मियों में हम गोर्बियो हैं और हम इस बात को तय नहीं कर पा रहे थे कि इस साल जाड़ों में भारत जाने की योजना सम्भव हो सकती थी या नहीं। जैसा कि तुम जानते हो, फ्रांस की राष्ट्रीय प्रदर्शनी में हमारी भागीदारी इस बात के ऊपर निर्भर नहीं करती है कि हम कितनी ईमानदारी से भाग लेना चाहते हैं, बल्कि फ्रांस और भारत के कस्टम के नियमों के ऊपर निर्भर करती है, जिसके बारे में मैंने पहले सान्याल और शिक्षा मन्त्रालय दोनों को लिखा था।

हालाँकि, अब हमारी योजना पक्की हो चुकी है। हम आ रहे हैं, और साफ़ कहूँ तो मुझे दिल्ली में होने वाली अन्तर्राष्ट्रीय प्रदर्शनी के भारतीय खण्ड में हिस्सा लेकर ख़ुशी होगी। अगर तुम्हारा यह निर्णय कि सम्भवतया मेरी एक किसी पेंटिंग को प्रदर्शित किया जाय अब भी कायम है तो मैं एक कैनवास लेकर आ सकता हूँ और उसको उसमें प्रतिनिधित्व मिला तो मुझे बहुत ख़ुशी होगी।

हम २०-२६ दिसम्बर के दौरान बम्बई में होंगे। मुझे ख़ुशी है कि यह आख़िरकार सम्भव हो रहा है; ज़ानीन और मेरे दोनों के लिए यह यात्रा बहुत दिनों से बाक़ी थी, और मुझे पक्का लगता है कि यह बहुत शानदार होने वाली है। मैं सोच रहा हूँ कि ये सभी जनवरी में दिल्ली या बम्बई में जुटें। मैं तुम्हारे आकृतिमूलक चित्रों को देखने के इन्तज़ार में हूँ जिसके बारे में मैं बहुत सुनता रहा हूँ—पक्ष और विपक्ष दोनों में—अपने सामान्य

दोस्तों से। लेकिन मैंने यह सीखा है दूसरे कलाकार दोस्तों की कृतियों के ऊपर दोस्तों की राय को न सुना जाय। तो तुम समझ सकते हो कि मैं ख़ुद से चीज़ों को देखने के लिए कितना बेचैन हूँ।

कृष्ण, न लिख पाने के लिए मुझे माफ़ कर देना। हम लोग बहुत व्यस्त थे और बहुत जमकर काम कर रहे थे। दो प्रदर्शनियाँ पहले ही हो चुकी हैं और अप्रैल ६८ में अन्नेसी में तीसरी प्रदर्शनी के लिए तैयारी कर रहा हूँ। एक और त्रेस्ते इटली में है, जिसको मेरे भारत से लौटने तक का इन्तज़ार करना पड़ेगा। ज़ानीन ने सेंट पॉल द वेनिस तथा ज्याँ लेस प्रिंस में प्रदर्शनी आयोजित की। हम दोनों की बिक्री और प्रेस का नज़रिया बहुत अच्छा रहा। हमने बहुत सारे सम्पर्क बनाये और कुछ अच्छे दोस्त भी। हमारे लिए बेहद ख़ुशी की बात यह है कि हम कवि आन्द्रे वाड़दा से मिले, जो पिकासो तथा ब्राक के दोस्त हैं, जिन्होंने ज़ानीन की प्रदर्शनी को प्रस्तुत किया और बहुत मददगार रहे हैं। इसके अलावा, हमने गोर्बियो में अपना घर बनवाया, जो अब बहुत अच्छा छोटा-सा घर बन चुका है। बाद में, जैसा कि तुमको पता है, कि मेरे बायें पैर में मोच आ गयी जो बहुत बड़ी मुश्किल थी। हम एक महीने पहले ही पेरिस में लौटे हैं और उसके बाद से काम कर रहे हैं।

इसलिए, वैसे मुझे इसके लिए माफ़ करना कि मैं लिख नहीं पाया, मैं सोचता हूँ कि क्या दोस्ती की परीक्षा इस बात के ऊपर निर्भर करती है कि हम एक-दूसरे को कितनी चिट्ठियाँ लिखते हैं। ऐसा है क्या? या यह हमारे अन्दर की उत्तेजना के ऊपर निर्भर करता है, उसके विकास पर और जब हम फिर मिलते हैं तो जिस तरह से एक-दूसरे को याद करते हैं उसके ऊपर? मुझे निश्चित लगता है कि इसके ऊपर काफ़ी कुछ चर्चा की जा सकती है।

बाल ने अपने हाल के एक पत्र में लिखा है : 'घण्टी बजेगी!' ख़ुदा के लिए हम इसमें कूदने के लिए तैयार हैं और यह देखकर कितने ख़ुश हैं कि दिल अभी तक नहीं बदले हैं। हम लोग सीधा बम्बई के लिए उड़ने की योजना बना रहे हैं, लेकिन बहुत कुछ अभी किया जाना बाक़ी है और मुझे नयी पेंटिंग देनी है और मुझे अन्तिम दिन तक के लिए काम करना है। इसलिए इस चिट्ठी को मैं इसी जगह पर छोड़ता हूँ, रेड्डी पहले ही जा चुका है, इसलिए मुझे समझ में नहीं आ रहा है कि इस चिट्ठी के साथ क्या

किया जाय। मैं एक लेख भेज रहा हूँ जो सीमैस में आया था तथा ए. वेर्दोत ने ज़ानीन की प्रदर्शनी का जो आमुख लिखा था वह भी अलग से भेज रहा हूँ।

हम लोग वहाँ जाने के लिए बड़े बेताब हैं। भारतीय खण्ड को मजबूत बनाने के लिए। उम्मीद करता हूँ कि तब तक तैयब नहीं गया होगा। हम लोग जमकर मुलाक़ात करेंगे।

तुमको और रेणु दोनों के लिए प्यार,

रज़ा

OO

१८ जनवरी, १९६८
बम्बई

मेरे प्रिय कृष्ण,

११ जनवरी की तुम्हारी चिट्ठी के लिए शुक्रिया।

हाँ, मैं यह देख रहा हूँ कि तुम पेंटिंग का चुनाव बियूक्स आर्ट्स के इन्स्पेक्टर की तरह पेंटिंग का चयन कर रहे हो। क्या यह रुख़ अकादेमी के नियमों के कारण है या तुम्हारे अपने निजी निर्णय के कारण? यहाँ के कला जगत में किसी तरह के पोलेमिक (विवाद) में पड़ने का मेरा कोई इरादा नहीं है। हालाँकि, मैं यह ज़रूर कहना चाहता हूँ कि मुझे इसकी आदत नहीं है कि प्रदर्शनी के लिए कोई और मेरी पेंटिंग का चयन करे, न तो यूरोप में न ही कहीं और। केवल एक बार ओलिवियेे डब्र ने मुझ से यह पूछा था कि पेरिस में सलॉन दे रियलेट्स नूवेलस में शामिल करने के लिए चयन के लिए कुछ पेंटिंग भेज दूँ, लेकिन मैंने साफ़ मना कर दिया था। हम सब जानते हैं कि इस तरह के चयन कला स्कूल में होते हैं। बाक़ी जगह, सभी महत्त्वपूर्ण कला संगठन कलाकार को प्रदर्शनी में भाग लेने के लिए आमन्त्रित करते हैं और इस बात का निश्चय उसके ऊपर छोड़ देते हैं कि वह यह चयन करे कि कौन सी पेंटिंग उसका सबसे अच्छी तरह से प्रतिनिधित्व करेगी।

तुमको पता है मैं अभी आया ही हूँ। मैंने सालों से दिल्ली में प्रदर्शनी नहीं की है तथा ललित कला अकादेमी द्वारा आयोजित प्रदर्शनी में तो कभी नहीं। फ्रांस से पेंटिंग भेज पाना सम्भव नहीं है। इसलिए मैं सच में बहस की शुरुआत नहीं करना चाहता हूँ। हो सकता है कि कुछ ऐसी बातें हों जो यहाँ के रुख़ और प्रतिक्रियाओं का निर्धारण करती होंगी और जिनके बारे में मुझे पता न हो। इसलिए मैं तुमको लिखी इस निजी चिट्ठी के ऊपर निर्भर हूँ, जिसमें मैं अपने दिमाग़ से कुछ राय देना चाहता हूँ चाहे उसका

जो भी मोल हो। पेरिस से तुमको लिखी मेरी चिट्ठी की विडम्बना यह है कि वह तुम तक पहुँची नहीं और इसलिए मुझे साफ़-साफ़ बात कहनी है।

फ़िलहाल मेरे पास बम्बई में तीन पेंटिंग हैं। उनमें से कोई भी मेरा अच्छी तरह से प्रतिनिधित्व कर सकती है। 'तृष्णा' श्री नेविल वाडिया को दी जा चुकी है। अगर उससे मेरा प्रतिनिधित्व किया जाय तो मुझे कोई परेशानी नहीं होगी, बशर्ते श्री वाडिया उसको देने के लिए तैयार हो जायँ। लाने-ले जाने एवं इंश्योरेंस की ज़िम्मेदारी अकादेमी को लेनी होगी और श्री वाडिया ने कहा है कि वे इस सम्बन्ध में तुमको ख़ुद लिखेंगे। इसके अलावा, मेरे पास उसी आकार की हाल में बनायी गयी दो पेंटिंग तैयार हैं—एक मटमैली है और दूसरी लाल। एक या दोनों ही उपलब्ध हो सकती हैं। जहाँ तक दूसरे की बात है तो उसके लाभ जाहिर हैं : (१) वह हाल की पेंटिंग है; (२) वह बिक्री के लिए उपलब्ध है तथा (३) नुकसान होने के मामले में श्री वाडिया शामिल नहीं होंगे जिन्होंने पहली वाली पेंटिंग की क़ीमत चुका रखी है। फ़िलहाल मैं केवल तथ्य की बात कर रहा हूँ। यह तुम्हारे ऊपर है कि तुम जो भी निर्णय लो। अपनी पिछली चिट्ठी में मैंने लिखा था कि मैं पेंटिंग ख़ुद लेकर आऊँगा। लेकिन मुझे लग रहा है कि मेरे पैरों में तकलीफ़ हो गयी है—दुर्भाग्य से, गठिया जैसी कोई बीमारी हो गयी है—और मुझे कुछ और हफ़्ते आराम करना है। इसलिए हो सकता है कि १० फ़रवरी तक मैं दिल्ली आ पाऊँ।

मुझे यह जानकर बहुत तकलीफ़ हुई कि भारतीय खण्ड में चयन की प्रक्रिया इतनी जटिल है। मैं यह जानता हूँ कि इसमें कुछ मुश्किल है, केवल यह कोशिश करना कि वे जितनी कठिन हैं उनको उससे भी कठिन बनाने की कोशिश मत करना। इसको उन पेंटरों में विश्वास जताते हुए देखा जाना चाहिये जिनको तुम इतनी अच्छी तरह से जानते हो।

प्यार के साथ,

रज़ा

○○

२३ सितम्बर, १९६८
पेरिस

मेरे प्रिय कृष्ण,

तुम्हारी चिट्ठी, कैटलॉग तथा समाचार के लिए शुक्रिया। मैं उम्मीद करता हूँ कि तुम्हारी प्रदर्शनी[१] अच्छी हुई होगी और इतनी मेहनत के बाद तुमको सन्तुष्टि मिली होगी। नयी अनुगूँजों, नये दोस्तों और समय, कुछ सुचिन्तित टिप्पणियों को पाना भी राहत की बात है। अन्त में ये अब मिलकर एक इन्सान को नये विचारों से भर देता है, काम को संगठित रूप देने के लिए जो हफ़्तों लगाये जाते हैं, उनको पीछे छोड़कर नयी ऊर्जा के साथ फिर से शुरुआत करने के लिए प्रेरित करते हैं। यह सच में एकल प्रदर्शनी का फ़ायदा होता है जिसमें एक आदमी ही शामिल होता है, केवल एक आदमी की कृतियों को ही दिखाया जाता है और उसकी तुलना अपने काम के अलावा किसी और के काम से नहीं हो पाती है। जब तुम यहाँ आओगे तब हम तुमसे और विस्तार से तुम्हारी राय, तुम्हारी भावना के बारे में जानेंगे।

मैं तुमको अपना नया पता और फ़ोन नम्बर दे रहा हूँ। पेरिस शहर ने हमें किराये पर एक स्टूडियो अपार्टमेंट देने का प्रस्ताव दिया, जो कि हमने पिछले महीने ही लिया है। घर बदलना और उसको ठीक-ठाक करना बहुत कठिन काम है, ख़ासकर इसलिए क्योंकि मैं कनाडा की अपनी प्रदर्शनी[२] में व्यस्त था, जो कि अक्टूबर में टोरंटो में होने वाली है। लेकिन हम अपनी इस नयी जगह और नये माहौल में ख़ुश हैं, हालाँकि रु द ट्रॉन में हमारा जो स्टूडियो है उसको हमने बनाये रखा है, वह मेरे काम के लिए बहुत ज़रूरी है।

ज़ानीन भी बहुत व्यस्त है। पहले घर के साथ, और उसके अलावा शालोन सुर मर्ने में एक कॉलेज की साज-सज्जा की परियोजना में, जिसका मतलब यह हुआ कि इस महीने के आरम्भ में हम कुछ दिनों के लिए मेंटन

और गोर्बियो भी गये थे। हम काम में लौट आये हैं और ऐसा लगता है कि जीवन प्रेरणा से शुरू होता है। भारत की यात्रा बहुत बढ़िया रही। हमारे लिए दुर्भाग्य की बात यह रही कि हम मई के आरम्भ में यहाँ जैसे ही पहुँचे छात्रों का प्रदर्शन शुरू हो गया और हमारे अनुभव उनके साथ मिल गये। यह बात अपने आप में मायने रखती थी, कम से कम शुरुआती चरणों में, बाद में न तो किसी छात्र न ही किसी अध्यापक ने आगे बढ़कर इसमें ऊर्जा लगायी ताकि एक रचनात्मक और मजबूत नेतृत्व प्रदान किया जा सके। सामूहिक 'समाधि' की अवस्था बीत चुकी है, लेकिन अभी भी बहुत हद तक बेचैनी और भ्रम बना हुआ है और सभी समस्याएँ जस की तस हैं और यह आन्दोलन कभी भी फिर शुरू हो सकता है।

मुझे इस बात की ख़ुशी है कि तुमने कोतवाल की वर्दी छोड़ दी है। मैं इसकी बहुत परवाह नहीं करता था, और मैं तुमको भारत में पहले दिन से ही यह कहना चाहता था। हम अब इसके बारे में बात नहीं करेंगे। मैं तुमसे मिलने और तुमको पुराने रूप में पाने के इन्तज़ार में हूँ।

प्यार भरे अभिवादन के साथ,

रज़ा

---

१. न्यू आर्ट सेंटर, लन्दन, १९६८ में एकल प्रदर्शनी
२. गैलरी ड्रेस्डनेर, टोरंटो में एकल प्रदर्शनी, १९६८

OO

२५ जनवरी, १९७०
पेरिस

मेरे प्रिय कृष्ण,

तुम्हारी १ जनवरी की चिट्ठी के लिए शुक्रिया। मुझे तुम्हारा पुराना रूप देखकर ख़ुशी हुई, तुम्हारा गर्मजोशी से भरा हुआ संक्षिप्त वर्णन, त्रिनाले के हालात को लेकर तुम्हारे विचार और सब ताज़ा समाचार।

मुझे चिन्ता हो रही थी और ख़ुद को सूचनाओं से समृद्ध किया। पहली सूचना मुझ तक दोस्तों के माध्यम से, प्रेस के माध्यम से तथा ११ जनवरी को 'वृश्चिक' के माध्यम से पहुँची। सबसे पहले सकारात्मक तथ्य और आँकड़े मुझे विवान सुन्दरम के माध्यम से पहुँचे, हालाँकि वे मुझ तक कुछ देरी से पहुँचे। मुझे श्री चैटर्जी के माध्यम से भाग लेने के लिए एक अच्छा आमन्त्रण मिला था—और न कि 'सम्भावित भागीदारी' के लिए—और चूँकि मुझे यह लगा कि त्रिनाले अपनी तमाम कमियों के बावजूद ललित कला अकादेमी की सबसे उत्साहवर्धक गतिविधि है, इसलिए मैंने यह तय किया कि हाल का एक महत्त्वपूर्ण कैनवास भेजूँ। हालाँकि, भेजने तथा कस्टम की परेशानियाँ इतनी अधिक थी कि पेंटिंग उस कम समय में नहीं भेजी जा सकी जो मेरे पास थी।

मैंने पूरी ईमानदारी से शेख और बाद में विवान सुन्दरम को लिखा। मैंने बाल को भी लिखा। अब सब ठीक है और सब तैयार है, मैं बस यही उम्मीद करता हूँ कि भावनात्मक बयानबाजी एवं समूह के आपसी झगड़ों को नज़रअन्दाज़ किया जा सकता है। हम चाहे जो भी सोचते हों, असली चिन्ता कला और कलाकार होने चाहिए। ३१ मार्च को कलाकारों के आयोजन में यह उम्मीद की जा सकती है, ऐसे में समस्याओं की वैश्विक समझ और एक सकारात्मक कार्य योजना उभर कर आ सकती है।

वैसे भी इस बार त्रिनाले में नहीं लेकिन तुम ज़रूर बहुत व्यस्त होगे।

इसलिए, यह छोटी चिट्ठी। मुझे जो भी ज़रूरी लगा मैंने शेख और विवान को लिखी चिट्ठी में लिख दिया है, जो कि मैं चाहता हूँ कि तुम भावुक हुए बिना पढ़ना। वैसे मैं इस बात को मानता हूँ कि दुनिया के किसी हिस्से में इन्सानों या संस्थाओं के कामकाज में कुछ बुनियादी समस्याएँ हो सकती हैं, यह कोई झूठी विनम्रता नहीं है जब मैं यह कहता हूँ कि मैं कुछ स्थानीय वास्तविकताओं से परिचित होना चाहता हूँ जो मुझसे रह गया है।

हम पागलों की तरह काम कर रहे हैं। यह ज़बर्दस्त है। तुमको और रेणु को बहुत सारा प्यार,

रज़ा

○○

३ जुलाई, १९८२
गोर्बियो

मेरे प्रिय कृष्ण,

मैं सच में इस बात के लिए शर्मिन्दा हूँ कि मैं बहुत दिनों से तुमको लिख नहीं पाया, लेकिन तुम मेरे ख़यालों में बने रहे। मैंने बहुत ख़ुश होकर तुम्हारा लेख उस ब्रोशर में पढ़ा जो एम.पी.के.पी. द्वारा प्रकाशित किया गया है। बाद में, नारायण तुम्हारा पत्र लेकर आया और वे काग़ज़ात जो तुम्हारी प्रदर्शनी से सम्बन्धित थे। मैं भी दोस्तों तथा प्रेस के माध्यम से समाचार को देखता रहा हूँ। तुम्हारी कुछ कृतियों की पुनर्प्रस्तुतियाँ होतीं तो और भी अच्छा लगता; मैं मूल चित्रों को देखने की प्रतीक्षा में हूँ, लेकिन ऐसा लगता है कि भारत में ब्रोशर ज़रूरी नहीं होता है, जबकि यहाँ वे काम के असल हथियार होते हैं। हालाँकि, यह भी समय के साथ आ जायेगा, बाक़ी अन्य चीज़ों की तरह।

हमारा अच्छा दोस्त हेनिंग भी तुम्हारे बारे में अक्सर बताता रहता था। असल में, उसके पिछले पत्र में 'ऑर्मन' लेख था जो कि तुमको भेजने के लिए था। मैं पिछले दो सालों से बहुत ही अधिक व्यस्त हूँ और हेनिंग मुझे प्रदर्शनी को ध्यान में रखकर काम करने के लिए चेतावनी देता है। मैं इस बात से अवगत हूँ कि हमारे कार्यक्रम के अलावा कौन सी शक्तियाँ 'कृति' का निर्धारण करती हैं। कृति अपना समय स्वयं लेती है और अपनी मूलभूत ज़रूरतों के हिसाब से आगे बढ़ती है। आप जल्दबाजी में कुछ भी नहीं कर सकते, और इस प्रकार ऐसे भी दौर होते हैं जो बहुत उत्पादक होते हैं जबकि ऐसे दौर भी आते हैं जब कोई काम ही नहीं होता है। आपको इन्तज़ार करना होता है, दूसरी-दूसरी चीज़ें करनी होती हैं और फिर से ऊर्जा बटोरने के लिए समय लेना पड़ता है। अगर काम के साथ चिन्ता बहुत गहरी है तो अन्दर ही अन्दर यह प्रक्रिया चलती रहती है, चाहे आप

काम करें या न करें, चाहे आप आराम करें या सो जायँ। लेकिन फिर आधुनिक दुनिया में एक ख़ास तरह से अनुकूलित होना अवश्यम्भावी होता है। यह हमारे ऊपर होता है कि हम बहुत अधिक प्रदर्शनियों या आमन्त्रण के न आने से विचलित न हों। बहरहाल, सच्चाई यह है कि कृति अपने रहस्यात्मक तरीक़े से बढ़ती है और आप उससे अधिक कभी नहीं कर सकते हैं जितना कि आप सच में कर सकते हैं।

मेरे और ज़ानीन के लिए १९८१ तथा १९८२ का साल इस सबसे भरा हुआ रहा। हमने ध्यान से चयन किया और कोशिश की कि अपना सर्वश्रेष्ठ करें। फ़िलहाल मैं सेरीग्राफ़ी में एक एलबम कर रहा हूँ जिसको इस साल की गर्मियों तक तैयार हो जाना चाहिए, और मेरी अगली प्रदर्शनी बरनम स्विट्ज़रलैण्ड में है जिसका उद्घाटन २७ अक्टूबर को है। हम यहाँ सारी गर्मियाँ रहकर काम करेंगे, यानी सितम्बर तक। मुझे नहीं लगता है कि मैं लन्दन या ऑक्सफोर्ड जा सकता हूँ जहाँ मैं समकालीन भारतीय चित्रकला की दो महत्त्वपूर्ण प्रदर्शनियाँ आयोजित कर रहा हूँ। बाल, जो सितम्बर में फ्रांस आ रहा है, हो सकता है मेरे दिमाग़ को बदल दे। लेकिन मेरे हाथ में काम है और मुझे लगता है कि 'नेचर टू सीड' से एक नया दौर आरम्भ हो रहा है; यह शोध का एक लम्बा दौर रहा है और मैं इसको पूरी तरह से जीना चाहता हूँ। मेरे विचार परिपक्व हो गये हैं; उनमें बदलाव नहीं आया है। हालाँकि उनके बारे में लिखना मुश्किल है। जब भी मैं लिखता हूँ तो पेंटिंग नहीं कर पाता हूँ। अशोक ने मुझे कई बार लिखने के लिए कहा, जितना मैं कर सकता था उतना मैंने किया भी। हाल में ही मैंने 'ल्य सैक्र डिएँस आई' आर्ट' (कला में पवित्रता) के ऊपर पेरिस में एक कैथोलिक रिव्यू में लिखा। मैंने तुमको भी अक्सर बिना चिट्ठी को पूरा किये लिखा है। लेकिन बिना थके मैंने ज़्यादातर समय पेंटिंग की है, और शुक्र की बात है कि हमारे काम के आसपास का माहौल फ़िलहाल बहुत सुखद बना हुआ है।

कृपया हमारे दो पते और फ़ोन नम्बर लिख लो। हेनिंग ने कहा कि तुम शायद यूरोप फिर से आ रहे हो। हमें बताना। कोपेनहेगन में शार्लोटबर्ग में हमारी प्रदर्शनी में हेनिंग तथा हमारे राजदूत प्रेम शंकर ने बहुत मदद की थी। हम नॉर्वे और स्वीडन में भी प्रदर्शनी जारी रखेंगे, लेकिन फ़िलहाल देखते हैं कि बर्न में क्या होता है। हो सकता है कि मैं १९८३ की सर्दियों

में भारत आऊँ।

रसिका को हमारा प्यार देना। उसकी पेरिस यात्रा से हमें आनन्द आया था और उम्मीद करता हूँ कि वह फिर आये।

कितने दिन हो गये कृष्ण।

हम दोनों की तरफ़ से तुमको और रेणु को प्यार,

रज़ा

रु द शैटो, गोर्बियो

०६५० मेंटन, फ्रांस

टेलीफ़ोन ९३५७४८४७

OO

२१ अक्टूबर, १९८२
गोर्बियो

मेरे प्रिय रज़ा,

काश! मेरे लिए यह सम्भव हो पाता कि मैं ख़ुद वहाँ रहता और तुमको बधाई दे पाता और और उस जलसे का हिस्सा बनता जो कि होना ही है जब तुम्हारी प्रदर्शनी के उद्घाटन पर इतने सारे दोस्त मौजूद होंगे तो। मुझे निश्चित रूप से लगता है कि यह बहुत सफल साबित होगा और इस मौक़े पर मेरी भावनाएँ तथा मेरे ख़याल तुम्हारे साथ हैं।

मुझे लन्दन में रहने में मज़ा आया और स्थानीय लोगों की प्रतिक्रियाओं को जानना रोचक रहा। तुम्हारी पेंटिंग्स अच्छी लग रही थी और उनको अच्छी तरह से रखा गया था और उनके ऊपर काफ़ी अच्छी अच्छी टिप्पणियाँ लिखी हुई थी, हालाँकि तुम बड़े आराम से कल्पना कर सकते हो कि ब्रिटिश लोग जल्दबाजी में किस तरह की टिप्पणियाँ करने के लिए जाने जाते हैं : 'पेरिस स्कूल।' तो, इसका क्या मतलब हुआ? अकबर ने एक बहस के दौरान इस बात की तरफ़ ध्यान दिलाया था कि पेरिस स्कूल का मतलब यह नहीं होता जैसे वह कक्क का कोई टुकड़ा हो जिससे कलाकार लगातार निकलते रहते हों; इसका मतलब यह भी हो सकता था कि जो महत्त्वपूर्ण चीज़ें उसमें आकर जुड़ जाती हैं उनसे उसकी परम्परा का विस्तार होता रहता है।

मुझे रेणु की एक चिट्ठी आयी है जिसमें उसने कहा कि ललित कला अकादेमी से एक परिपत्र आया है जिसमें यह लिखा हुआ था कि तुमने जो राशि संस्था को दी थी उसके आधार पर एक फ़ेलोशिप की शुरुआत की गयी है। सच में यह बात मेरे दिल को छू गयी। यह कितनी बड़ी बात है कि तुम इतने उदार हो। मुझे आज भी १९५४ का साल याद आता है जब तुमने कितनी मुश्किलें उठायी थीं। इस सबके बावजूद दूसरे ज़रूरतमन्दों

की मदद करने का तुम्हारा यह भाव बहुत बड़ी बात है। उम्मीद करते हैं कि सरकारी संस्था इसका उपयोग अच्छी तरह से कर पायेगी।

मुझे यहाँ आये छह सप्ताह हो जायेंगे और मैंने कुछ भी काम नहीं किया है। वे दिन गये कि मैं उस तरह से ब्रश से काम कर सकता था जिस से कोई चिड़िया गुज़र गयी हो। मैं फिर से काम करने के लिए बेकरार हूँ, और मुझे उम्मीद है कि नवम्बर से पूरी शिद्दत से काम कर पाऊँगा। रूडी १४ नवम्बर को दिल्ली आ रहा है और मैं उसको लेकर शिमला जा रहा हूँ। वह तुमको बतायेगा कि मुझे कोई बहुत बड़ा काम दिया गया है जो रेखांकन आदि बनाने का है। इस साल का काफ़ी समय उसी में जायेगा।

जब भी तुम्हारा मन हो तो मुझे लिखना। मुझे उम्मीद है कि बहुत बूढ़े होने से पहले हम मिल सकते हैं (मेरी बोली में जिसका मतलब है १००)!

तुमको और ज़ानीन को मेरा प्यार,

सदा की तरह,

कृष्ण

OO

३ दिसम्बर, १९८२
पेरिस

मेरे प्रिय कृष्ण,

प्रदर्शनी के बाद यह रस्म है कि दोस्तों को लिखकर यह बताया जाय कि वह सब कितना अच्छा हुआ। कभी-कभार मैं इससे बच भी सकता हूँ। मुझे निश्चित रूप से यह लगता है कि रूडी ने बिना किसी तरह से बढ़ाए-चढ़ाए तुमको सब बताया होगा। मैं बस यही कह सकता हूँ कि यह बहुत ख़ुशी की बात थी कि पुराने दिनों की तरह से उसने मेरी प्रदर्शनी की शुरुआत की। मुझे याद दिलाया गया कि १९४८ में उसने पहली बार मेरी प्रदर्शनी की शुरुआत की थी, ३४ साल पहले। शिकंजल, वेबअ, लैली, रेशना और हनिंग की मौजूदगी अपने आप में एक तरह का अनुभव था। उसने एक तस्वीर भेजी है जिसमें रूडी ख़ुद अपने भाषण को सुन रहा था, ज़ानीन उसकी बायीं तरफ़ थी और सूरज से तपा हुआ कैनवास ऊपर।

बर्न में, तुमको लगता है कि पॉल क्ली की मौजूदगी एवं कुंस्त म्युज़ियम की यात्रा अपने आप में बहुत कुछ कह देती है। हम वहाँ रहने से इतने सन्तुष्ट थे कि कि हमने यह तय किया कि अब कुछ और न देखा जाय। मैं बहुत प्रेरित होकर लौटा और हर दिन बैठकर काम करने लगा। मैंने तुमको लिखने के बारे में सोचा था, दिमाग़ में लाखों तरह की बातें आयीं—इस व्यस्त साल के बारे में जो गुज़रा, जीवन-यात्रा की स्मृतियों के बारे में, आजकल के कामकाज के बारे में, या सेरिग्राफ़ में किये गये अन्तिम एल्बम के बारे में या अन्तिम कैनवास के बारे में। मैं बाल और जीत की पेरिस यात्रा के बारे में लिखना चाहता हूँ, अकबर से मुलाकात के बारे में, परियोजनाएँ, गोर्बियो में जीवन के बारे में, और भविष्य की योजनाओं के बारे में। मैं तुम्हारे बेटे की शादी के मौक़े पर शुभकामनाएँ भेजना चाहता हूँ या जोश के दो बोल तुम्हारे और रेणु के लिए...हालाँकि,

यह विचार मेरे दिल और दिमाग़ में ही रह गया लेकिन शायद यह अच्छा है कि यह कहने लायक हो पाया कि उस समय ये वहीं थे, हालाँकि, मैं लिख नहीं सका।

लगातार काम में लगे रहने के कारण मैं ऑक्सफोर्ड और लन्दन की प्रदर्शनी में नहीं जा पाया। फिर भी, मुझे ख़ुशी है कि प्रदर्शनी फिर भी सम्भव हुई और इससे भारत में आज हो रहे कला के महत्त्वपूर्ण काम के महत्त्वपूर्ण पहलुओं को पहचान मिलेगी। ऑक्सफोर्ड के कैटलॉग में तुम्हारे 'गेम २' को रंगीन में देखना और लन्दन के कैटलॉग में 'रामूज ढाबा' को देखकर अच्छा लगा। काश! तुम कभी-कभी रंगीन ब्लॉक के साथ एक मोनोग्राफ़ करो—'पूनावाला वकील' इसका एकमात्र समाधान है। और हम लोगों को यह बात समझनी चाहिये कि इस तरह के दस्तावेज़ महत्त्वपूर्ण सम्प्रेषण माध्यम होते हैं—लेकिन, सदा की तरह, वापस देश में वे मुझे केवल पाँच साल में सुनते हैं। प्रेस से आयी समीक्षाओं की छायाप्रतियाँ आपकी पेंटिंग के बारे में कुछ भी नहीं कहते। उदाहरण के लिए, 'बिन्दु' को रंगीन प्रिंट में और प्री बिन्ड, बर्न के लिखे की छायाप्रति में देखो, जो रूडी को लिखे मेरे पत्र में संलग्न है।

मैं जब तुम्हारे कैनवास 'डेथ ऑफ़ महात्मा गाँधी' के बारे में सोचता हूँ तो मुझे याद आता है जब हम साथ-साथ लुव्र गये थे और मैंने तुमको 'पियता द अविंगन्योंन' एवं बिटली द पाओलो उचेलो दिखाया था। वे तुमको बहुत प्रभावित नहीं कर पाये थे। मेरा तरीक़ा है कह देना। न बहस न किसी तरह का दबाव। जब तुम यहाँ आओगे तो मैं तुमको फिर से लुव्र लेकर जाऊँगा, लेकिन मैं ख़ामोश रहूँगा, पिछली बार की ही तरह—हाँ, पूरी तरह से ख़ामोश।

जागरूकता शब्दों से परे है। कम से कम, फ़िलहाल, कोई तभी बोल सकता है जब कोई अच्छा कैनवास मुझे प्रभावित करे : 'पेंटर की तकनीक क्या है।'

आज के लिए बहुत हुआ। साथ में जो संलग्न चिट्ठी है उसको रूडी को दे देना और अगर ज़रूरी लगे तो इसे भी आगे बढ़ा देना। उम्मीद करता हूँ कि तुम अच्छे हो और काम कर रहे होगे। न्यूयॉर्क की तुम्हारी यात्रा कैसी रही ? क्या तुमने लन्दन, ऑक्सफोर्ड की दोनों प्रदर्शनियाँ देखी थीं ? मुझे लिखना और अपना हाल समाचार देना।

ज़ानीन घर और काम में बहुत व्यस्त है— हमारे और अपनी माँ के घर में भी। वह इस साल इक्यासी साल की हो गयी हैं, और शुक्र की बात यह है कि उनकी तबियत अच्छी है।

हम दोनों की तरफ़ से तुम दोनों को प्यार, रेणु और रसिका को।

सदा की तरह,

रज़ा

OO

१० दिसम्बर, १९८२
५७ ए, फ्रेंड्स कालोनी ईस्ट,
नयी दिल्ली–११००६५

मेरे प्रिय रज़ा,

शाम के ८:४५ बजे हैं और दिन में काफ़ी देर स्टूडियो में बिताकर अभी लौटा हूँ, आज दिन की शुरुआत ४ बजे सुबह ही हो गयी थी जब मैं रूडी को छोड़ने के लिए एयरपोर्ट गया था। मुझे यह देखकर दुःख हो रहा था कि वह जा रहा था लेकिन मैं सच में कृतज्ञ महसूस कर रहा था कि वह हमारे साथ क़रीब एक महीने तक रहा। हम उसको इस परिवार के सदस्य की तरह देखते हैं और वह भी ख़ुद को ऐसा ही समझता है। उसकी विदाई आज सुबह बहुत जल्दी हुई, दिन में बाद में मैं रेखांकन पर काम करता रहा जो एक भित्तिचित्र के लिए था, जो मुझे करने के लिए कहा गया है। सबसे पहली चीज़ मैंने देखी वह तुम्हारी चिट्ठी थी, यह सच में बहुत सुन्दर है और वैसे मैं थका हुआ हूँ लेकिन इसका जवाब तत्काल देने के लिए मेरे अन्दर फिर से ऊर्जा आ गयी।

रूडी ने मुझे विस्तार से बर्न में हुई तुम्हारी प्रदर्शनी[१] के बारे में बताया था और यह कह रहा था कि काश मैं भी वहाँ रहा होता। हेनिंग ने पहले लिखा था, मुझे एक कैटलॉग भेजते हुए उसने इस बात का विशेष उल्लेख किया था कि मेरी पेंटिंग्स की क़ीमतें कितनी कम थीं। बहुत कम लोग होते हैं जो इस बात के महत्त्व को समझते हैं कि क़ीमतें मनमर्ज़ी से नहीं रखी जा सकती हैं। इस विषय को लेकर जितनी भी हलकी-फुलकी बातें होती हैं वह अच्छा करने के बजाय बुरा ही अधिक करती हैं। रूडी ने मेरा ध्यान 'इण्डिया टुडे' में प्रकाशित एक रपट की तरफ़ दिलाया था जिसमें यह लिखा था कि जो प्रवासी कलाकार हैं वे अपनी कृतियों की ऊँची क़ीमत लेते हैं। उसमें बकवास लिखा था और मुझे यह नहीं समझ में आया कि

इस तरह की बकवास लिखने से लिखने वाले को किस तरह की सन्तुष्टि मिली होगी। एक समय ऐसा था जब मैंने इसका खण्डन किया होता लेकिन अब मैं प्राथमिकता इस बात को देता हूँ कि अपनी ऊर्जा को अधिक महत्त्वपूर्ण और तत्काल महत्त्व के कामों में लगाऊँ।

पिछली गर्मियों में मैं तुमसे मिलने का इन्तज़ार कर रहा था लेकिन अफ़सोस की बात यह रही कि तुम प्रदर्शनी[२] देखने के लिए लन्दन नहीं आ सके (जो अच्छे कारण से ही था)। मैं भी ऑक्सफोर्ड की प्रदर्शनी नहीं देख पाया—दोनों के बीच की दूरी इतनी अधिक थी जो मेरे लिए भर पाना मुश्किल था। बात यह है कि लन्दन और अमेरिका की यात्रा के कारण काम करने का बहुत सारा मूल्यवान् समय नष्ट हो गया था। लेकिन मैं शिकायत नहीं कर रहा हूँ क्योंकि मुझे दूसरी तरह से फ़ायदा हुआ; मेरे बहुत सारे पुराने दोस्त मिले जिनसे मैं बरसों से नहीं मिला था, उन दोस्तों से, जिनके साथ मैं बड़ा हुआ था, और उनसे फिर से मिलना बहुत अच्छा अनुभव रहा। मैं एक दोस्त से चालीस साल के बाद मिला—तुम मेरे उत्साह की कल्पना कर सकते हो।

लोगों के अलावा, कुछ ऐसी पेंटिंग्स भी होती हैं जो पुराने दोस्त की तरह ही होते हैं। मैं बारह साल की उम्र से उनको देख रहा हूँ—'पियरो डेला फ़्रैंचेस्का', सेजेरा की और महान 'उचेलो' 'पोंट एट सैन रोमानो'—ये सब मेरे निजी संग्रह का हिस्सा हैं और लगातार मुझे हैरान करते रहते हैं। मैंने समय-समय पर उनकी संगत में समय बिताया। मुझे इतनी अच्छी तरह से याद आया जब लुव्र में मैंने 'पियता द अविंगन्योंन' 'उचेलो' के बारे में बोला था। यह अजीब बात है कि तुमको ऐसा लगा था कि मैं इनसे प्रभावित नहीं हुआ था, जबकि सच्चाई यह है कि उनका प्रभाव मेरे ऊपर अमिट रहा। मुझे लगता है कि मैंने तुम्हारे ऊपर जो संस्मरण लिखा है उसमें मैंने इसके बारे में लिखा भी था। साथ ही, मैं इस बात को भी समझता हूँ कि जब किसी के प्रभाव में आप मौन हो जाते हैं तो उसको आसानी से समझ में न आना भी समझ लिया जाता है।

पिछले साल मैं कॉलम्र में आल्टरपीस देखने गया था और वह भी बहुत अच्छा अनुभव था। जब आप यह सोचते हैं कि कुछ चित्रकारों ने इतना कुछ दिया और उन्होंने जो दिया वह कितना प्रचुर था और इतना निरन्तर था तो आपको लगता है कि ज़िन्दगी कितनी शानदार है।

मैं सहमत हूँ इस बात से कि रंगीन प्लेट्स के साथ एक बुकलेट निकालना बहुत अच्छी बात होगी। मुझे निश्चित रूप से लगता है कि उसकी पहुँच बहुत लोगों तक होगी। तुम हर कैटलॉग में जितनी ऊर्जा लगाते हो उसकी मैं तारीफ़ करता हूँ; मेरे पास लगभग सभी हैं, लेकिन मैं पेंटिंग में इतना ज़्यादा डूबा हुआ था कि मेरे पास किसी और चीज़ के लिए समय ही नहीं था। पिछले साल मेरी जो दो प्रदर्शनियाँ[3] हुईं वे ढाई साल के काम का नतीजा थीं और मैं आलस्य और लापरवाही के साथ पेंटिंग नहीं करता हूँ। यह एक ऐसी परियोजना है जो मेरे दिमाग़ में है और, शायद जब मैं यह भित्तिचित्र बना लूँ उसके बाद।

वापस लन्दन की प्रदर्शनी की बात करें तो उसको बहुत अच्छी प्रतिक्रिया मिली, हालाँकि मुझे पहले हिस्से की समीक्षाएँ ही मिली हैं—मैंने अभी तक बस वही देखे हैं—काफ़ी उत्साह बढ़ाने वाली हैं। मैंने इसके बारे में सर्पेंटाइन गैलरी में बात की और एक तरह से साफ़-साफ़ पूछा। अकबर भी वहाँ था और हो सकता है कि उसने तुमसे इसके बारे में बात की हो। शेख लौट कर आ गया है, और उसने लोगों से कहा कि दूसरे हिस्से को जिस तरह की प्रतिक्रिया मिली थी वह बहुत शानदार थी। इसकी तुलना हेवार्ड में आयोजित इटली की प्रदर्शनी से की गयी और भारतीय प्रदर्शनी को बेहतर माना गया। मैं अभी तक रिचर्ड से नहीं मिला हूँ जिसने यह कहा था कि वह मुझे समीक्षाएँ दिखायेगा। अगर कुछ दिलचस्प हुआ तो मैं तुमको भेज दूँगा।

आज सुबह थोड़ी देर के लिए मैं राम से मिला। वह काम कर रहा है और पन डोल्स में अगले महीने प्रदर्शनी आयोजित करने वाला है। गाय कुछ काम नहीं कर रहा है और बहुत दुखी है क्योंकि उसकी आर्थिक स्थिति इसी बात के ऊपर निर्भर है (हमारी भी) कि वह क्या बना सकता है और क्या देख सकता है। २७ मार्च हो गया है और मैं तुम्हारी चिट्ठी पूरी नहीं कर पाया हूँ, और अभी मुझे लूसी से पता चला कि वियेना में दिल के दौरे से रूडी का निधन हो गया। इससे हम सभी बहुत उदास और निराश हो गये और मुझे अचानक ऐसे लगा जैसे मैं सुन्न हो गया हूँ। मुझे पता है कि वह तुम्हारे भी बहुत क़रीब था और उसके इस तरह अचानक चले जाने से तुम्हारे ऊपर भी वही प्रभाव पड़ा होगा जिस तरह से मेरे ऊपर पड़ा। वह हाल में ही हमारे साथ था और उसके साथ मैंने बहुत अच्छा

समय बिताया था, उसकी पसन्दीदा जगहों पर उसके साथ गया और क़ुतुब के पास जमाली और कमाली के मकबरे के पास उसकी पसन्दीदा छतरी के नीचे बैठकर हमने साथ-साथ कॉफ़ी भी पी थी। एक मौक़े पर उसने कहा, 'मुझे नहीं लगता है कि मैं कभी यहाँ वापस आ पाऊँगा', जिसके जवाब में मैंने कहा था, 'अरे रूडी छोड़ो, तुम जब भी यहाँ आते हो यही कहते हो।' वह बहुत दोस्ताना तरीक़े से हँसने लगा, उसने अपने हाथ मेरी बाँह के ऊपर रखते हुए कहा : 'मैं सच में बहुत कृतज्ञ महसूस कर रहा हूँ मैं अब यहाँ आ पाया।' वह हमारे साथ ऐसे रहा जैसे वह कोई विदेशी या मेहमान न हो और उसके अन्दर बहुत गर्मजोशी थी और बहुत उदारता भी। मुझे नहीं लगता है कि अब मैं लिख पाऊँगा। हम जिस उम्र में हैं हमें लोगों के इस तरह जाने की आदत पड़ जानी चाहिए, लेकिन इस तरह के झटके से तकलीफ़ होती है। अगर तुम यहाँ होते तो मैं तुमसे गले लगकर रोया होता और अपने दुःख को साझा करता।

तुमको और ज़ानीन को बहुत प्यार,

सदा की तरह,

कृष्ण

---

१. गैलरी लॉएब, बर्न में एकल प्रदर्शनी, १९८२

२. समूह प्रदर्शनी : समकालीन भारतीय कला, बर्लिंघटन हाउस, लन्दन, १९८२

३. भारत भवन, भोपाल के रूपंकर संग्रहालय में प्रदर्शनी का उद्घाटन और 'आज की भारतीय चित्रकला' जहाँगीर कला वीथी, बम्बई

OO

२४ फ़रवरी, १९८४
बम्बई

मेरे प्रिय कृष्ण एवं रेणु,

उड़ने से पहले बस कुछ शब्द।

बहुत अच्छा रहा रहना और तुम दोनों का शुक्रिया, साथ ही, दिल्ली, भोपाल, नागपुर एवं बम्बई के बहुत सारे आपसी मित्रों का भी शुक्रिया। मैं बहुत भावुक मन से जा रहा हूँ। हम यूरोप में यह कभी नहीं सोच सकते, इतने अधिक प्यार का एक जरा सा अंश भी नहीं...

कैमोल्ड की प्रदर्शनी[१] को अच्छी तरह लिया गया। अब कल पेरिस और उसकी तमाम मुश्किलें। लेकिन मैं उसका सामना करने के लिए पूरी तरह से तैयार हूँ। मैं तुमको बताता रहूँगा।

बहुत सारा प्यार,

रज़ा

१. गैलरी कैमोल्ड, बम्बई में एकल प्रदर्शनी, १९८४

OO

४ मई, १९८५

प्यारे रज़ा और ज़ानीन,

मुझे तुम्हारी चिट्ठी पाकर बहुत ख़ुशी हुई जो कल ही मिली। तुम कल्पना भी नहीं कर सकते हो कि मैंने ख़ुद को तुम्हारे कितना क़रीब पाया, ऐसा लगा मानो तुमने निजी एकान्त में मेरे गले में बाँहें डाल दी हों। दिमाग़ हमेशा एक तर्क ढूँढ़ लेता है, भावना के ज्वार और दिल की टूटन से उबरने का एक तर्क। हाँ, यह सही है कि उन्होंने अठासी साल की उम्र पायी और आख़िर तक काम करते रहे। यह कि उन्होंने विद्यार्थियों की इतनी सारी पीढ़ी को अपना इतना कुछ दिया और यहाँ तक कि इस उम्र में भी वे अपने नज़रिये को तंग करने के लिए तैयार नहीं थे और बेहद जिज्ञासु बने रहे—जीवन से कोई और क्या माँग सकता है? क्या यह सही बात नहीं है? जन्म और मृत्यु के प्राकृतिक चक्र के साथ कोई किस तरह से होड़ ले सकता है, यह जानते हुए कि जो स्वाभाविक है उसमें किसी तरह की त्रासदी नहीं है? लेकिन वे मेरे पिता थे, और मैं उनके बहुत क़रीब था—और मैंने उनको पीड़ा में देखा था—अन्तिम स्मृति ने एक तरह से उनकी उस स्मृति को आच्छादित कर दिया कि वे एक सुन्दर नौजवान थे जो अपने परिवार को बहुत प्यार करते थे। अन्दर से मैं बहुत चोटिल, टूटा हुआ और बुरी तरह से कमज़ोर पा रहा हूँ; मैं उनकी उस छवि से नहीं उबर पा रहा हूँ कि वे बिस्तर पर असहाय पड़े हुए थे और उनके कभी मर्दाना और मजबूत शरीर में, तमाम तरह की नलियाँ आ जा रही थीं; उनका दिमाग़ तब भी साफ़ था लेकिन जुबान से कुछ बोल नहीं पा रहे थे, और उनकी घूरती आँखें मुझसे बातें कर रही थीं। ये निजी अमिट अनुभव हैं जिससे हम सभी गुज़रते हैं और जो हमें बनाते हैं।

पेंट कर पाना और अन्दर के भावजगत् को रूपाकार दे पाना सच में एक वरदान की तरह है। फ़िलहाल मेरे पास पेंटिंग करने का समय ही नहीं होता

है, यहाँ तक कि पेंटिंग करने की तरफ़ ध्यान भी नहीं जाता है। मैं बहुत सारे दैनन्दिन के कामों में उलझा हुआ हूँ। सबसे बढ़कर मैं कोशिश कर रहा हूँ कि मेरी माँ को आराम से और ख़ुश रख सकूँ। वह बहुत बहादुर महिला हैं और यह देखकर दिल भर आता है कि वे जिस तरह से अपने आँसुओं को दबाये रखती हैं और उससे हमारे आँसू निकल आते हैं। तुम्हारी चिट्ठी बहुत दिलासा देने वाली रही, प्यारे रज़ा, और मैं ख़ुशक़िस्मत हूँ कि मुझे ऐसी दोस्ती नसीब हुई।

सदा की तरह,

कृष्ण

OO

२४ दिसम्बर, १९८५
पेरिस

मेरे प्रिय कृष्ण,

अकादेमी की चिट्ठी के बाद यह निजी चिट्ठी यह बताने के लिए है कि मुझे यह जानकर बहुत ख़ुशी हुई कि तुमने वन्य जीव कोष के लिए योगदान किया है। मैं कान्हा और किसली के जंगलों से आता हूँ, जब हम बच्चे थे तो हमारा परिवार वहीं रहता था, इस वजह से मैं और भी ख़ुश हुआ। साथ ही मुझे इस बात की ख़ुशी भी है कि पेंटिंग का सम्मान उस स्तर तक बढ़ता जा रहा है। मुझे राम कुमार के लिए भी ख़ुशी और सन्तोष का अनुभव हो रहा है कि उसको कालिदास सम्मान मिला, जो कि केवल उसका ही सम्मान नहीं है बल्कि उन लोगों का भी जिन्होंने उसको सम्मान दिया है।

यह निजी चिट्ठी इसलिए लिख रहा हूँ जिससे कि अलग-अलग विषयों को मिलाने से बच सकूँ और जो मेरे दिमाग़ में है उसको खुलकर कह भी दूँ। मैं इस बात को समझता हूँ कि बायनाले के लिए तुम जिस हद तक काम कर रहे हो। मैं भी यहाँ थोड़ा-बहुत कर रहा हूँ, मैं जानता हूँ कि यह कितने समय और कोशिश की माँग करता है और मुझे ख़ुशी है कि हम ख़ुद को इसमें लगा रहे हैं। हमारे राष्ट्रीय संस्थान अभी निर्माण की प्रक्रिया में हैं और वे वही बनेंगे जैसा हम बनायेंगे। अगर हमने उदासीनता दिखायी तो इनका पतन हो जायेगा और प्रतिक्रियावादी शक्तियाँ इसमें आ जायेंगी। हमारी कोशिशों का जो भी नतीजा हो, कम से कम समय-समय पर हम ऐसी कोशिशें कर सकते हैं, जिससे कोई रास्ता दिखायी दे, जो मिसाल बने।

मुश्किल यह है कि हमारे पास न तो जवानों जैसी ऊर्जा है न ही समय है, और जब हम यह काम करते हैं तो पेंटिंग पीछे छूट जाती है। और यह निजी नुकसान है। असली मुश्किल यह है कि किस तरह से दोनों के बीच

सन्तुलन स्थापित किया जाय।

बहरहाल, वही करते हैं जो हमने अच्छी तरह से किया है। अकादेमी को आज भेजी गयी मेरी चिट्ठी से यह स्पष्ट हो जाता है कि गॉडीबर्ट और मेलाइ दोनों आ रहे हैं। वे अपने वीजा और टिकट का इन्तज़ार करेंगे। निजी तौर पर मैंने आगे बढ़कर एयर इण्डिया की पेरिस फ्लाइट ए१-१६४ में २२ जनवरी के लिए टिकट करवा लिया है। यह बस आरक्षण है और जिसका मतलब है कि रिज़र्व बैंक की अनुमति ले ली गयी है और ललित कला टिकट का भुगतान करेगी तथा एयर इण्डिया पेरिस को सूचित कर दिया जायेगा। चूँकि ज़ानीन नहीं आ रही है, इसलिए मैंने प्रथम श्रेणी का टिकट करवाया है। २३ फ़रवरी को वापसी की यात्रा के लिए भी यही इन्तज़ाम किया है, हालाँकि उसमें मेरा टिकट प्रतीक्षा सूची में है।

मैं गॉडीबर्ट और मेलाइ के लिए यह छूट नहीं ले सकता जिसके लिए मुझे लगता है कि तुमको दिल्ली से ही करवा देना चाहिए। जैसा कि मैंने लिखा, पियर गॉडीबर्ट १२ या १४ फ़रवरी को यहाँ से निकलना चाहेंगे और यह आदर्श होगा कि दोनों के टिकट एक ही जहाज में करवाये जायें—गॉडीबर्ट और मेलाइ दोस्त हैं और मेलाइ अँग्रेज़ी बोलते हैं।

२३ तारीख़ को आने के बाद मैं रशना और बर्नार्ड इम्हासली के साथ हौज़ख़ास में चार-पाँच दिन रहने की योजना बना रहा हूँ। उसके बाद मैं बम्बई चला जाऊँगा। यह बहुत अच्छा होगा अगर ललित कला अकादेमी अशोका होटल में मेरे ठहरने का इन्तज़ाम करवा दे, जैसा कि तुमने कहा था, ८ से २३ फ़रवरी के लिए।

रशना मेरी किताब का विमोचन दिल्ली में अपने घर में करने की योजना बना रही है। मैंने १२ या २० फ़रवरी की तारीख़ें सुझायी हैं। मैं अपने साथ दो बड़े तथा पाँच या छः छोटे कैनवास लपेटकर ला रहा हूँ। वह रोलर १८० सेंटीमीटर लम्बा तथा १५ सेंटीमीटर मोटा होना चाहिए। क्या तुमको ऐसा लगता है कि मुझे इसको एक पेंटर के रूप में लेकर आना चाहिये जो अपनी कुछ कृतियों को लेकर आ रहा हो? या तुम मुझे यह सलाह देते हो कि मैं केवल छोटी पेंटिंग्स लेकर आऊँ, १२० × १२० सेंटीमीटर या उससे भी कम, वह भी लपेटकर? बम्बई में मुझे कोई मुश्किल नहीं हुई थी, लेकिन दिल्ली बायनाले तथा अन्य प्रदर्शनियों के कारण अधिक

जटिल है। मैं यह सुझाव नहीं दे रहा हूँ कि तुमको इसमें हस्तक्षेप करना चाहिए। मैं बस यही पूछ रहा हूँ कि तुम मुझे यह सुझाव दो कि मुझे कितना सावधान रहना चाहिए, जो इस बात के आधार पर हो कि क्या पहले इस तरह की समस्याएँ हो चुकी हैं। इससे भी बढ़कर, कृपया यह भी देखना कि हवाई जहाज का किराया दे दिया जाय और इसके बारे में एयर इण्डिया या मुझे बता दिया जाय, साथ पियर गॉडीबर्ट तथा मेलाइ के भी।

पेरिस में मैं हुसेन से मिला जिसने तीन दिन में बड़ा सा सजावटी पैनेल बना दिया। गाँधी जी ने अधिक समय लिया था (दाण्डी मार्च)। बाल की कोई ख़बर नहीं है। सुरजीत के स्वास्थ्य की समस्या है। मैं सोच रहा हूँ कि भोपाल में कब उद्‌घाटन है। क्या कार्यक्रमों को समन्वित किया जा सकता है? यह बहुत कम होता है कि इतने सारे दिलचस्प लोग एक समय में साथ हों। कृपया लिखना। १९८६ के लिए शुभकामना, तुमको और रेणु को बहुत सारा प्यार, साथ रसिका और राकेश को भी, जो अभी तुम्हारे साथ ही होंगे।

सदा की तरह,

रज़ा

मुझे रबात से मेलाइ का अभी-अभी फ़ोन आया। मैंने उसको बताया कि उसकी तरफ़ से तुम्हें कोई ख़बर नहीं है। रबात से चिट्ठी आने में हफ़्तों लग जाते हैं, अगर आते भी हैं तो। मैंने उसको सलाह दी है कि वह तुमको टेलीग्राम कर दे। साथ अगले हफ़्ते वह पेरिस से तुमको स्वीकृति का पत्र भी भेज देगा। ६ जनवरी को वह भारतीय दूतावास में वीजा के लिए आवेदन करेगा। आज पहली चिट्ठी भेजने के बाद यह ख़बर देर से आयी।

रज़ा

OO

१० मई, १९८६
पेरिस

मेरे प्रिय कृष्ण,

चिट्ठी नहीं लिख पाने के लिए मुझे माफ़ कर देना। तुम्हारी दो चिट्ठियाँ, जिनके साथ ट्रायनेल[१] से जुड़ी ख़बरों की बहुत सारी कतरनें भी थीं, मिल गयी थीं। यह बहुत दुखद है, जो भारत के कला-परिदृश्य के अनुरूप नहीं है। जब मैं दिल्ली में था तो मुझे प्रदर्शनों के बारे में पता नहीं चला था, लेकिन जिस सफ़ाई से पत्रकारों ने प्रदर्शनों एवं आरोपों के बारे में लिखा वह अतुलनीय है। कई बार कोई सोच सकता है कि क्या बिना इन आरोपों के भी कुछ लिखा जा सकता था; कला के बारे में लिखना कितना मुश्किल है; और ये बेवकूफ़ पत्रकार कला के मुख्य आयोजन के इर्द-गिर्द पैदा हुए सनसनीखेज पहलुओं के बारे में लिखने को इतना महत्त्व देते हैं। हालाँकि, तुम्हारे लेख के अलावा, कुछ अच्छे लेख थे जिनमें चीज़ों को अच्छी तरह से देखा गया था और उसके बारे में भी कुछ शब्द थे कि कला की प्रस्तुति किस प्रकार से की गयी थी। मैं हिन्दी में विनोद भारद्वाज और ए.एस. रमण के नाम ले सकता हूँ; हालाँकि तब भी एक भी गम्भीर लेख ऐसा नहीं था जिसमें सब कुछ का अच्छी तरह से विश्लेषण किया गया हो और उसके बारे में तो और भी कम था कि किस तरह की कृतियों को त्रिनाले में प्रदर्शित किया गया था।

मैं गॉडीबर्ट से मिला और हमने हालात का जायजा लिया। हमने टेलीग्राम भेजा, जो वैसे तो छोटा था लेकिन उसे छापा गया। मिशेल ट्रोकी और गॉडीबर्ट दोनों का ही यह मानना था कि यह विवाद निम्न स्तर का और बकवास है और इसके ऊपर ध्यान दिये जाने की ज़रूरत नहीं है। इसमें किसी तरह की बहस नहीं है। एक भारतीय के रूप में मैं इसमें संलग्न हो गया और घण्टों मैंने लिखने में बिताये। लेकिन वह लेख तैयार नहीं है।

आने के बाद से हम गम्भीर आयकर नियन्त्रण में आ गये हैं। और वैसे यह पूरा तो नहीं हुआ है लेकिन अब सब कुछ नियन्त्रण में है। मेरे बिल और चेक सब ठीक हैं। इस सबके बावजूद मैं बड़े कैनवास के ऊपर काम कर रहा हूँ और हम गोर्बियो जाने की योजना बना रहे हैं, जैसे हम हर गर्मियों में जाते हैं, ९ जून से चार महीने के लिए।

त्रिनाले के लिए तुमने बहुत अच्छा काम किया कृष्ण। वह काम बहुत बुद्धिमानी से भरा और समर्पित था और हमारे राष्ट्रीय सन्दर्भ में ज़रूरी था। समय के साथ लोग इसके महत्त्व को समझेंगे।

मैं अभी भी उम्मीद करता हूँ कि मैं लेख लिख सकता हूँ जिसे मैं या तो इण्डिया टुडे या टाइम्स या टेलीग्राफ़ को भेजूँगा। यह तीन महीने के बाद छपेगा, मुझे उम्मीद है कि जोश शान्त हो चुका है और मैं अपने दृष्टिकोण से अपनी प्रतिक्रिया लिखूँगा। स्वास्थ्य के हिसाब से भी मेरी हालत ठीक नहीं है। मुझे लगता है कि दुःख और चिन्ता से तनाव आता है और उससे मेरी पीने की इच्छा भी बढ़ जाती है। एक बार फिर, मैंने इसके ऊपर रोक लगा दी है, चाहे मैं दुखी और उदास ही क्यों न महसूस करूँ।

मैं बग़दाद नहीं जाऊँगा, जहाँ से मुझे आमन्त्रण मिला है। मुझे युद्ध और हिंसा से नफ़रत है। इसके अलावा मैं बैठकर काम करना चाहता हूँ और मुझे उम्मीद है कि मैं गोर्बियो में कर पाऊँगा। कुल मिलाकर, मेरी भारत यात्रा का परिणाम बेहतर रहा। दिल्ली आसान नहीं था, लेकिन मैं था, और हूँ, आत्मविश्वास से भरपूर। मैंने हर चरण में अच्छा किया और अपने प्रति पूरी ईमानदारी बरती।

मैं यह चाहता हूँ कि अगर त्रिनाले के कैटलॉग में पुरस्कार के बाद कुछ अतिरिक्त रिप्रोडक्शन जोड़ा गया हो तो मुझे एक भेज देना। गीति पेरिस आ रही है और वह भी लेकर आ सकती है। वह हम से सम्पर्क कर सकती है। मैंने उससे कहा कि वह भारतीय मिनियेचर पेंटिंग के ऊपर एक किताब लेकर आये जिसे उसे ख़रीदकर लाना है। उसको अपने पास रख लेना या अशोक वाजपेयी को भेज देना, मेरी तरफ़ से भारत भवन को उपहार के रूप में। कृपया उसको त्रिनाले के दफ़्तर में मत छोड़ना।

उम्मीद करता हूँ कि तुम अच्छे हो और काम कर रहे हो। काश! हम एक साथ जमा होकर इन सभी बातों के बारे में बातें कर पाते। मुझे कितना कुछ

कहना है। लेकिन आज इस चिट्ठी को जाना चाहिए। गीति २१ को आने वाली है और हमारे साथ पेरिस में तीन दिन रहेगी। रेणु और ज़ानीन को, शंखो और जैन को मेरा प्यार देना।

जब समय मिले तो लिखना और उसके बाद से जो कुछ हुआ उसके बारे में बताना। क्या तुमने काम करना शुरू कर दिया?

प्यार,

रज़ा

१. छठा भारतीय त्रिनाले, ललित कला अकादेमी, १९८६

○○

१० फ़रवरी, १९८७
पेरिस

मेरे प्रिय कृष्ण,

भारत मेरे ख़यालों में इस क़दर रहा है—दोस्तों और स्थान, दिल्ली, बम्बई, भोपाल और मण्डला में बिताये गये शानदार दिन। इसलिए बहुत दुःख के साथ मैं तुमको यह बताना चाहता हूँ कि मुझे इस बात का अफ़सोस है कि इस साल मैं आ नहीं पाऊँगा। कार्यक्रम तय हो चुका था, मैंने अपने टिकट भी आरक्षित करवा लिये थे और १९ जनवरी को मुझे दिल्ली में होना चाहिये था, लेकिन ज़ानीन की माँ की तबीयत ठीक नहीं है। इसके अलावा, फ्रांस में नवम्बर और दिसम्बर ८६ में प्रदर्शन का माहौल था, विद्यार्थी और मज़दूर हड़ताल कर रहे थे, उसके बाद ठण्ड बहुत पड़ी (–१५ डिग्री), बर्फ़बारी और ठण्ड। यह सब सहने के लिए मैं ज़ानीन को अकेले नहीं छोड़ सकता था और इसलिए ७ जनवरी को मैंने एयर इण्डिया में बुकिंग रद्द कर दी।

और अब ठण्ड के लम्बे अरसे को झेलना है और मुझे एक और साल के आने का इन्तज़ार करना है। चूँकि मैं हमेशा हर बात में सकारात्मकता देखता हूँ इसलिए मैंने यह तय किया है कि जमकर काम करूँगा। इस साल के लिए दो प्रदर्शनियाँ तय हो चुकी हैं : ग्रेनोब्ले[१] में जून में और नवम्बर-दिसम्बर में पेरिस में, एक बार फिर गैलेरी पियरे परात[२] में। इसलिए आगे जमकर मेहनत करनी है। इसके बावजूद कि न आ पाने के कारण एक तरह की हताशा है लेकिन मुझे कुछ ख़ुशी और सन्तुष्टि इस बात से मिल रही है कि ऐसे समय में मैं ज़ानीन और उसकी माँ के साथ हो सकता हूँ जिस समय में मेरी मौजूदगी ज़रूरी लगती है।

मैंने राम, बाल और ख़ुर्शीद को भी लिखा, लेकिन लिखने में मुझे बहुत मुश्किल होती है। जब भी मैं लिखता हूँ तो पूरे दिल से लिखता हूँ। मैं

अक्सर तुमको लिखने के बारे में सोचता हूँ, कई बार मैं चिट्ठी शुरू भी कर देता हूँ लेकिन वह कभी ख़त्म नहीं हो पाती। मैं बमुश्किल ही दर्शन या कला के बारे में बातें कर सकता हूँ। मेरी दृष्टि में मेरा साधारण जीवन और मेरे काम ही होते हैं। उनके बारे में जानना बहुत दिलचस्प नहीं होता है लेकिन मैं उनके साथ इतनी संलग्नता और विशिष्ट रूप से जीता हूँ कि अपनी सीमाओं के भीतर मुझे बहुत आनन्द आता है। बहुत सारी गतिविधियों में बिखर जाना ऐसा लगता है कि उस ऊर्जा और समय की क़ीमत पर आता है जिसको अन्यथा पेंटिंग में लगाया जा सकता हो। मैं अभी भी बिन्दु, चक्र तथा अन्तर्निहित पहलुओं से जुड़े विषय के ऊपर काम कर रहा हूँ। विचार रूपाकार ले रहा है। हाल की पेंटिंग अपने आप विकसित हुई है। एक अजीब तरह का आवयविक विकास : एक पेंटिंग से दूसरी पेंटिंग के रूप में, दो-तीन महीने में एक कृति से दो या तीन कृति के रूप में उन्नति के रूप में, उसके बाद परम सत्ता चली जाती है : फिर रुक कर इन्तज़ार करना होता है। मैं इस समय का उपयोग प्रदर्शनियों के लिए करता हूँ, दोस्तों से मिलता हूँ, किताबें पढ़ता या लिखता हूँ। इस समय मेरे पसन्दीदा लेखक महात्मा गाँधी और पण्डित जवाहरलाल नेहरू हैं। उनको एक के बाद एक पढ़ना बहुत अच्छा लगता है; उनके मिज़ाज इतने जुदा थे तब भी उन्होंने साथ काम किया।

परितोष सेन क्यूबा की यात्रा के बाद यहाँ आया था। मुझे समाचार जानकर अच्छा लगा। अशोक की आने की योजना थी लेकिन निश्चित रूप से उसके पास बहुत काम है और भोपाल की चिन्ता है। कारन्त-विभा का मामला आपदा की तरह रहा है। एक निजी त्रासदी के अलावा, प्रतिक्रियावादी शक्तियों ने भारत भवन के ऊपर हमला किया और भोपाल में उसके द्वारा किये गये असाधारण कामों के ऊपर भी। मैंने एक छोटा-सा पत्र लिखा है, जिसमें अशोक को मैंने अपने विचारों से अवगत करवाते हुए अपनी पूरी संवेदना और समर्थन व्यक्त किया है। दिल्ली त्रिनाले के समय जो हालात थे उससे भी ख़राब हालात हैं; ऐसी विनाशकारी गतिविधि को देखकर उसके ऊपर विश्वास कर पाना मुश्किल होता है, यह देखना कि लोग कितने गिर सकते हैं।

फ्रांस अगले चुनाव का इन्तज़ार कर रहा है। हालाँकि, वर्तमान सरकार काम कर रही है और बहुत सारी चीज़ें हो रही हैं। पॉमपीडयू संग्रहालय

अपना दस साल का जश्न मना रहा है। २ फ़रवरी को एक दिन में ४५ हज़ार लोग संग्रहालय में आये। पिछले दस सालों के दौरान साढ़े सात करोड़ लोग इस संग्रहालय में आ चुके हैं। हाल में ही खुला म्यूजी द ओर्से में भी लोग काफ़ी संख्या में आ रहे हैं। क्या कला, धर्म की तरह उम्मीद का कारण बन रही है? उम्मीद ही जीवन है! जो भी हो, जिन पेंटिंग्स की तरफ़ लोग आकर्षित हो रहे हैं, वे या तो पुराने मूर्धन्य कलाकारों की हैं या बहुत मशहूर कलाकृतियाँ। बाज़ार अभी भी मंदा है।

मैं उम्मीद करता हूँ कि यह छोटी-सी चिट्ठी तुमको लिखने के लिए प्रेरित करेगी। हमें बताना कि तुम कैसे हो, काम कैसा चल रहा है और दिल्ली के कला जगत् के क्या हाल हैं। राम के चित्रों के पुनरावलोकन में सूज़ा ने भी मेरी कृति ख़रीदी। काम कैसा था? किसने आयोजित किया था? तुम्हारी योजनाएँ क्या हैं? क्या तुम भोपाल गये थे? ये बहुत सारे सवाल हैं जो मेरे मन में उठ रहे हैं। कृपया लिखना। हम दोनों की तरफ़ से तुमको और रेणु को ढेर सारा प्यार। राम और गाय के साथ भी इस चिट्ठी को साझा करना।

सदा,

रज़ा

---

१. एक प्रदर्शनी : La tete de L'art, Grenoble, 1987

२. एक प्रदर्शनी : Galerie Pierre Parat, Paris, 1987

OO

२९ मार्च, १९८७
पेरिस

मेरे प्रिय कृष्ण,

२२ फ़रवरी की तुम्हारी चिट्ठी के लिए शुक्रिया। मैं ज़रूरी चिट्ठियों के जवाब जल्दी देने की कोशिश करता हूँ लेकिन जीवन इतना व्यस्त रहा है कि मेरे पास अपने लिए एक पल का समय भी नहीं रहा। कुल मिलाकर सब कुछ बढ़िया है। माँ भी अब इतनी ठीक हो गयी हैं कि ख़ुद से रह सकती हैं। तुमको बताना चाहता हूँ कि अपने स्टूडियो के पास का अपार्टमेंट हम लोगों ने ले लिया है और उसको ठीक-ठाक कर दिया गया है ताकि अगर ज़रूरत पड़े तो वह आकर हमारे साथ रह सकें। ख़ुशी की बात यह है कि वह बेहतर हैं और जब तक सम्भव हो वह अपने अपार्टमेंट में, अपने माहौल में, अपने साजो-सामान और अपनी आदतों के साथ रह सकती हैं। बस] ज़ानीन को हर दिन जाकर उनके लिए ख़रीदारी करनी होती है और उनका हौसला भी बढ़ाना होता है। मुझे लगता है कि यह ज़रूरी होता है कि ढलती उम्र में बुज़ुर्गों का ध्यान रखा जाय, उसी तरह से जिस तरह से वे हमारा ध्यान तब रखते थे जब हम बच्चे थे। हम इसका महत्त्व नहीं समझते क्योंकि व्यवहार में यह उतना आसान नहीं होता है। जीवन की मजबूरियों और माँग के बीच लगातार कोशिश, धैर्य और समय देना पड़ता है। ज़ानीन पूरी तरह से समर्पित है और वह अपनी माँ का ध्यान अपनी क्षमता-भर बख़ूबी रख रही है। यह रोज़ का काम है, एक कर्तव्य, एक धार्मिक कृत्य की तरह, जिसे वह स्वाभाविक रूप से और अपने पूरे दिल से करती है। और इससे उसको ख़ुशी और सुकून मिलता है। इतवार के दिन मैं कर्तव्य निभाता हूँ। सुबह की शुरुआत मैं चर्च जाने से करता हूँ (हाँ, सच में) और उसके बाद उनके अपार्टमेंट में जाता हूँ और उसके बाद उनको अपने घर कार में लेकर आता हूँ। और हम दिन साथ बिताते

हैं। ज़बर्दस्त सर्दियों का मौसम अब बसन्त में तब्दील हो रहा है। सूरज कभी-कभी निकलता है और यह सिर्फ़ बुज़ुर्गों के लिए ही कारगर नहीं है बल्कि हर किसी के लिए जो छह महीने के न ख़त्म होने वाले जाड़े से राहत पाना चाहता हो।

मैं इतना ख़ुश हूँ कि रसिका, मालती, कारन और तुम सभी माँ का अच्छी तरह से ध्यान रख रहे हो। बहुत सारे लोगों का होना अच्छा है। कृपया उनको मेरा आदाब कहना, और ज़ानीन की तरफ़ से भी अभिवादन कहना।

जून में ग्रेनोब्ल में प्रदर्शनी के अलावा और नवम्बर में पेरिस में प्रदर्शनी के सिवा मिसेज हेलेन बार्बीअ की जेनेवा परियोजना 'कू द कूअ' भी आ गयी। प्रदर्शनी जुलाई के लिए नियत थी लेकिन अभी उसको अन्तिम रूप दिया जाना बाक़ी है। आमतौर पर मुझे प्रतिनिधित्व दिया जायेगा लेकिन अभी कुछ भी पक्का नहीं है। शायद तुमको पहले से ही कुछ बेहतर पता हो। एक और प्रदर्शनी जेनेवा में ही है 'केरल के युवा कलाकार', जो विवान सुन्दरम का प्रयास है, जो पक्का लग रहा है। हेलेन हमारे पास यहाँ आयी थी लेकिन दो सप्ताह से हमें कुछ भी नहीं पता है। इस तरह की परियोजनाओं के लिए बहुत सारा धन चाहिये होता है—यातायात, इंश्योरेंस, और सबसे बढ़कर कैटलॉग, जिसके लिए बहुत सारा पैसा चाहिये होता है। उम्मीद करता हूँ कि सब कुछ सही से हो जाय क्योंकि जेनेवा की प्रदर्शनी महत्त्वपूर्ण होगी और इससे समकालीन भारतीय कला का सम्मान बढ़ेगा, जिसके बारे में लोग यहाँ अधिक जानते नहीं हैं। स्विट्ज़रलैण्ड तीसरा देश होगा जो इस तरह की कला को गम्भीरता से प्रस्तुत करेगा।

'हेल्प एज' परियोजना के सन्दर्भ में बिला शक यह कहा जा सकता है कि वह तुमको ही मिलेगी। जहाँ तक स्वास्थ्य और सुरक्षा योजनाओं का सम्बन्ध है भारत बहुत अच्छी तरह से संगठित नहीं है, तथा बच्चों और बुज़ुर्गों का अच्छी तरह से ध्यान रखे जाने की ज़रूरत है। यह सोचने की बात है कि इस समस्या के बारे में राष्ट्रीय स्तर पर कुछ किया जाना चाहिए। हो सकता है बारह कलाकार, औद्योगिक घरानों की मदद से, एक उदाहरण पेश कर सकते हैं, जागरूकता फैलाकर इस दिशा में प्रेरक बन सकते हैं। अकबर की तरफ़ से मुझे कोई ख़बर नहीं है और मैं सोच रहा हूँ कि यह विचार कहाँ तक आगे बढ़ा। जहाँ तक मेरी बात है, मैं एक

महत्त्वपूर्ण कैनवास भेजना चाहूँगा। लेकिन जैसा कि तुम जानते हो इसके लिए कस्टम की औपचारिकता आती है और पेंटिंग की घोषित क़ीमत फ्रांस में आनी चाहिए। लेकिन अगर रिज़र्व बैंक विदेशी मुद्रा दे दे तो इस मसले को सुलझाया जा सकता है या अगर तुम पेंटिंग की क़ीमत के ४० या ५० प्रतिशत क़ीमत के आधार पर काम करो तो। यहाँ के कस्टम वालों को इस बात को समझा पाना मुश्किल होता है कि किसी उद्देश्य के लिए उपहार में दिया जा रहा है और इससे सम्बन्धित औपचारिकता लम्बी और थकाऊ होती है। इसके अलावा, पेरिस के पेंटर्स से बार-बार यह कहा जाता है कि वे इन्सान की असंख्य बुरी हालतों के लिए उदार बने रहें और उनसे यह कहा जाता है कि वे अपनी बिक्री का ५० प्रतिशत तक दान में दे दें। आमतौर पर यह अच्छी तरह से काम कर जाता है और इससे सभी को फ़ायदा होता है। महत्त्वपूर्ण बात यह है कि इस तरह की परियोजनाओं के लिए कोई पेंटर अपनी महत्त्वपूर्ण कृति को दे, क्योंकि कमज़ोर कृति को देने से उद्देश्य पूरा नहीं होता है।

कृपया मुझे बताना कि फ़िलहाल क्या स्थिति है।

दिल्ली की प्रदर्शनी के बारे में बताने के लिए शुक्रिया। मुझे इस बात की बहुत ख़ुशी है कि नसरीन ने बहुत अच्छा किया और उसकी प्रदर्शनी बहुत प्रभावशाली रही। मुझे इस बात की भी ख़ुशी है कि तुमने एन.जी.एम.ए. की ख़रीद समिति का अध्यक्ष बनना स्वीकार कर लिया है। हमेशा की तरह, परेशानियाँ तो आयेंगी, लेकिन कुछ महत्त्वपूर्ण पेंटिंग्स और शिल्प संग्रहालय का हिस्सा बनेंगी, और यह बहुत बड़ी बात होगी। तुमने बाल की तीन पेंटिंग ख़रीद कर अच्छा किया। यह ज़रूरी होता है कि कला जगत् का निरन्तर सर्वेक्षण किया जाय, जिसकी शुरुआत कलाकार के स्टूडियो से हो, फिर महत्त्वपूर्ण प्रदर्शनियों में और सम्भव हो तो सही समय पर कलाकृति को लिया जाय—सीधे पेंटर से। तुम्हारी जो दृष्टि है और जो चयन क्षमता है उससे मुझे पक्के तौर पर यह लगता है कि उचित क़ीमत पर कुछ महत्त्वपूर्ण कृतियाँ संग्रह का हिस्सा बनेंगी। एन.जी.एम.ए. भारत में समकालीन कला का सबसे अधिक देखा जाने वाला संग्रहालय है, लेकिन उसमें जो कृतियाँ हैं वह शायद ही प्रतिनिधात्मक हैं। दिल्ली या बम्बई में नये संग्रहालय की सम्भावना के साथ मुझे लगता है कि तुम्हारा काम बहुत मायने का होगा, केवल भारतीय कलाकारों और कला-प्रेमियों

के लिहाज़ से ही नहीं बल्कि विदेश से आने वाले दर्शकों के लिए भी जिनको समकालीन भारतीय कला के बारे में कुछ भी नहीं पता होता है। इसलिए तेज़ी के साथ। लेकिन सर्वश्रेष्ठ का चुनाव ही करना।

डॉमिनिक बिजो पॉमपीडयू संग्राहलय के निदेशक नहीं रहे। वह अब 'फोंडेशन नेशनल द आर्ट्स ग्राफ़िक्स के अध्यक्ष हो गये हैं और वे क्लॉड मोलर्ड के स्थान पर आये हैं। उनका अलग तरीक़ा है और अलग शैली। हालाँकि, वह बहुत गम्भीर क़िस्म के आदमी हैं, और यह बात फ्रांस के संस्कृति मन्त्रालय के सन्दर्भ में और भी महत्त्वपूर्ण इसलिए हो जाती है क्योंकि फ्रांस के नये प्रधानमन्त्री जॉक चिराक ने फ्रांसुआ ल्योतार को नया संस्कृति मन्त्री नियुक्त किया है। राजनीति में बहुत कुछ है जो मैं नहीं समझता हूँ, लेकिन इस तरह के बदलावों से सब प्रभावित होते हैं। भारत और फ्रांस के बीच कभी भी रिश्ते बहुत अच्छे नहीं रहे हैं और हमें घटनाक्रम को ध्यान से देखना होगा। अगले चुनाव अप्रैल १९८८ में हैं जो यहाँ के लिए महत्त्वपूर्ण होंगे, और ऐसा लगता है कि परियोजनाएँ अगले साल तक भी चलती रहेंगी।

हाल में, संस्कृति मन्त्रालय ने आहरित किया है, जिसमें मुझे बताया गया है कि १५ सौ कलाकृतियाँ और शिल्प आये। ऐसा लगता है कि बीजो ने अध्यक्षता की। बहुत सघन परीक्षण के बाद उन्होंने महज़ बीस कृतियों को लिया। मैं ख़ुश हूँ कि उन्होंने मेरा भी एक कैनवास ख़रीदा, २०० ×१०० सेंटीमीटर का, २५ सौ फ्रैंक में। मुझे ख़ुशी है कि कुछ अत्यन्त महत्त्वपूर्ण कलाकारों ने अपनी कलाकृतियाँ भेजी थी, इसलिए भी क्योंकि पेंटिंग एक संग्रहालय में जायेगी। और जाहिर है, चूँकि मैं पेंटिंग महँगी नहीं बेचता हूँ इसलिए मेरी कृति के लिए यह बहुत ऊँची क़ीमत थी।

मेरी चिट्ठी लम्बी है और देर से लिखी गयी है। माफ़ करना। लेकिन मेरी बहुत सारी चिन्ताएँ रहती हैं। और यह मेरी आदत है कि मैं अपना सर्वश्रेष्ठ करता हूँ। इसलिए यह सारे समाचारों के साथ लिखा गया है। हम काम कर रहे हैं और राम ने मेरी पेंटिंग की तस्वीरें माँगी हैं। वह मेरे पास किसी भी समय आने वाली है और मैं तुमको या उसको बहुत जल्दी ही भेज दूँगा। मेरे पास बहुत सारे बड़े और छोटे कैनवास हैं।

आज के अख़बार में यह ख़बर आयी है कि वान गॉग की पेंटिंग 'सनफ्लावर्स'

२१९ मिलियन फ्रेंच फ्रैंक में बिकी है। इसे आप दिल में गहरे उसके जीवन के बारे में, उसकी कृतियों के बारे में, और उसको ग़लत समझे जाने के बारे में और उसके जीवन-काल में उसकी किस तरह से प्रसिद्धि नहीं मिली इसके बारे में सोचने लगते हैं। इससे आपको इस बात का सन्तोष भी मिलता है कि जो सच्ची कला होती है समय के साथ उसको प्रशंसा मिलती है और धन से उसको आँका जाता है। जो बात मुझे प्रेरित करती है वह यह है जिसको हिन्दी में कहते हैं कि उसके अन्दर दैवी शक्ति थी, जिसको उसने इतनी पूर्णता के साथ पेंटिंग में अभिव्यक्त किया, वह भी इतने छोटे से जीवन काल में।

रेणु, रसिका और घर में सभी को मेरा प्यार देना। मेरा आने का बहुत मन करता है लेकिन मुझे अब जनवरी तक का इन्तज़ार करना होगा। तब तक के लिए ख़ूब मेहनत।

ख़ूब सारा प्यार,

रज़ा

OO

९ अगस्त, १९८७
गोर्बियो

मेरे प्रिय कृष्ण,

तुम्हारी चिट्ठी मिलने से बहुत ख़ुशी होती है। लेकिन पिछली चिट्ठी जो शिमला से २५ जुलाई को लिखी थी मेरे दिल को गहरे छू गयी। मैं ख़ुद को सौभाग्यशाली समझता हूँ कि बेहद अकेलेपन के दौरान तुमने जीवन, और काम को लेकर अपनी आन्तरिक भावनाओं को मुझसे कहा, बहुत सहजता से और बहुत गहरायी से। कभी-कभार किसी का उद्धरण नहीं, न इलियट न ही शेक्सपियर। आप लगता है कि अपने अन्तर्जगत के बहुत क़रीब होते हैं और वह चिट्ठी इस कदर दिल को छू लेने वाली थी, एकदम काव्यात्मक।

मैं अपने प्रिय जैतून के पेड़ के नीचे बैठा हुआ हूँ, एक छोटे लाल कैनवास, ब्रशों और पेंट्स के सामने, जो मुझे अपनी तरफ़ खींच रहे हैं। मैंने इस ख़ाली कोरे काग़ज़ के ऊपर ध्यान लगाने का चुनाव किया है। हाँ, जब मैं पेंट करता हूँ तो मैं लिखता भी हूँ, पूरी तन्मयता के साथ, और अगर लिखने के दौरान शब्द और विचार अधिक प्रयास की माँग करते हैं, दोनों ऐसा लगता है कि जीवन, काम और सोच के स्वाभाविक परिणाम हैं। मैं तुमको यहाँ का समाचार देना चाहता हूँ, जेनेवा की प्रदर्शनी को लेकर अपनी राय और आने वाले महीनों को लेकर अपनी योजनाओं के बारे में।

सबसे पहले, मैं तुमको कू द कूअ[१] प्रदर्शनी का कैटलॉग भेज दूँगा जिसका आयोजन मिसेज हेलेन बार्बियर ने किया था। मैं १ जुलाई को प्रदर्शनी में शामिल हुआ था और वह सच में बहुत अच्छी तरह प्रस्तुत किया गया था। उद्‌घाटन में बहुत सारे लोग आये थे, क़रीब पाँच सौ लोग, जोश और उत्साह से भरकर प्रतिक्रिया देते हुए, जहाँगीर निकल्सन, चेस्टर और डाविडा हर्विट्स, मक़बूल हुसेन, रणबीर कालेका, राशन और केकू

गाँधी तथा अन्य नज़दीकी दोस्तों की मौजूदगी से वह और भी समृद्ध हो गया था। आकृतिमूलक कृतियों की प्रधानता थी, लेकिन काफ़ी महत्त्वपूर्ण कृतियाँ थीं। तुम्हारी चार बड़ी पेंटिंग थीं, समृद्ध और पर्याप्त भावनाओं से भरपूर, जो बहुत सारे कलाकारों की कथात्मक कृतियों से आगे की थीं। मुझे सच में वे अच्छी लगीं। कालेका की कृति मेरे लिए एक तरह से नये तरह का अनुभव था और उसकी दो बड़ी पेंटिंग और मनजीत बावा के काल्पनिकता से भरपूर कैनवास ने मेरे लिए समकालीन भारतीय कला के नये द्वार खोले। गीव पटेल, भूपेन खख्खर, जोगेन चौधरी, सुब्रमनियन् और जाहिर है, तैयब मेहता की महत्त्वपूर्ण कृतियाँ थीं। तैयब की कृतियों का मेरे अन्दर गहरा आकर्षण है, उसका ठोस रूप, प्रभाव और रंग और स्पेस का सन्तुलन जिसमें सांगीतिक अनुगूँजें होती हैं। गायतोण्डे, राम और मुझे एक साथ रखा गया था। मेरा प्रतिनिधित्व अच्छी तरह से नहीं किया गया था, उन्होंने चेस्टर के संग्रह से तीन पेंटिंग का चुनाव किया था। मैंने शिकायत नहीं की; मैं केवल चीज़ों के सकारात्मक पहलुओं की तरफ़ देखता हूँ और मुझे पता है कि यह प्रदर्शनी लन्दन, ऑक्सफोर्ड, पेरिस, न्यूयॉर्क तथा वाशिंगटन में भी प्रदर्शित की जायेगी, इसलिए इनका महत्त्व है तथा इसके कारण समकालीन भारतीय कला की दुनिया में बड़े स्तर पर उपस्थिति महसूस की जायेगी। इनमें कई ग़ायब थे—बाल, अकबर, शेख—लेकिन हर आयोजन को इसकी आज़ादी होती है कि वे जो चुनें और जो भी चुनें उसकी ज़िम्मेदारी लें। कुल मिलाकर प्रभाव अच्छा पड़ा था, और आज के भारत में कलात्मक अभिव्यक्ति के सन्दर्भ में यही बात मेरे लिए मायने रखती है।

हेलेन और गाय ने कैटलॉग में पैसा लगाया था और इस प्रदर्शनी को सम्भव बनाने में उनके प्रयास सराहनीय हैं। तुम्हारे लेखों में पढ़ने के लिए अच्छा मिल गया : एक संग्रहकर्ता का नज़रिया और एक तरह से वह बहुत उत्साहवर्धक है। मैं जेनेवा में दो दिन रहा; काश ज़ानीन भी आ पायी होती, कम दिनों की यात्रा के लिए भी माँ को अकेले नहीं छोड़ा जा सकता है। एक आरामदेह होटल में मेरे पास बड़ा कमरा था, जिसमें दो बिस्तर थे, जिसका किराया १५ सौ फ्रैंक प्रति दिन था। ख़ुशी-ख़ुशी मैं मेहमान था और एक मेहमान की तरह मेरी ख़ूब आवभगत हो रही थी, आसपास अच्छे दोस्त थे और ख़ूबसूरत लड़कियाँ। बस, दूसरे बिस्तर का कोई

उपयोग नहीं हुआ।

मैं गोर्बियो लौट आया जहाँ मैंने ज़मीन के छोटे टुकड़े पर काफ़ी कुछ काम करवाया, जहाँ मेरा स्टूडियो बना हुआ है और जो अब छोटे से स्वर्ग की तरह है। यह असाधारण है कि हम इतने कम साधन में यह सब कर पाये, वह बहुत परम्परागत फ्रेंच कस्बाई शैली में है, जो कि गाँव में हमारे घर के साथ बहुत सुविधाजनक है और कामकाज की सुविधा भी दे देता है। मैं प्रकृति के पास रहकर बहुत ख़ुश हूँ, पेड़ों और पौधों के पास, अपनी बिल्ली बोना के साथ—गाँव की एक बिल्ली है जो न जाने कहाँ से हमारे पास आ गयी। मैं बाग़ में भी बहुत समय बिताता हूँ, ज़मीन के पास और जीवन शक्ति के रहस्यों तथा ऊर्जा की प्रशंसा करते हुए जो चारों तरफ़ फैला हुआ है। हाल में मैं 'अंकुरण' पर काम कर रहा हूँ जो 'बिन्दु' यानी बीज का स्वाभाविक विस्तार है, और मेरे आकर्षण वास्तविक हैं। मुझे यह लगता है कि यह मेरे जीवन का सबसे महत्त्वपूर्ण काल है। लेकिन बिना झूठी विनम्रता के मैं यह कहना चाहता हूँ कि ऊर्जा का जो चक्र होता है, जीवन और पेंटिंग दोनों में ही, उसको अभिव्यक्त कर पाना इतना आसान नहीं होता है, न तो शब्दों में न ही पेंट में। इसी लक्ष्य को लेकर मैं अपनी सारी ऊर्जा को लगाना चाहता हूँ। जीवन का जो बाह्य रूप होता है उसमें अधिक रुचि नहीं है। अगर हम भारतीय विषय जैसे कमल या भारतीय लोगों को पेंटिंग में कहते रहे तो भारतीय पेंटिंग का महत्त्व नहीं हो पायेगा। इसका महत्त्व सिद्धान्त, दृष्टि और जीवन क्षमता में है, समझी गयी चीज़ों को लेकर निजी समझ को विकसित करने में। इस बात से कोई फ़र्क़ नहीं पड़ता है कि इस समय अन्तरराष्ट्रीय स्तर पर क्या चल रहा है, कोई कितनी प्रदर्शनियाँ करता है, कोई कितनी पेंटिंग बेच लेता है और किस क़ीमत पर। क्या हम गुरुत्व के केन्द्र में पहुँच सकते हैं, जो हमारे अन्दर गहरे पैठा है, उसका ख़ामोशी से बोध करना और पहली बार मन ही मन रोने से? लेकिन किसको पता है कि यह किसी अनजान, अनसुने तथा अप्रत्याशित संगीत लहरी के रूप में विकसित हो जाय।

छोटा लाल कैनवास मुझे घूरे जा रहा है। लेकिन ईश्वर अनुपस्थित हैं। तुम इस बात में यक़ीन नहीं करोगे लेकिन मैं दैवी शक्तियों की मौजूदगी के बिना पेंटिंग नहीं कर सकता। वे मूर्त और साकार होते हैं। मुझे काम शुरू करने से पहले प्रार्थना करनी पड़ती है। वे अज्ञात और ज्ञात के बीच की

कड़ी होते हैं, वे मुझे ऐसी अवस्था में ले आते हैं जब मुझे कुछ पता नहीं चलता, और ऐसी ही सम यानी स्वप्न की अवस्था में मेरी सर्वश्रेष्ठ पेंटिंग निकल कर आती है, बिना मेरे पूरी तरह से जाने कि कैसे और क्यों। यह अव्याख्येय की अवस्था है। अक्सर आपको इन्तज़ार करना पड़ता है। नवम्बर-दिसम्बर ८७ में पेरिस की पियर पेरेट गैलरी में मेरी जो प्रदर्शनी होने वाली थी मैंने उसको रद्द कर दिया है और मैं इस साल और अगले साल भारत में अपने कार्यक्रमों के ऊपर ध्यान देना चाहता हूँ। अक्टूबर में मुझे नॉर्वे में प्रदर्शनी करनी है; काश, यहाँ भी प्रदर्शनी पहले से नियत हो जाती तो किसी को उनका सम्मान करना ही पड़ता।

पिछले सप्ताह। बुधवार। हेनिंग लार्सन गोर्बियो में आये थे, मेनका के साथ, जो कि एक फ्रेंच नृत्यांगना है। हमने साथ-साथ बहुत अच्छा समय बिताया, हर चीज़ के बारे में बातें करते हुए। उसने पेंटिंग्स देखी, हम गाँव के रेस्तरां में गये, और वह पैदल चलकर गाँव में हमारे घर को देखने के लिए गया, जो कि एक पुराने खेत जैसा है, १४वीं शताब्दी का। वह वापस जेनेवा जायेगा, भारतीय प्रदर्शनी देखने। वह हट्टा-कट्टा दिख रहा था—जबकि उसकी उम्र अस्सी साल हो चुकी है—और उसमें जीवन के लिए प्यार बचा हुआ है। उसको जानना बहुत अच्छा है; यह बहुत बड़ी बात है कि मेरे लिए इतने क़रीबी और गर्मजोशी से भरे रिश्ते सम्भव हो पाये, हमारे लिए, जीवन काल में।

खोर्शिद गाँधी भी हमसे मिलने के लिए आयेगा। मेरे हाल के काम को भारत में सही तरह से प्रदर्शित नहीं किया गया है—वह काल जो मायने रखता है—इसलिए मैं यह चाहता हूँ कि मैं अपने हाल के काम को लेकर आऊँ और मैं गम्भीरता से यह विचार कर रहा हूँ कि एक और ब्रोशर शाया हो जिसमें हाल की पेंटिंग हो। जिससे हमारे पास बात करने के लिए बहुत कुछ होगा। वैसे यहाँ मैं अलग-थलग रह रहा हूँ लेकिन लगातार लोग मिलने आते रहते हैं और संयोग बनते रहते हैं। मैं उम्मीद करता हूँ कि तुम भी एक दिन आओगे और फ्रांस के इस हिस्से को देखोगे, हम किस तरह से रहते हैं और काम करते हैं और मैं भारत के कितने क़रीब हूँ। घर से समाचार—और मैं जुदा रहता हूँ—आने से मुझे दुःख होता है। फ्रेंच प्रेस सिर्फ़ दुःख, त्रासद पहलुओं को जगह देता है। कभी भी सकारात्मक पहलुओं की चर्चा नहीं की गयी। और निश्चित रूप से उनको भी दिखाया

जाना चाहिए, कम से कम कभी-कभार।

यह चिट्ठी हो सकता है कि कैटलॉग के साथ या अलग से भेजी जाय। मैं दोनों ही शिमला भेज रहा हूँ। मैंने राम को लिखा था और उसको अपने हाल के काम की पारदर्शियाँ भेजी थीं। शायद वह तुमको दिखा नहीं पाया। यहाँ स्टूडियो की कुछ तस्वीरें संलग्न हैं, बस मज़े के लिए। मुझे शिमला आना अच्छा लगेगा। यह अच्छी बात है कि तुम दिल्ली और गर्मी से निकल सकते हो जहाँ बहुत सारे काम लगे रहते हैं, जो कि हमारे आज के कला जगत् में बेहद ज़रूरी भी हो गये हैं, जो कि तुम्हारा कितना सारा समय ले लेता है।

कृपया रेणु, रसिका और तानिनी को मेरा प्यार कहना। माँ को चरण स्पर्श। मैं तुमको हमेशा से पक्के बुद्धिजीवी के रूप में देखता रहा हूँ। मैं इतना ख़ुश हूँ कि मैंने एक शेर दिल इन्सान को पाया।

ज़रा कल्पना करो कि यह चिट्ठी एक बैठक में लिखी गयी है, अपनी तमाम कमियों और शब्दों की स्पेलिंग की ग़लतियों के साथ, इसके बारे में मेरी मानो तो मुझे किसी तरह की कुण्ठा नहीं है, केवल विचार मायने रखते हैं। मैं यह ख़ूब सारे प्यार के साथ भेज रहा हूँ।

रज़ा

१. Halles del'ifs, Geneva में एक प्रदर्शनी, १९८७

ΟΟ

S.H. RAZA
101, RUE DE CHARONNE
2, CITÉ DU COUVENT
75011 PARIS
TÉL. 43.70.87.64

Paris, 10th January, 1988

My dear Krishen,

After our telephone call, I had hoped to hear from you. Days are passing by, hence this brief letter to convey the essential.

I will take off from here on the 15th morning & reach Bombay on the 16th. Alas, I am coming alone again. Dangerously alone. Janine has to stay on here. There are so many problems to face. Hopefully we will make the trip together next year in better conditions.

My trip will be hardly 5 weeks. A show at Chemould, opening on the 28th January, visits to Nagpur, Baroda, & Bhopal. Last 4 days in Delhi – 15th till 18th Feb. I dearly hope to see common friends & a lot of paintings.

I have very scanty news of the Taj-Christie adventure. I had hoped that Aslam or Khurshid will send some press-cuttings – if not their own impressions. The event seems important & we will need time to assimilate the experience. Certainly money is the scale of measure, but also its impact is largely felt. I wonder what has been the first reactions or with time later. Were there manipulations or was it a fair play. From a distance, I ask many questions & now I will have news when I reach Bombay.

That "Saurashtra" attained a high price was great satisfaction to me. Since R.B. did not allow the 40% coming to me, I have offered the total sale proceeds to Help Age. And I am all the more happy so. It's good to see that we can have some measure of worldly success during our life time. But I think of other friends to whom the action was unfavourable. But we have to take the operation, sportingly. After all, this is a public sale with a specific aim.

Did you get a large colour print of one of my paintings "अंकुरण" Germination

१० जनवरी, १९८८
पेरिस

मेरे प्रिय कृष्ण,

मुझे उम्मीद थी कि फ़ोन पर बात के बाद तुमसे कुछ सुनने को मिलेगा। दिन गुज़रते जा रहे हैं इसलिए यह छोटी-सी चिट्ठी कुछ ज़रूरी बातों के लिए।

मैं यहाँ से १५ तारीख़ की सुबह उड़ान भरूँगा और १६ को बम्बई पहुँचूँगा। ओह, मैं एक बार फिर अकेले आ रहा हूँ, ख़तरनाक तरीक़े से अकेले। ज़ानीन को यहीं रुक जाना पड़ गया। बहुत सारी मुश्किलें हैं। उम्मीद करता हूँ कि हम अगले साल बेहतर हालात में साथ-साथ आयेंगे।

मेरी यात्रा में महज़ पाँच हफ़्ते रह गये हैं। २८ जनवरी को कैमोल्ड में प्रदर्शनी की शुरुआत हो रही है, नागपुर, बड़ौदा और भोपाल की यात्राएँ करनी हैं। अन्तिम चार दिन—१६ से १८ फ़रवरी दिल्ली में। मैं बहुत शिद्दत से इन्तज़ार में हूँ कि कुछ दोस्तों से मिलूँ और ख़ूब सारी पेंटिंग देखूँ।

ताज-क्रिस्टी के रोमांच के बारे में मेरे पास बहुत कम ख़बर है। मुझे उम्मीद थी कि असलम या खोर्शिद प्रेस की कुछ कटिंग भेज देगा, अगर अपनी राय न बताए तो। ऐसा लगता है कि वह आयोजन महत्त्वपूर्ण है और हमें अनुभव को बटोरने में समय लगेगा। निश्चित रूप से पैसा मापने का कोई पैमाना नहीं होता है लेकिन अफ़सोस की बात है कि उसका प्रभाव बड़े पैमाने पर महसूस किया जाता है। मैं सोच रहा हूँ कि पहला प्रभाव क्या रहा है। क्या कुछ जोड़-तोड़ से हुआ या सब कुछ सही तरीक़े से ? दूर से मैं बहुत सारे सवाल पूछता हूँ और अब जब मैं बम्बई पहुँच जाऊँगा तो मुझे समाचार मिलेगा।

'शौर्य' को ऊँची क़ीमत मिली इस बात से मुझे बहुत सन्तुष्टि मिली।

चूँकि रिज़र्व बैंक ने ४० प्रतिशत राशि मुझ तक नहीं आने दी इसलिए मैंने प्रस्तावित किया कि बिक्री की सारी राशि हेल्प एज को जाय। और मैं इस बात से बहुत ख़ुश हूँ। यह देखना अच्छी बात है कि हमने अपने जीवन काल में ही कुछ हद तक दुनियावी सफलता अर्जित कर ली, हालाँकि मैं अन्य दोस्तों के बारे में भी सोचता हूँ जिनके लिए सब कुछ इतना हितकर नहीं रहा। लेकिन हमें चीज़ों को खेल भाव से लेना चाहिए। आख़िरकार, यह एक सार्वजनिक बिक्री थी और जिसका ख़ास लक्ष्य था।

क्या तुमको मेरी पेंटिंग 'अंकुरण' का बड़ा प्रिंट मिला, जो मैंने दिलीप पडगाँवकर के हाथ से भिजवाया था ? तुम्हारे पिछले दो प्यारे पत्रों के बाद और तुम्हारी यह ख़्वाहिश कि तुम एन.जी.एम.ए. के लिए ख़रीदना चाहते हो मैं यह चाहता था कि तुम कुछ कैनवास देख लो। यह मुझे महत्त्वपूर्ण लगा। मुझे इस बात का अच्छी तरह से पता है कि नेशनल गैलरी में मेरा एक भी महत्त्वपूर्ण कैनवास नहीं है। डॉ. सिहारे ने १९७६ में बम्बई की प्रदर्शनी में जो बची हुई पेंटिंग्स थी उनको ले लिया था, तब लगभग पूरी प्रदर्शनी बिक गयी थी, हालाँकि मुझे याद है कि पेरिस जाने से पहले मैंने उनको पहली पसन्द का प्रस्ताव दिया था। लेकिन उन्होंने कोई जवाब भी नहीं दिया।

अब सब कुछ तेज़ी से हो रहा है। मैं अपनी पेंटिंग — अंकुरण — को तुमको दिखाना चाहता था वह फ्रांस के संस्कृति मन्त्रालय द्वारा पहले ही एक संग्रहालय के लिए ले ली गयी है, ४५ हज़ार फ्रैंक की क़ीमत में। कमीशन को अभी उसको स्वीकृति देनी है लेकिन वह कैनवास आरक्षित किया जा चुका है, औपचारिकताएँ बची हुई हैं। मैं जो पेंटिंग लेकर आ रहा हूँ वे ज़्यादातर छोटी हैं, और मैं एक बड़ा कैनवास सुझाना चाहूँगा। हम जब मिलेंगे तब इसके बारे में बात कर लेंगे। स्वाभाविक रूप से मैं यह चाहता हूँ कि एन.जी.एम.ए. में कम से कम एक बड़ा कैनवास हो जो मेरा प्रतिनिधित्व करे। जब भी मैं वहाँ जाता हूँ तो बहुत निराश हो जाता हूँ क्योंकि मुझे यह लगता है कि मेरा प्रतिनिधित्व ठीक तरीक़े से किया नहीं गया है। असल में, जब मैं १९८४ में फ्रैंसुआस जिलोईट के साथ गया था तब एक भी पेंटिंग वहाँ प्रदर्शित नहीं थी, कम से कम तब। सीढ़ियों के पास एक प्रिंट लटक रहा था।

उम्मीद करता हूँ कि तुम बम्बई में मेरी प्रदर्शनी के दौरान आओगे, या फिर

अंकुरण

हम १२ से १४ के दौरान भोपाल में मिल सकते हैं—या बाद में १५-१८ के दौरान दिल्ली में। बम्बई में मेरी प्रदर्शनी का समापन ६ फ़रवरी को है। निश्चित रूप से मैं बहुत यात्राओं में रहूँगा, और आने के बाद मैं बाल के साथ रहूँगा। मुझे पक्का लगता है कि पाँच हफ़्ते देखते-देखते गुज़र जायेंगे।

मुझे अभी अशोक का पत्र मिला। उसके लिए मेरे अन्दर बहुत प्रशंसा भाव है और संस्कृति के क्षेत्र में उसने जो काम किये हैं और मैं फिर से भोपाल जाने के इन्तज़ार में हूँ। आज के लिए इतना ही। मैं बहुत बेचैनी से भारत आने के इन्तज़ार में हूँ। जल्दी।

हम दोनों की तरफ़ से तुमको और रेणु को प्यार।

रज़ा

○○

२८ दिसम्बर, १९८९
पेरिस

मेरे प्रिय कृष्ण,

मैं तुमको अक्सर लिखता हूँ लेकिन पत्र अधूरे रह जाते हैं, या डाक में नहीं डाले जा पाते। मैं काम में डूबा हुआ हूँ जो बहुत धीरे-धीरे चल रहा है।

मुझे माफ़ करना कि मैंने तुमको रात में जगाया, लेकिन मुझे सच में तुमसे बात करनी थी। यूरोप में और देश में इतना कुछ हो रहा है। इसके अलावा, भारत यात्रा में मैं यह पक्का करना चाहता था कि मुझे इण्डिया इण्टरनेशनल सेंटर में एक कमरा मिल जाय। उम्मीद करता हूँ कि तुमने तय कर दिया होगा। मैं रविवार २८ जनवरी से रविवार ४ फ़रवरी तक दिल्ली में रहने की योजना बना रहा हूँ। भारत की यात्रा एक महीने की है : १३ जनवरी को बम्बई पहुँच रहा हूँ और १३ फ़रवरी को पेरिस वापसी। कैमोल्ड में छोटे-छोटे कैनवास की एक प्रदर्शनी[१] २४ जनवरी से शुरू हो रही है।

कृष्ण, मुझे इस बात की बहुत ख़ुशी है कि गाय को कालिदास सम्मान मिल रहा है। यह कितने सही समय पर मिला है। १३ तारीख़ को काश मैं उसमें शामिल हो पाता लेकिन हवाई जहाज में सारी बुकिंग भरी हुई है और किसी तरह का बदलाव मुश्किल लग रहा है। मैं अपने दिल और दिमाग़ से मौजूद रहूँगा। मुझे पक्का लगता है कि यह बुज़ुर्ग गाय के लिए अच्छा रहेगा; साथ ही यह भारत भवन के लिए भी अच्छा रहेगा।

इस बार ज़ानीन नहीं आ रही है; वह नॉर्वे में अपनी एकल प्रदर्शनी में भी नहीं जा पायी। लेकिन अगले साल हम भरपाई कर लेंगे; यानी १९९१ में, जब हम छह हफ़्ते के लिए आयेंगे।

श्री गुप्ता के साथ मेरे आरक्षण का पता कर लेना। बम्बई में मैं बाल के

साथ रहूँगा। उम्मीद करता हूँ कि यह चिट्ठी तुमको और रेणु को ख़ुश करेगी। जल्दबाजी में, लेकिन ढेर सारे प्यार और १९९१ के लिए शुभकामनाओं के साथ।

रज़ा

१. कैमोल्ड गैलरी, बम्बई में एकल प्रदर्शनी, १९९०

OO

३ जनवरी, १९९०
पेरिस

मेरे प्रिय कृष्ण,

भारत का कला जगत् तुम्हारे बिना रीढ़हीन हो जायेगा। यह अच्छी बात है कि तुम हो, तुम्हारे काम, तुम्हारे विचार, समय पर किये गये कामों की वजह से सन्तुलन बनता है, सामंजस्य आता है और व्यवस्था बनती है।

तुम्हारे गर्मजोशी से भरे पत्र के लिए धन्यवाद, इतनी जल्दी और बिन्दुवार। मुझे इस बात की ख़ुशी है कि तुमने दिल्ली में रहने के लिए इण्डिया इण्टरनेशनल सेंटर में मेरे लिए कमरा आरक्षित कर दिया है जहाँ रहना मुझे अच्छा लगता है। गीति के बारे में मुझे अभी तक कुछ पता नहीं चला है, इसलिए पता नहीं उसको यह बात कैसी लगेगी लेकिन मुझे तुमसे पूछने में कोई अफ़सोस नहीं हुआ। मैं अपने आने के बारे में श्री गुप्ता को पुष्टि कर दे रहा हूँ और यह कि मैं दिल्ली में सात दिनों के लिए रहूँगा : २८ जनवरी से ४ फ़रवरी तक।

गाय को कालिदास सम्मान मिला, बड़ी ख़बर है। काश! हम सब १३ तारीख़ को भोपाल में होते। राम, ममता, बाल से पूछो। इसके लिए एक भोज रखते हैं। गाय के बारे में मैं इतना सोचता रहा हूँ और यह सम्मान उसको बहुत सही समय पर मिला है। उसकी सबसे अच्छी कृति चुनने में उसकी मदद करना। उसको मेरी पेंटिंग दे देना और हेनिंग को समझाना कि वह अपना एक बड़ा कैनवास तोंबो-लार्सन के लिए दे। मुझे उम्मीद है कि वे बहुत अच्छा कैटलॉग और हैंगिंग बनायेंगे।

मुझे निकलने से पहले बहुत सारे काम करने हैं। कल मैंने पुष्टि कर दी और अपने टिकट का भुगतान कर दिया। मैं पेरिस से १३ को निकलूँगा और १४ जनवरी को बम्बई पहुँच जाऊँगा। मैं चन्द्रशेखर और अन्य लोगों

को बहुत दिनों से लिखने को रह गयी चिट्ठी लिख रहा हूँ। ज़ानीन नहीं आ रही है, लेकिन मेरे पास इतना अधिक काम रहेगा कि एक महीने देखते-देखते ही गुज़र जायेंगे। मेरे आने की नियत तिथि १३ फ़रवरी थी लेकिन मैंने एयर इण्डिया से बदलने के लिए कह दिया है ताकि मैं १७ तक रुककर गाय की प्रदर्शनी में शामिल हो सकूँ।

एक बार फिर शुक्रिया। बम्बई में मुझे बाल के साथ रुकना है। तुमको और रेणु को बहुत सारा प्यार और जल्दी मिलते हैं।

रज़ा

OO

१२ मार्च, १९९१
पेरिस

मेरे प्रिय कृष्ण,

तुम्हारी चिट्ठी का शुक्रिया। मुझे तुम्हारे स्वास्थ्य की चिन्ता रहती है। उम्मीद करता हूँ कि तुम अपना ध्यान रख रहे होगे और डाक्टर की सलाह ले रहे होगे। ख़ुद को लेकर लापरवाही मत करो और मुझे बताना कि अब कैसे हो।

तुम्हारी चिट्ठी मिलने से पहले ही मैंने भी भारत भवन को लेकर इसी तरह का निर्णय ले लिया है। मेरी बस एक पेंटिंग है—तैयब द्वारा बनाया गया एक तैल चित्र—जो मैंने १९८५ में लिया था, जो भारत भवन में जमा था। जब मैं बम्बई में था तब मैंने पिछले महीने ही तैयब से बात की थी और यूसुफ़ यहाँ आया था तब मैंने उसको एक चिट्ठी दी थी, कि वे पेंटिंग को कैमोल्ड, बम्बई को लौटा दें। जाहिर है, पत्र, भारत भवन भोपाल के न्यासी सचिव के नाम है।

१९७८ में मध्य प्रदेश कला परिषद् में आमन्त्रित होने के कारण अशोक ने उसके संग्रह के लिए मेरी कई पेंटिंग्स ली थीं। मैंने एक बड़े कैनवास को देने का प्रस्ताव दिया था। इसलिए जहाँ तक मेरी बात है तो मेरी कोई भी पेंटिंग वहाँ के संग्रह में नहीं है, सिवाय तैयब के कैनवास के, जिसे मैं पूरी शिद्दत से वापस लेना चाहता हूँ। मैं यूसुफ़ और भारत भवन दोनों से एक पत्र की उम्मीद करूँगा।

मैंने अकबर से बात की थी और वह भी यही करने वाला था। मैं या अकबर बाल को लिखेंगे जब वह अगले सप्ताह बम्बई वापस आ जायेगा।

यह मेरे लिए व्यस्त समय चल रहा है। जल्दी ही बम्बई में टाटा के यहाँ मेरी किताब प्रकाशन के लिए चली जायेगी। जून से अगस्त तक—कांस

में गैलेरी इटेर्सो में मेरी एकल प्रदर्शनी है—और उसके बाद एक पुनरावलोकन है—मेंटन के म्युज़ियम कार्नोल्स पैलेस में अगस्त से अक्टूबर तक। बहुत सारा काम है और लगता है कि मेरे लिए समय कम पड़ जाने वाला है। खाड़ी युद्ध ने सब कुछ इधर-उधर कर दिया है। न केवल कला जगत् इससे बुरी तरह से प्रभावित हुई है बल्कि कुल मिलाकर अर्थव्यवस्था भी। लेकिन पूरी उम्मीद है कि सत्तान्तरण का काम बहुत तेज़ी से होगा।

ज़ानीन मूर्तियाँ बना रही है—रंगबिरंगी सुन्दर छोटे-छोटे जीव। उसने दिसम्बर १९९० में ग्रेनोब्ले में प्रदर्शनी की थी और दिसम्बर १९९१ में पेरिस में प्रदर्शनी करेगी। ख़ुशी की बात यह है कि हमारे लिए मौसम भी उत्साहजनक है। उम्मीद करते हैं कि हमारे अन्तिम साल सबसे अच्छे हों; चाहे मैं काला पेंट करता होऊँ या सादी पेंटिंग, उनको पसन्द किया जाय। लेकिन इन्सानी त्रासदी की कोई सीमा नहीं है—हिंसा, बेवकूफ़ी, आडम्बर, झूठ, गुटबाजी करना, नैतिकता के छाते के नीचे। हमें अभी भी बहुत कुछ समझना है—मुख्य रूप से मीडिया की सम्भावनाओं के बारे में—जो कि राय बनाते हैं, क्षेत्रीय और अन्तरराष्ट्रीय दोनों ही रूपों में। लेकिन क्या हमारे पास समय होता है कि हम सर्वेक्षण कर सकें, सोच सकें, समझ सकें और ग़लत सूचनाओं को सही कर सकें? इस बीच, हर तरफ़ बहुत अधिक इन्सानी पीड़ा है।

हम दिल्ली से समाचार के इन्तज़ार में भी हैं। चन्द्रशेखर के इस्तीफ़े के बाद क्या राजीव गाँधी प्रधानमन्त्री बनेंगे? या क्या चुनाव होगा और उसके बाद उथल-पुथल का दौर आयेगा? नये विमर्श, मुझे लगता है अवश्यम्भावी है। मेरे लिए यह लगातार चिन्ता का कारण है और हमें इतना कम पता है।

ज़बर्दस्त ठण्ड के बाद सूरज फिर से निकल आया है, धरती और दिलों में गर्मी पैदा करते हुए, जीवन देते हुए। मैं सूती कपड़े पहनकर चिट्ठी डालने के लिए जाने को तैयार हूँ।

कृपया मुझे अपने स्वास्थ्य की जानकारी देने के लिए लिखना। मैं तुमसे एक और मदद के लिए आग्रह करूँगा। मेरे पिछले ब्रोशर की कुछ प्रतियाँ तुम्हारे पास हैं, जो कैमोल्ड ने १९८५ में प्रकाशित किया था—जिसके आमुख पर हलके सफ़ेद-पीले रंग का बिन्दु बना हुआ था। मेरे पास उसकी बस दो प्रतियाँ हैं और कैमोल्ड के पास कोई भी नहीं है। मेरे लिए

वह यहाँ बहुत काम की रहेगी। अगर मुझे सही–सही याद है तो तुमने मुझे यह कहा था कि तुम्हारे पास सात या आठ प्रतियाँ हैं। जितनी जल्दी हो सके उनको पैक करके हवाई रजिस्टर्ड डाक से मेरे पेरिस के पते पर भिजवा दो, मैं उम्मीद करता हूँ कि रेणु या रसिका यह काम कर देगी। अग्रिम में बहुत सारा धन्यवाद। मैं उसकी लागत लौटा दूँगा या यहाँ से कोई किताब या कुछ और सामग्री भेज दूँगा।

तुम्हारे पत्र के इन्तज़ार में और हम दोनों की तरफ़ से तुमको और रेणु को ढेर सारा प्यार।

रज़ा

OO

३१ दिसम्बर, १९९१
पेरिस

मेरे प्रिय कृष्ण,

एक बार फिर से देर से जवाब दे रहा हूँ, लेकिन इस बार बहुत असम्भव क़िस्म की गर्मियाँ गुज़रीं। अप्रैल में तुम्हारी चिट्ठी मिलने के बाद मैं मोनोग्राफ़ के इन्तज़ार में रहा ताकि आने के बारे में हामी भर सकूँ। क्या तुम इस बात को मानोगे कि मेरे पास वे गोर्बियो में १० अक्टूबर को पहुँचे, जो पेरिस से होकर आये थे। वैसे देर हो चुकी थी, लेकिन मुझे उनको पाकर ख़ुशी हुई क्योंकि मेरे पास दो ही प्रतियाँ बची हुई थीं। इसलिए बहुत शुक्रिया।

इन गर्मियों में बहुत व्यस्त रहा। कांस में एकल प्रदर्शनी[१] आयोजित हुई और प्लैय म्यूजी कार्नोल्स में मेरा जो पुनरावलोकन[२] हुआ उसने मेरी सारी ऊर्जा और समय ले लिया। उम्मीद करता हूँ कि तुमको किताब मिल गयी होगी, एंथोलोजी १९८९-९०, जो कैमोल्ड ने ताता प्रेस के साथ मिलकर छापा है, और दोनों प्रदर्शनियों के आमन्त्रण भी मिले होंगे। बाद में मैं इटली गया जहाँ मैंने अपने सेरामिक्स के काम फयेंजा में प्रदर्शित किया, और तुरिन में पेंटिंग का।

यह कहना अजीब बात होगी कि प्रदर्शनियों को अच्छी तरह से लिया गया। हम सदा यही कहते हैं। जो वैध कृति होती है उसको सदा प्रशंसा मिलती है। हालाँकि, इस बार कांस में मुझे निजी तौर पर बहुत सन्तुष्टि हुई—बड़ी अच्छी तरह से प्रकाशित कमरा, जिसमें १९७३-१९९१ के बीच की मेरी पचास पेंटिंग्स को प्रदर्शित किया गया था। गैलरी के निदेशक, मिस्टर जॉक लैम्बर्ट, उनकी पत्नी, कैथेरीन, और मार्क को सच में मेरा काम बहुत पसन्द आया, और उन्होंने उसके प्रचार-प्रसार के लिए बहुत मेहनत की। म्यूजी कार्नोल्स में भी वही माहौल था जहाँ अन्य

कृतियों और आरम्भिक रेखांकनों को भी शामिल किया गया था—क़रीब नब्बे—मेरे चालीस साल के काम को दिखाया गया था, दस कमरों में—उद्घाटन मेयर जीं क्लॉड ग्यूबल ने किया था। बाद में, मैंने गोर्दियो के स्टूडियो गार्डेन में पार्टी का आयोजन किया था; दिन के भोजन पर क़रीब नब्बे लोग थे। उसकी एक डॉक्यूमेंट्री फ़िल्म भी बनायी गयी।

दोनों प्रदर्शनियाँ चार महीने तक चलीं। ऐसे संकट के समय में जब हम यह उम्मीद नहीं कर सकते हैं कि अच्छी बिक्री हो, चौबीस पेंटिंग बिकीं (बहुत सारी छोटी-छोटी पेंटिंग थीं)। कुछ पेंटिंग गैलरिया ने भी लीं। इसलिए जरा कल्पना करो कि मैं पेरिस महज़ तीन या चार पेंटिंग के साथ वापस लौटा, जिसे मैंने ख़ुशी-ख़ुशी भारत के लिए आरक्षित कर दिया।

पिछले दो महीनों से मैं लगातार काम कर रहा हूँ। लेकिन पिछले कुछ हफ़्ते मुश्किल गुज़रे—मेंटन और गोर्बियो में जो डॉक्यूमेंट्री बनायी गयी थी वह यहाँ आकर पूरी हुई, और इस हफ़्ते मैं जुकाम, बुख़ार और फ़्लू के कारण बिस्तर पर रहा। यह हमेशा ग़लत समय पर ही होता है। लेकिन आज मुझे अच्छा लगा, कुछ देर के लिए बाहर भी गया, अब मैं सामान्य हो रहा हूँ।

पता है कृष्ण, हम पेंटर अपने दोस्तों को प्रदर्शनियों से ऊबा देते हैं। लेकिन तुम, राम और बाल को मेरे साथ रहना चाहिये क्योंकि तुमको पता है कि इसमें कितना ख़तरा है। मुझे अपनी ख़ुशी दोस्तों के साथ साझा करनी है, बिना झूठी विनम्रता का दिखावा किये। भारत में प्रकाशित किताब की बड़ी तारीफ़ हुई और इसको असली ताक़त के रूप में देखा गया।

अब मेरी अगली भारत यात्रा १२ जनवरी से शुरू हो रही है। मैं जहाँगीर निकल्सन संग्रहालय पहुँचूँगा जहाँ प्रदर्शनी का उद्घाटन श्री जमशेद भाभा द्वारा किया जायेगा, जो प्रेस के लिए किताब का लोकार्पण करेंगे। ज़्यादातर पेंटिंग बम्बई में निजी संग्रहों से उधार ली जायेंगी, हो सकता है कि दिल्ली में भी। इतने कम समय में इसका संग्रह कर पाना अपने आप में बहुत बड़ा काम है, लेकिन संग्रहालय की तरफ़ से पुष्टि पिछले हफ़्ते ही आयी। लेकिन मुझे पता है कि मैं कौन-कौन सी पेंटिंग चाहता हूँ और मैं उम्मीद करता हूँ कि यह हो जाय, बस क़िस्मत साथ दे जाय। हम लोग इस परियोजना के ऊपर काम भी कर रहे हैं।

ज़ानीन अपनी रंगीन मूर्तियों में व्यस्त है। आने वाले अप्रैल में नीस में उसकी एकल प्रदर्शनी है, अन्तरराष्ट्रीय 'आर्ट जंक्शन' में। वह रुककर काम करना चाहती है।

मैंने राम को लिखा था, अशोक से फ़ोन पर बात की और चिट्ठियाँ लिखने, बिल जमा करने, लम्बित मामले सुलझाने में लगा हुआ हूँ। मैं पूरी शिद्दत से चाहता हूँ कि तैयब और गाय अच्छे हों, और मेरे प्रिय कृष्ण, मैं दुआ और उम्मीद करता हूँ, १६ अप्रैल को तुम्हारी आख़िरी चिट्ठी के बाद से तुम्हारा स्वाथ्य बेहतर हो गया हो। इस बीच, ज़ानीन और मैं दोनों ही तुमको और रेणु को ख़ूब सारा प्यार भेज रहे हैं। और १९९२ के लिए शुभकामनाएँ।

रज़ा

---

१. गैलरी एस्टर्सो, कांस में एकल प्रदर्शनी, १९९१

२. पलाईस कानोल्स, क्यूज द मेंटन, फ्रांस में एकल प्रदर्शनी

○○

१ जनवरी, १९९३
पेरिस

मेरे प्रिय कृष्ण,

बहुत-बहुत माफ़ी, मैं अब तक तुमको लिख नहीं पाया। मेरे लिए यह साल स्वास्थ्य, परिवार और काम के लिहाज़ से बहुत मुश्किल रहा। लेकिन ऐसा लगता है कि चक्र पूरा हो गया है और नये साल के साथ सितारे बदल गये हैं। यहाँ बहुत ही ठण्ड है, लेकिन बाहर सूरज की तेज़ चमक है और उसकी किरणें पूरे अपार्टमेंट में भर गयी हैं। ज़ानीन पास के स्टूडियो में काम कर रही है; मैं हॉल से पेंटिंग्स की तस्वीरें उतार रहा हूँ और चिट्ठियाँ लिख रहा हूँ।

हाँ, कृष्ण, भारत की मेरी यात्रा अब तय हो गयी है। मैं १० जनवरी को बम्बई पहुँचूँगा और वहाँ २२ जनवरी तक रहूँगा। उसके बाद मैं बैंगलोर, नागपुर की यात्रा पर जाऊँगा, फिर दिल्ली पहुँचूँगा, शायद ३० जनवरी को, वहाँ मैं ५ फ़रवरी तक रहूँगा। सम्भवतः मैं बम्बई में एन.सी.पी.ए. के गेस्ट हाउस में ठहरूँगा, लेकिन दिल्ली में मुझे इण्डिया इण्टरनेशनल में रहना अच्छा लगेगा, ३० जनवरी से ५ फ़रवरी तक। मुझे अच्छा लगेगा अगर तुम एक बार फिर से वहाँ के मैनेजर से बोल दो। मैंने अशोक वाजपेयी से अनुरोध किया था, जब वह यहाँ आये थे, कि मुझे एक अच्छे कमरा लेने में मदद करें, लेकिन ऐसा लगता है कि तुम्हारी अनुशंसा ज़रूरी होगी।

उम्मीद करता हूँ कि तुमसे और तुम्हारे काम से मुलाक़ात होगी। फ्रांस के हालात, यूरोप और दुनिया के बारे में बातें करने के लिए काफ़ी कुछ है। मुझे यह भी पता चला है कि भारत में क्या हो रहा है। दूरी से महज़ एक हलकी सी झलक मिल पाती है, बावजूद इसके कि छह दिसम्बर के आबाद से मैंने सूचना पाने में कोई कसर नहीं छोड़ी है। यह सब बहुत

दुखी करने वाली बात है, लेकिन यह एक तरह से दोनों समुदायों के लिए अच्छी बात भी है, भारत और भारत से बाहर रहने वालों के लिए भी कि दोनों को साफ़-साफ़ बात समझ में आ जायेगी। ताज़ा समाचार से कोई यह सोच और समझ सकता है कि इस बात पर आम सहमति है कि एकता, शान्ति और आपसी समझबूझ बने, और राष्ट्रीय आपदा से निपटने के लिए ज़रूरी क़दम उठाये जा रहे हैं।

यूरोप में केवल आर्थिक संकट ही नहीं है बल्कि राजनीतिक और नैतिक भी है। १९५० से मैंने इस तरह का माहौल नहीं देखा है। संकट केवल कला जगत् में ही नहीं है—बल्कि बाज़ार, अर्थव्यवस्था, व्यवसाय सभी कुछ का संकट है—सब कुछ लगता है जैसे ठहर गया है। गति और प्रेरणा का अभाव दिख रहा है। पूर्वी यूरोप जातीय और राजनीतिक वैमनस्य का शिकार हो गया है और युगोस्लाविया में सबसे क्रूरतम युद्धों में से एक लड़ा जा रहा है, जो अतुलनीय मानवीय पीड़ा के बाद लगभग थम गया है। क्या यह माहौल और ख़राब होगा? यहाँ भी लोगों को ऐसा लग रहा है कि सोचने-समझने वाले लोग हालात का जायजा ले रहे हैं और जो सबसे आसान सम्भव विकल्प है उसको अपनाने की दिशा में काम कर रहे हैं।

मुश्किलों के बावजूद यूरोप यथार्थ है। उम्मीद करते हैं कि क्लिंटन एक नया रुख़ लेकर आये, राजनीतिक और आर्थिक दोनों ही रूपों में। फ़िलहाल यह उम्मीद के विरुद्ध उम्मीद की तरह है।

आने वाले दिन अच्छे नहीं होने वाले हैं। लेकिन मैं निराशावादी नहीं हूँ। हम सभी, हर क्षेत्र में, हमें इस मुश्किल दौर से निकलने के लिए बहुत कोशिशें करनी होंगी। कलाकार, लेखक, चिन्तक महत्त्वपूर्ण भूमिका का निर्वाह कर सकते हैं—उनके जीवन में अलग तरह के मूल्य होते हैं, और वे मूल्यों में सन्तुलन स्थापित करने के काम कर सकते हैं।

अब मैं तुमको बताता हूँ कि इस उदास माहौल के बावजूद मैं क्या कर रहा हूँ। अगस्त से पहले कुछ भी नहीं हुआ। लेकिन गोर्बियो में हमने अपने दोनों स्टूडियो को ठीक-ठाक किया और काम में जुट गये। डकार सेनेगल में मुझे बायनाले के लिए राज्य अतिथि के रूप में आमन्त्रित किया गया था। मैंने वहाँ दो बड़े कैनवास भेजे और १० दिसम्बर को वहाँ उद्घाटन

में हिस्सा लेने के लिए गया। वहाँ रहना बहुत सुखद रहा और अनेक प्रदर्शनियों और जगहों को देखा, समकालीन अफ्रीकी कला में परिवर्तन के सन्दर्भ में बहुत कुछ सोचने को मिला। दुनिया-भर के, ख़ासकर यूरोप, अमेरिका और कनाडा के कलाकार, आलोचक और लेखक वहाँ जुटे थे। सेनेगल में जिस तरह की गर्मजोशी थी उससे बार-बार भारत की याद आती रही।

मैंने बहुत सारे लोगों से सम्पर्क बनाये और हो सकता है कि नयी तरह की कुछ शुरुआत हो।

ज़ानीन भी काम करती रही है; वह ग्रांड पैलेस के सालोन में रंगीन मूर्तियों के साथ प्रदर्शनी कर रही है, उसके बाद इस साल गर्मियों में कांस में आर्ट जंक्शन में, फिर तुलुज और मेंटन में भी। वह यहाँ व्यस्त रहेगी और मेरे साथ भारत नहीं आ पायेगी। उसने मुझे भी भारत आने से विमुख करने की कोशिश की लेकिन मुझे हर हाल में हर साल आना ही होता है। इसलिए आने के लिए पूरी तरह से तैयार हूँ।

तुम और रेणु, गाय, राम, अशोक, तैयब और बाल मेरे ख़यालों में लगातार बने रहे। उम्मीद करता हूँ कि तुमको और अपने देश भारत को भी देख सकूँ, शान्तिपूर्ण और एकीकृत।

१९९३ का साल अच्छा हो और मेरी और ज़ानीन की तरफ़ से प्यार,

रज़ा

OO

१४ सितम्बर, २०००
पेरिस

मेरे प्रिय कृष्ण,

शिमला से २४ अगस्त की लिखी तुम्हारी चिट्ठी मिलने के तत्काल बाद तुमसे फ़ोन पर बातचीत करना अच्छा रहा। मैं ख़ुश हूँ कि तुम्हारा स्वास्थ्य अच्छा है और जनवरी २००१ में 'ताओ' में प्रदर्शनी[१] की हमारी योजना को लेकर तुम उत्साहित हो। समय तेज़ी से भागता जा रहा है और मैं यही दुआ और उम्मीद करता हूँ कि हम सबका मिलना जब सम्भव हो तो हम सभी हों और अच्छे रूप में हों। एक बार फिर तुम्हारी 'एलजी' ने तुम्हारे काव्यात्मक दिमाग़ का परिचय दिया और मुझे उसे पढ़ते हुए बहुत आनन्द आया।

गोर्बियो में कुछ दिन रहने के बाद हम पेरिस में लौट आये हैं। पिछले दो-तीन साल से मुझे और ज़ानीन दोनों को ही स्वास्थ्य सम्बन्धी गम्भीर समस्याएँ रही हैं। दक्षिण फ्रांस के मुक़ाबले पेरिस में इलाज की बेहतर सुविधा है। हम लोग ध्यान रख रहे हैं लेकिन काम धीमे चल रहा है, हालाँकि मैं इज़ल के पास नियमित रूप से जाता हूँ।

हाँ, मैं तुमसे यह कहना चाहता था कि अपनी अगली प्रदर्शनी को एक महत्त्वपूर्ण घटना का रूप देते हैं। सबसे पहले, यह पुराने दोस्तों के मिलन जैसा होना चाहिए, जिनसे पचास सालों के दौरान अच्छी दोस्ती बनी रही है; और दूसरे, यह एक तरह से हमारे औपचारिक शोध का महत्त्वपूर्ण प्रदर्शन होना चाहिए, जो इसके बावजूद कि हमारी संवेदनाएँ अलग-अलग रहीं, लेकिन पहचान एक रही—पेंटिंग की—जो भारतीय परम्परा में गहरे धँसी हुई है और विज्ञान एवं तकनीक के साथ अच्छी तरह से संगति में है, जो २०वीं शताब्दी के दूसरे उत्तरार्ध के साथ संगत में है। तीसरे, मेरी गहरी इच्छा है कि अच्छी तरह से कैटलॉग बनाया जाय जिसमें बड़ी रंगीन पुनर्प्रस्तुतियाँ हों, इस मौक़े पर उसको छापा

जाय। यह एक ऐसा मानक होना चाहिये जो प्रदर्शनी से भी परे जाता हो—और जो न केवल देश में बल्कि विदेशों में भी सन्दर्भ के रूप में काम आये।

हमें अपना सर्वश्रेष्ठ देना है : मेरा मतलब है कि हाल की दो बड़ी पेंटिंग तथा ५० के दशक के एक या दो आरम्भिक काम। निश्चित रूप से, अपने काम के साथ जब हम साथ होंगे तो स्मृति कौंधेगी, और निश्चित रूप से यह बहुत भावनात्मक अनुभव होगा। यह अतीत को देखने का मौक़ा भी देगा।

भारतीय समकालीन चित्रकला दुनिया के नक़्शे पर आ रही है। लेकिन यह सब बहुत धीरे-धीरे हो रहा है। बहुत सारे पूर्वाग्रह हैं और बहुत सारे कारण—बाज़ार, प्रचार, कला और कविता, सरकारी एवं कला संस्थानों की कमी। लेकिन समय के साथ सब सही हो जायेगा, क्योंकि अधिकतर महत्त्वपूर्ण भारतीय कलाकार अपने अन्दर की प्रवृत्ति का अनुसरण कर रहे हैं बजाय समकालीन यूरोपीय या अमेरिकी प्रवृत्ति के नक़ल के।

हमें इस वैश्वीकृत विश्व के आदान-प्रदान के दौर में काम करते रहना है, युवा पीढ़ी को भी। ऐसे संसार में जिसमें आदमी, संचार, शोर, दर्शनीय सब है, ऐसा लगता है कि यह महत्त्वपूर्ण है कि अकेले रहा जाय और चुप्पी से आते हुए संदेशों को सुना जाय।

इस छोटी-सी चिट्ठी के साथ मेरे हाल के कामों की कुछ तस्वीरें हैं और जून १९९९ में न्यूयॉर्क में मेरी पेंटिंग की जो प्रदर्शनी लगी थी उसका एक कैटलॉग भी है। फ़िलहाल मैं सफ़ेद कैनवास के साथ हूँ, हालाँकि मैंने अभी तक संन्यास नहीं लिया है। मुझे अभी भी फूल, सुन्दर चीज़ें, अच्छा खाना, और वह सब पसन्द है जो अच्छे समाज को बनाता है, और जाहिर है, मैं रंगों के प्रति अपने आकर्षण को रोक नहीं सकता, जो पेंटिंग का अन्तर्निहित अवयव है।

सदा तुम्हारा,

रज़ा

पुनः : गोर्बियो की कुछ तस्वीरें संलग्न हैं, साथ जनवरी २००० में चार

गीजर्स की। काश! अकबर कहीं ठहरा होता। हम उसकी कमी को महसूस करते हैं, तुम्हारी, रेणु और गाय की भी।

---

१. समूह प्रदर्शनी : Living Legend of Indian Contemporary Art. ताओ कला वीथी, २००१

○○